Otto Schlecht / Gerhard Stoltenberg (Hrsg.)

Soziale Marktwirtschaft

Otto Schlecht / Gerhard Stoltenberg (Hrsg.)

Soziale Marktwirtschaft

Grundlagen, Entwicklungslinien, Perspektiven

Herausgegeben im Auftrag
der Konrad-Adenauer-Stiftung e. V.
und der Ludwig-Erhard-Stiftung e. V.

HERDER

FREIBURG · BASEL · WIEN

Gedruckt auf umweltfreundlichem,
chlorfrei gebleichtem Papier

Alle Rechte vorbehalten – Printed in Germany
© Verlag Herder Freiburg im Breisgau 2001
www.herder.de
Satz: A. Scheydecker, Freiburg i. Br.
Herstellung: fgb · freiburger graphische betriebe 2001
www.fgb.de
ISBN 3-451-20260-3

Inhalt

Die Verwirklichung der Sozialen Marktwirtschaft nach dem Zweiten Weltkrieg und ihr Verfall in den sechziger und siebziger Jahren
Horst Friedrich Wünsche

Rückbesinnung auf die Leitgedanken der Sozialen Marktwirtschaft in den achtziger und neunziger Jahren
Bernd Hübinger

Die Zukunft der Sozialen Marktwirtschaft
André Habisch

Prolog

„Beständig ist allein der Wandel", diese Erkenntnis ist heute aktueller denn je. Die Auswirkungen der Globalisierung haben unser Gemeinwesen erfasst und setzen seine Organisationsstrukturen unter Anpassungszwang. Der Übergang vom Maschinen- zum Informationszeitalter fordert seinen Tribut: Bewährte Ordnungen und Institutionen, aber auch anerkannte Leitbilder stehen auf dem Prüfstand des internationalen Wettbewerbs und verlangen nach neuen Begründungen. Angesichts der tiefgreifenden und bei weitem noch nicht abgeschlossenen Umstrukturierungen in Staat, Wirtschaft und Gesellschaft zeigt die Konsenskultur der Bundesrepublik Deutschland nicht mehr zu übersehende Risse.

Doch nicht nur der öffentliche Bereich ist vom Wandel betroffen, auch im Privaten zeichnen sich Veränderungen ab: Traditionelle Lebensformen erscheinen fraglich. In Ausbildung erworbenes Wissen und im Beruf gewonnene Erfahrung zählen immer weniger. Die neuen Tugenden heißen Mobilität, Flexibilität, Ungebundenheit, Wendigkeit. Die Globalisierung und ihre Auswirkungen schüren neue Zukunftsängste. Aber hinter ihnen verbergen sich noch immer altbekannte Sorgen: Sorgen um Arbeitsplätze und Einkommen, Sorgen um die Stabilität der Währung und die soziale Sicherung, und in jüngster Zeit haben sich unter dem Stichwort BSE Sorgen um die Ernährung verbreitet, die lange Zeit vergessen schienen.

In einer solchen Situation der Unsicherheit suchen Menschen nach Halt und Orientierung. Der Blick richtet sich verständlicherweise auf Bewährtes und sucht in ihm eine verlässliche Stütze. Für den Bereich der Wirtschaft ist ein solcher Orientierungspunkt die Soziale Marktwirtschaft. Sie war und ist für viele Menschen – nicht nur in Deutschland – Symbol für Sicherheit und Wohlstand. Über Parteigrenzen und Interessengegensätze hinweg gilt die Soziale Marktwirtschaft als Garant für sozialen Frieden und wirtschaftliche Effizienz.

Die wirtschaftspolitische Ordnung, in und mit der wir heute leben, erhielt ihre Gestalt in der unmittelbaren Nachkriegszeit, in einem Zeitraum, der von großen Problemen und dem Bewusstsein eines Neuanfangs beherrscht war. Der Blick auf diese Zeit kann hoffnungsvoll stimmen: Denn im Vergleich zur Lage in der „Stunde Null" im Jahr 1945 sind die heute zu lösenden Probleme – so dringlich sie sein mögen – doch von bescheidenerer Dimension und geringerer sozialer Schärfe. Zudem verfügen wir jetzt – durch den Stand unserer Wissenschaft und durch das erreichte Wohlstandsniveau – über weitaus bessere Möglichkeiten, um akute Probleme zu lösen.

Die Kapitulation des Deutschen Reichs am 8. Mai 1945 markiert eine Niederlage, deren Totalität mit keinem anderen Datum der deutschen Geschichte vergleichbar ist. Sie war eine militärische und wirtschaftliche Niederlage. Doch angesichts der verbrecherischen Kriegsziele und der Auslöschung von Millionen Menschenleben bedeutete diese Niederlage viel mehr: Sie stellt den moralischen Tiefpunkt in der historischen Entwicklung Deutschlands dar. Vor diesem Hintergrund konnte ein politischer Neuanfang in Deutschland nur dann eine Chance haben, wenn es gelang, Staat und Wirtschaft auf eine neue, dauerhaft tragfähige moralische Basis zu stellen. Die Umstände nach der Kapitulation waren für die Verwirklichung eines solchen Ziels äußerst widrig, denn anders als nach dem Ersten Weltkrieg hatte Deutschland seine Souveränität verloren. Das Land war vollständig besetzt und in Verwaltungszonen aufgeteilt, die alliierter Hoheit unterstanden. Überdies drohten Reparationsforderungen und Gebietsabtretungen unbekannten Ausmaßes. Deutschland schien auf Dauer zerschlagen.

Für die meisten Bürger verband sich der Untergang des Dritten Reiches mit einer persönlichen Katastrophe. Millionen Deutsche lebten in Trümmern. Mehr als die Hälfte des Wohnraumes von 1939 war durch Bombardements zerstört. Verschärft wurde die trostlose Situation durch den Zustrom von Flüchtlingen und Vertriebenen aus den östlichen Teilen Deutschlands und aus Mittelosteuropa. Bis Ende 1946 waren 5,6 Millionen Vertriebene in die drei westlichen Besatzungszonen eingewandert. Der Bevölkerung fehlte es an allem: an Kleidung, an Nahrung, an Heizmaterial. Totalausfälle bei der Versorgung mit Energie waren an der Tagesordnung. Noch unter dem Schock des Krieges stehend, bedeutete die Kapitulation für fast alle Deutschen nicht das Ende des Überlebenskampfes, sondern dessen Fortsetzung.

Existenznot bestimmte das tägliche Leben. Der Glaube an eine bessere Zukunft schien töricht. Dennoch gab es Menschen, die in dieser schweren Zeit dem Traum von besseren Verhältnissen nachhingen und sich intensiv mit der Frage beschäftigten, wie die drückende Not nachhaltig gelindert werden kann. Vielfach hatten sie schon während der Kriegszeit ihr Augenmerk auf den Aufbau einer neuen politischen Kultur gerichtet, wobei ihnen der Aufbau einer neuen Wirtschaftsverfassung als grundlegend erschien. Die geistigen Zentren dieser Überlegungen waren das volkswirtschaftliche Seminar an der Universität Freiburg, an der sich schon um 1940 die „Freiburger Schule" etabliert hatte, die volkswirtschaftliche Abteilung beim Verein Deutscher Maschinenbauanstalten (VDMA) in Berlin sowie die „Volkswirtschaftliche Arbeitsgemeinschaft für Bayern" an der Universität München.

Die Wissenschaftler, die diesen Kreisen angehörten – in Freiburg vor allem *Walter Eucken* und *Franz Böhm*, in Berlin *Alexander Rüstow*, *Wilhelm Röpke* und *Ludwig Erhard*, in München *Adolf Weber* und auch hier wieder *Ludwig Erhard* –, hatten den Niedergang der deutschen Demokratie und das Aufkommen der Diktaturen in Europa erlebt, sie waren aber auch Zeugen der großen Inflation, der Weltwirtschaftskrise und des dadurch ausgelösten sozialen Elends. Viele von ihnen hatten die Geschehnisse jener Jahre als Folgen einer zu sorglosen Politik und eines zu leichtfertigen Vertrauens in das marktwirtschaftliche System gedeutet und kritisiert. Nach den Erfahrungen mit der wirtschaftlichen Not und den sozialen Spannungen in der Weimarer Zeit sowie dem Aufkommen von Demagogie, Intoleranz, Unterdrückung und Gewalt während der nationalsozialistischen Herrschaft sahen sie ihre Aufgabe vorrangig darin, einen Beitrag zur moralischen und politischen Erneuerung Deutschlands zu leisten.

In lebhafter Erinnerung an die ökonomischen Fehlentwicklungen in den dreißiger Jahren und ihren verhängnisvollen politischen Folgen hing für sie der Erfolg der neuen politischen Ordnung in entscheidender Weise von einer positiven Wirtschaftsentwicklung ab. Grundvoraussetzung hierfür war ein solides und effizientes, und das hieß: ein marktwirtschaftliches System, das die Freiheit des Einzelnen schützt und gleichzeitig der Absicherung der neuen Ordnung dient. Es ging ihnen um Wahrung der Würde des Menschen vor Übergriffen des Staates und vor der Willkür von Mitmenschen: um eine Freiheit, die weder durch staatliche Bevormundung noch durch Zwangsgewalt und wirtschaftliche Macht bedroht ist. Um dieses Ziel zu erreichen, bedurfte es neben einer allgemeinen Verfassung, die im Gegensatz zur Weimarer Verfassung Grundrechte unmittelbar schützte, auch und gerade einer freiheitlichen Wirtschaftsverfassung, die den selbständig und eigenverantwortlich handelnden Menschen zum Leitbild hatte.

Nach Ansicht der Vertreter dieses neuen Liberalismus – der Neo- und Ordoliberalen – bot die Einführung einer marktwirtschaftlichen Ordnung mit funktionierendem Wettbewerb die beste Gewähr für eine freiheitssichernde Wirtschaftsverfassung. Anders als in den zentral verwalteten oder kollektivistisch organisierten Volkswirtschaften und anders als zur Zeit von Merkantilismus, Protektionismus und Interventionismus sollte der Staat nicht in wirtschaftliche Prozesse eingreifen. Er sollte sich in genau beschriebenen Fällen von Marktversagen darauf beschränken, Rahmenbedingungen zu setzen, in denen sich die schöpferischen Fähigkeiten des Einzelnen frei entfalten können, ohne dabei die Rechte und Chancen Dritter zu beeinträchtigen. Diese Vorstellungen standen im Gegensatz zum früher und auch heute wieder vertretenen Laissez-faire-Liberalismus, der prinzipiell auf Staatsferne setzt und in letzter Konsequenz zu Monopolismus, Subventionismus und Protektionismus führt. Die Neo- und Ordoliberalen forderten einen aktiven Staat, der auf die Einhaltung der von ihm gesetzten Rahmenbedingungen achtet und insbesondere für funktionierenden Wettbewerb sorgt.

Aus den damals angestellten wissenschaftlichen Überlegungen heraus hat sich recht schnell ein politisch realisierbares Konzept entwickelt, das *Alfred Müller-Armack* auf den Namen „Soziale Marktwirtschaft" taufte. *Ludwig Erhard* hat im Juni 1948, am Tage der Währungsreform, in den amerikanisch und britisch besetzten Zonen Deutschlands mit der praktischen Umsetzung dieses Konzeptes begonnen und die Soziale Marktwirtschaft durch konsequente und beharrliche Politik zu überaus großem Erfolg, zum „deutschen Wirtschaftswunder", geführt.

Das Besondere am Konzept der Sozialen Marktwirtschaft ist, dass es bei aller Betonung des marktwirtschaftlichen Organisationsprinzips nicht auf eine möglichst schrankenlose Entfaltung der Marktkräfte setzt, sondern sich an Grundsätzen orientiert, die unter anderem auch von der christlichen Soziallehre betont werden. So gesehen gelang es mit der Sozialen Marktwirtschaft, eine Ordnung zu begründen, in der zwar das Leistungsprinzip und der Wettbewerb herrschen, in der aber der Mensch – wie es *Ludwig Erhard* ausdrückte – vor „gnadenloser Ausbeutung" Schutz findet. Die Soziale Marktwirtschaft wurde damit nicht nur in wirtschaftlicher Hinsicht zu einem beispiellosen Erfolgsmodell, sondern auch zu einer großen Integrationsformel. Ihr Erfolg beruht einerseits auf der unschlagbaren Effizienz der marktwirtschaftlichen Organisation, andererseits aber auch auf stabilen sozialen Fundamenten. Die Soziale Marktwirtschaft begünstigt damit nicht, wie es in den klassischen Laissez-faire-Ordnungen der Fall war, die Starken, sondern sie tritt in entschiedener Weise für die Schwachen ein, und davon gab es nach dem Ende des Zweiten Weltkriegs genug.

In der Zeit des ideologischen Weltgegensatzes entfaltete sich die Soziale Marktwirtschaft zur Gegenkonzeption von staatlichem Dirigismus und privatwirtschaftlichem Machtmissbrauch und zeigte ihre besondere Stärke durch ihre integrativen, ja friedensstiftenden Wirkungen: Sie trug wesentlich zur Verankerung der rechtsstaatlichen Demokratie bei – nicht nur in Deutschland. Das in Deutschland erfolgreiche Wirtschaftssystem schlug sich 1957 in den Verträgen nieder, mit denen die Europäische Wirtschaftsgemeinschaft gegründet wurde. Und heute strahlt es weit über Westeuropa hinaus in alle Teile der Welt.

Wie fast alle modernen Industrienationen steht das wiedervereinte Deutschland heute vor großen Aufgaben, deren Lösung nicht zuletzt durch die dynamisch fortschreitende Globalisierung ebenso rasches wie kluges Handeln erfordert. Die Reform der Systeme der sozialen Sicherung, die Schaffung günstiger Rahmenbedingungen für dauerhaft wettbewerbsfähige Beschäftigung sowie der schonende Umgang mit den natürlichen Ressourcen können nur gelingen, wenn dem Einzelnen wieder mehr Handlungsspielraum zugestanden wird und der Staat zu jener Rolle zurückkehrt, die ihm die Väter der Sozialen Marktwirtschaft einst zugedacht haben: Der Staat soll der Wirtschaft Regeln geben und Schiedsrichter im Wirtschaftsgeschehen sein. Er soll aber nicht selbstherrlich handelnder Akteur im Wirtschaftsprozess sein.

Seit dem Ende der Ära *Erhard* hat ein schleichender Ausbau des Wohlfahrtsstaates eingesetzt. Der Staat beansprucht jetzt über Steuern, Gebühren und Abgaben mehr als 50 Prozent des Volkseinkommens, und er verteilt, was er einnimmt, wie ein Mäzen unter seine Bürger. *Erhard* war die Verwandlung der Sozialen Marktwirtschaft in ein wohlfahrtsstaatliches Umverteilungssystem ein Gräuel. Nach seiner Überzeugung hat der Staat bei allen Maßnahmen auf ihre Notwendigkeit und Verhältnismäßigkeit, insbesondere aber auf ihre Marktkonformität zu achten. Kein staatlicher Eingriff darf die Funktionsmechanismen des Marktes stören. Keine staatliche Maßnahme darf die Anreize zu eigener Leistung lähmen.

Heute steht uns klar vor Augen, wie wichtig und richtig diese Überzeugung ist: Der Staat (Bund, Länder, Gemeinden und Sozialversicherung) ist überfordert. Er vermag weder die aufgelaufenen Probleme der Vergangenheit noch die anstehenden aktuellen Herausforderungen zu lösen. Seine Rolle als demokratisch legitimierter „Pantocrator" ist ausgespielt. „Wohlstand für alle", wie *Erhard* sein wohl bekanntestes Buch betitelte, wird es in Zukunft nur noch geben, wenn der Staat sich wieder auf seine Kernaufgaben beschränkt und dem Bürger erlaubt, durch Eigeninitiative und Eigenverantwortung einen persönlichen Beitrag zur Zukunftssicherung unseres Landes zu leisten.

Dies wäre dann wieder eine Ordnung, die den Namen „Soziale Marktwirtschaft" verdient, denn in diesem bewährten Konzept ging es darum, eine möglichst große Anzahl von Menschen durch ihre eigene Leistung von sozialen Transfers unabhängig zu machen – von Staatsleistungen, die in letzter Konsequenz doch nichts anderes sind als vom Bürger selbst finanzierte staatliche Gnadenerweise. Die meisten Bürgerinnen und Bürger in unserem Land sind zu einer solchen Reform bereit, und die Soziale Marktwirtschaft bietet hierfür den richtigen Rahmen.

Gerhard Stoltenberg / Otto Schlecht

Soziale Marktwirtschaft: Geistige Grundlagen, ethischer Anspruch, historische Wurzeln

Rainer Klump

1. Einleitung

Soziale Marktwirtschaft bezeichnet heute vieles. Es ist einerseits ein relativ fest umrissenes wirtschaftspolitisches Konzept, daneben wird der Begriff aber auch als eine Ordnungsidee, ein Stilgedanke, ein Leitbild der Wirtschafts- und Gesellschaftspolitik oder auch nur als ein politisches Schlagwort verwendet. Angesichts der vielfältigen Deutungen bietet es sich an, eine nähere Bestimmung der Sozialen Marktwirtschaft von ihren geistigen Grundlagen und historischen Wurzeln her zu versuchen.

Historisch ist die Soziale Marktwirtschaft in Deutschland untrennbar verbunden mit der westdeutschen Währungs- und Wirtschaftsreform im Juni 1948, die unter maßgeblicher Beteiligung von *Ludwig Erhard* stattfand. Mit dieser markanten Zäsur in der Nachkriegszeit, der wenig später die Gründung der Bundesrepublik folgte, war auch eine Synthese unterschiedlicher geistesgeschichtlicher Traditionen verbunden, die dem Konzept der Sozialen Marktwirtschaft seinen besonderen Charakter gaben. Ausgehend von der Popularität der nach 1948 betriebenen Wirtschaftspolitik ordneten sich viele Strömungen der deutschen und deutschsprachigen Nationalökonomie dem Begriff der Sozialen Marktwirtschaft unter; das Konzept erwies sich als weit und elastisch genug, um vieles zu absorbieren. Umgekehrt machte die Währungs- und Wirtschaftsreform aber auch deutlich, wovon eine Soziale Marktwirtschaft sich abgrenzen wollte: nämlich von einer Wirtschaft mit staatlichen Preiskontrollen, Bewirtschaftungsmechanismen und zurückgestauter Inflation, damit von der nationalsozialistischen Wirtschaftspolitik der Vorkriegsjahre ebenso wie von der nach 1945 weitergeführten Kriegswirtschaft in den westlichen Besatzungszonen und dem sich entwickelnden sozialistischen Wirtschaftssystem in der sowjetisch besetzten Zone Deutschlands.

Die Notwendigkeit, das Konzept der Sozialen Marktwirtschaft unter Rückgriff auf seine historischen und geistesgeschichtlichen Wurzeln zu verstehen, kann man auch nicht mit dem Hinweis darauf umgehen, dass es inzwischen im deutschen Verfassungsrecht als Folge der deutschen Einheit eine Legaldefinition des Begriffs Soziale Marktwirtschaft gibt. Artikel 1 des Staatsvertrages zwischen Bundesrepublik und DDR von 1990 schreibt (wie schon die Präambel) „die Soziale Marktwirtschaft als gemeinsame Wirtschaftsordnung beider Vertragsparteien" fest und hebt als deren besondere Kennzeichen hervor: „Privateigentum, Leistungswettbewerb, freie Preisbildung und grundsätzlich volle Freizügigkeit von Arbeit, Kapital, Gütern und Dienstleistungen", ergänzt durch eine „der Sozialen Marktwirtschaft entsprechende Arbeitsrechtsordnung und ein auf den Prinzipien der Leistungsgerechtigkeit und des sozialen Ausgleichs beruhendes umfassendes System sozialer Sicherung" . Auch diese Definition verweist implizit auf die historischen Ursprünge der Sozialen Marktwirtschaft, denn gerade die Währungs-, Wirtschafts- und Sozialunion zwischen beiden deutschen Staaten sollte ja für die DDR das erbringen, was in Westdeutschland nach der Währungs- und Wirtschaftsreform von 1948 einsetzte: ein „Wirtschaftswunder" und „Wohlstand für alle".

2. Marktwirtschaft zwischen ethischem Anspruch und moralischer Verpflichtung

Die Entwicklung der Sozialen Marktwirtschaft in Deutschland lässt sich auf konkrete geistesgeschichtliche Wurzeln zurückführen, die wiederum in weit zurückreichende Traditionsstränge eingebettet sind. Von zentraler Bedeutung ist dabei in Deutschland immer wieder die Auseinandersetzung mit der Frage gewesen, inwiefern eine marktwirtschaftliche Ordnung einen eigenen ethischen Anspruch besitzt oder inwiefern unvermeidliche Fehlentwicklungen des Marktsystems durch umfassende Korrekturen, vornehmlich durch staatliches Handeln, zu kompensieren sind. Die dahinter stehende Frage, ob auf Dauer eine unproblematische Einbindung der Marktwirtschaft in die Gesellschaft erreicht werden kann – und dies ist der zentrale Anspruch der Sozialen Marktwirtschaft –, führt bis in die Philosophie der Antike zurück und wird am Ende des Mittelalters in der Scholastik wieder aufgegriffen. Sie spielt eine wesentliche Rolle bei der Entwicklung der klassischen Nationalökonomie, deren Hauptprotagonist der schottischen Moralphilosoph *Adam Smith* ist. Gerade die Rezeption des klassischen Liberalismus in Deutschland erwies sich aber während des 19. Jahrhunderts als problematisch. Nach einer liberalen Epoche verstärkten sich – nicht zuletzt aus Sorge vor sozialistischen und kommunistischen Einflüssen – in der deutschen Wirtschaftswissenschaft, im Umfeld der christlichen Kirchen und in der Politik die Strömungen, die in einem verstärkten Staatsinterventionismus die beste Lösung der „sozialen Frage" sahen. Sie bereiteten damit vielfältige Beschränkungen der Marktfreiheit und der Wettbewerbsdynamik vor, zu denen sich nach dem Ersten Weltkrieg noch das Problem der Hyperinflation gesellte. Erst diese Ausgangssituation erklärt die wirtschaftstheoretische und wirtschaftspolitische Debatte, die schließlich zum Konzept der Sozialen Marktwirtschaft führte.

2.1 Marktwirtschaft und Moralphilosophie

Markttausch und Handel standen bereits im antiken Griechenland in großer Blüte. Es ist daher auch nicht erstaunlich, dass bereits die griechische Philosophie der Frage nachging, inwieweit die Teilnahme am Markttausch unter ethischen Gesichtspunkten gerechtfertigt werden kann. Vor allem *Aristoteles* hat in seiner Ethik zu dieser Frage Stellung genommen und dabei eine optimistische Grundhaltung entwickelt. Der Mensch strebt nach Glückseligkeit, die er durch Einbindung in die Gemeinschaft findet. Somit sollten individuelles Glücksstreben und gesellschaftlicher Frieden nicht im Widerspruch zueinander stehen. Zu den Regeln, die dies gewährleisten, zählt die Garantie des Privateigentums. Das kluge Wirtschaften ist für *Aristoteles* eine Tugend, die ohne Maßhalten zur Untugend verkommt.

Die Überlegungen von *Aristoteles* werden in der Hochscholastik durch *Thomas von Aquin* wieder aufgegriffen und fließen in die Renaissance marktwirtschaftlichen Denkens seit dem Hochmittelalter ein. Die Scholastik akzeptiert wie *Aristoteles* das Privateigentum, entwickelt mit der Vorstellung von „gerechten Preisen" aber auch konkrete Vorstellungen über die Gerechtigkeit der Marktergebnisse. Dabei ist zu berücksichtigen, dass die scholastische Gerechtigkeitsvorstellung, die auf der Äquivalenz von Leistung und Gegenleistung beruht, durchaus auch als eine Verteidigung wettbewerblicher Preisbildung gegenüber den verschiedensten Formen von Monopolmacht sowie als Verurteilung inflatorischer Preisveränderungen angesehen werden kann. Mit dem Ordo-Gedanken der Scholastik, dem richtigen Zusammenwirken aller Teilbereiche in einem sinnvollen Ganzen, wird das Bild einer harmonischen Wirtschafts- und Gesellschaftsordnung entwickelt, in dem die normativen Gerechtigkeitsvorstellungen verwirklicht sind.

Bezeichnenderweise steht dann am Beginn der eigenständigen nationalökonomischen Theoriebildung mit *Adam Smith* ein Wissenschaftler, der einen Lehrstuhl für Moralphilosophie innehatte. Seinem 1776 veröffentlichten Werk über „Wesen und Ursachen des Wohlstands der Nationen" ging eine „Theorie der ethischen Gefühle" voraus, in der er die Grundsätze seiner Morallehre entwickelte. Dies fließt natürlich auch in sein ökonomisches Werk ein, dessen Kern im Nachweis besteht, dass im Marktsystem durch fortschreitende Arbeitsteilung in Verbindung mit der Verfolgung des Selbstinteresses durch alle Marktteilnehmer ein kontinuierliches Wirtschaftswachstum möglich wird, das den allgemeinen Wohlstand eines Landes hebt. *Smith* propagiert daher größtmögliche wirtschaftliche Entfaltungsfreiheit, Abbau der noch bestehenden Zugangsbeschränkungen zu inländischen und ausländischen Märkten; er ist sich aber der Notwendigkeit bewusst, dass das Wirken der Marktkräfte in geeigneter Weise zu regulieren ist.

Eine wichtige Rolle spielt dabei die Selbstregulation der Marktwirtschaft, die das System durch das Wirken der Konkurrenz an allen Märkten besitzt. Daneben gibt es, allerdings wenige, staatliche Aufgaben, die vor allem in der Sicherung der langfristigen Funktionsfähigkeit des Marktsystems liegen. Sie bestehen in der Sicherung des Privateigentums, des Geldwertes und ausgewählter anderer öffentlicher Leistungen. Auf der moralischen Ebene sieht *Smith* schließlich das Wirken der „Sympathie" als entscheidend an, um den dauerhaften Bestand der Marktwirtschaft mit ihren Wohlstand schaffenden Effekten zu gewährleisten. Sympathie im Sinne von *Smith* soll das Selbstinteresse aller Marktteilnehmer, das der zentrale Motor des Markttausches ist, dadurch begrenzen, dass jeder Marktteilnehmer sich auch in die Rolle eines unbeteiligten Beobachters versetzen soll, um den moralischen Gehalt seiner Handlungen zu überprüfen. Die dadurch angelegte Selbstreflektion individueller Handlungen mit Bezug auf ihre sozialen Auswirkungen soll Ausbeutung der Marktpartner verhindern helfen.

2.2 Liberalismus und Kathedersozialismus

In Deutschland fanden die Thesen der schottischen Moralphilosophie und der klassischen Ökonomie nur zögernd Aufnahme. Zwar dominierten in den ersten drei Vierteln des 19. Jahrhunderts liberale Wirtschafts- und Sozialideen; sie konnten aber nicht die gleiche Stärke entwickeln wie in England, Frankreich oder den USA. Beherrschende Themen der Debatte blieben die Liberalisierung des Außenhandels, die Bewältigung der sozialen Konflikte im beginnenden Industriezeitalter und die geeigneten Maßnahmen zur Überwindung schwerer Wirtschaftskrisen. Der Gruppe der überzeugten „Freihändler", deren Thesen von Kritikern als „Manchester-Liberalismus" abqualifiziert wurden, standen einflussreiche Kreise gegenüber, die einen uneingeschränkten Freihandel ablehnten. Der Ökonom und Publizist *Friedrich List* plädierte zwar für möglichst große Freiheit im innerdeutschen Wirtschaftsverkehr, die durch die Bildung des Deutschen Zollvereins auch verwirklicht wurde, sprach sich aber gegen eine frühzeitige Marktöffnung gegenüber dem Ausland aus, weil er den Zusammenbruch der inländischen Industrie unter dem Druck der englischen Konkurrenz befürchtete. Er war überzeugt, dass die vollständige Liberalisierung des Außenhandels erst dann möglich wäre, wenn die deutsche Wirtschaft eine höhere Stufe der Entwicklung erreicht hätte, und dass das Erreichen dieser Stufe durch ein System von Erziehungszöllen beschleunigt werden könnte.

In der Folge von *Lists* Stufentheorie verbreitete sich in Deutschland eine Wirtschaftslehre, die weniger auf den theoretischen Kategorien der englischen Klassik, als vielmehr auf einer umfassenden Analyse der historischen Entwicklung wirtschaftlicher und gesellschaftlicher Institutionen gründete. Es entstanden unterschiedliche Historische Schulen. Mit ihren Theorien schwand das Verständnis für die grundlegenden Funktionsmechanismen von wettbewerblichen Märkten; an seine Stelle trat eine von den herrschenden Verhältnissen geprägte Wirtschafts- und Gesellschaftskritik. Sie erreichte ihren Höhepunkt im Werk von *Karl Marx* und *Friedrich Engels*, die im „Kommunistischen Manifest" von 1848 einerseits das Hohelied auf die umwälzenden Kräfte des Kapitalismus sangen, andererseits aber das Zerbrechen des marktwirtschaftlichen Systems an seinen Klassenantagonismen prognostizierten. Die ökonomische Depression und die politischen Krisen der Jahrhundertmitte, die die Krisenanfälligkeit der Marktwirtschaft und die „Arbeiterfrage" zum Problem werden ließen, schienen zunächst die pessimistischen Prognosen zu bestätigen. Der folgende Konjunkturaufschwung, der in Deutschland eine neue Phase der Industrialisierung einleitete, bewirkte dann allerdings einen Stimmungsumschwung, der

sich vor allem in der extrem liberalen preußischen Gewerbe-
ordnung von 1869 niederschlug. Die freie Gewerbeausübung
wurde zu dieser Zeit, im so genannten Gründerboom, als ein
Mittel zur Befreiung aus den Zwängen der ständisch-feudalen
Gesellschaftsstrukturen angesehen, mit dessen Hilfe erstmals
überhaupt bestimmten sozialen Gruppen ein wirtschaftlicher
und gesellschaftlicher Aufstieg in Aussicht gestellt werden
konnte. Kleinen Produktionseinheiten sollte, so die Überle-
gung des liberalen Förderers des Genossenschaftsgedankens,
Hermann Schulze-Delitzsch, die Möglichkeit offen stehen, in
freiwilliger Kooperation ihre Wettbewerbsstellung zu verbessern.

Ein deutlicher Umschwung dieser Sichtweise setzte dann
nach 1870 ein. In der Wirtschaftswissenschaft schlossen sich
einflussreiche Vertreter der so genannten Jüngeren Historischen Schule um *Gustav Schmoller* 1872 im Verein für Socialpolitik zusammen. Sie lehnten die liberale Ökonomie ebenso
ab wie den Marxismus und suchten nach einer mittleren Position, bei der durch gezielten Staatsinterventionismus die Fehlentwicklungen des Marktsystems korrigiert werden sollten.
Die Überlegungen dieser „Kathedersozialisten" gingen von
einem besonderen ethischen Anspruch der Nationalökonomie
bei der Suche nach praktikablen Lösungen der „sozialen Frage"
aus. Sie vernachlässigten aber die Frage nach der Vereinbarkeit
der aufgezeigten Lösungen mit der langfristigen Funktionsfähigkeit der Marktwirtschaft und trafen sich mit den Überlegungen von Reichskanzler *Otto v. Bismarck,* der in der Folge
der großen Gründerkrise nach Wegen suchte, um den politischen Druck der Arbeiterbewegung nach grundlegenden Wirt-
schaftsreformen zu brechen. In diesem Denken haben die
großen Sozialreformen, die nach 1880 durchgeführt wurden,
ihren Ursprung. Die damalige Einführung von Kranken-, Un-
fall- und Rentenversicherung ist bis heute prägend für die
wohlfahrtsstaatliche Orientierung der deutschen Sozialpolitik
geblieben.

Die bewusste Verlagerung der Sozialpolitik vom Markt in
die Hände des Staates führte dazu, dass sich das System der

staatlichen Sozialversicherung seit Beginn des 20. Jahrhunderts in Deutschland kontinuierlich ausbreitete. Immer stärker geriet der Staat dabei in die Rolle, Fehlentwicklungen der Marktwirtschaft im Nachhinein korrigieren zu müssen, anstatt ihr Entstehen bereits im Marktprozess selbst verhindern zu können. Neben der Sozialpolitik wirkte sich die Theorielosigkeit der „Kathedersozialisten" aber auch im Bereich der Wettbewerbspolitik aus. Die Entscheidung des Reichsgerichts im Jahre 1897, die Bildung von Kartellen im Rahmen der allgemeinen Vertragsfreiheit für gültig zu erklären, rief ebenso wenig den nachhaltigen Protest der wirtschaftswissenschaftlichen Fachvertreter in Deutschland hervor wie die zunehmend protektionistischen Tendenzen im deutschen Außenhandel, mit denen in dieser Zeit die Reichsregierung dem wachsenden Druck der Agrar- und Montanindustrie nachgab. Mit Ausnahme der Geldversorgung, die durch das Festhalten am Goldstandard bei relativ freiem internationalem Kapitalverkehr gesichert blieb, hatten sich damit die Funktionsbedingungen der Marktwirtschaft am Beginn des 20. Jahrhunderts erheblich verschlechtert. Die ökonomischen Folgen des Ersten Weltkriegs, die sich außer in einer immer stärker fortschreitenden Kartellierung der deutschen Wirtschaft und einer deutlichen Vergrößerung des Staatsinterventionismus vor allem in der Hyperinflation der 20er Jahre niederschlugen, verstärkten diesen negativen Prozess dann nachhaltig.

2.3 Christliche Soziallehren

Neben den Kathedersozialisten unterstützten am Ende des 19. Jahrhunderts auch die christlichen Kirchen Maßnahmen zur vermeintlich notwendigen sozialen Korrektur der Marktergebnisse. Die christlichen Soziallehren gingen dabei allerdings verschiedene Wege, indem sie einerseits verstärkte staatliche Anstrengungen zum Schutz der arbeitenden Bevölkerung vor Ausbeutung forderten, andererseits aber auch dafür eintraten, durch den Auf- und Ausbau von neuen, vorzugsweise kooperativen Institutionen eine Verbesserung der Lebenssituation breiter Schichten im Rahmen des Marktsystems zu erreichen. Für die letztgenannte Position sind auf katholischer Seite die von *Adolf Kolping* propagierten Gesellenvereine und auf der Seite des Protestantismus *Heinrich von Wicherns* Einrichtungen für Benachteiligte zu nennen. In die gleiche Richtung, durch Kooperation in christlicher Verantwortung eine Lösung der sozialen Frage zu erreichen, gingen auch die Bestrebungen *Friedrich Wilhelm Raiffeisens* zur Intensivierung des Genossenschaftsgedankens primär in der Landwirtschaft. Im Bestreben, durch Selbsthilfe Lösungen für soziale Probleme des Marktsystems zu finden, äußert sich der Grundsatz der Subsidiarität, der zu einem wesentlichen Prinzip der christlichen Soziallehre, insbesondere in ihrer katholischen Ausprägung, geworden ist.

Zum Anwalt eines weiter gehenden staatlichen Eingreifens in den Marktprozess aus sozialen Erwägungen wurde vor allem der Münsteraner Bischof *Wilhelm von Ketteler*, der Liberalismus und Konkurrenzdenken ablehnte. 1891 griff Papst *Leo XIII.* mit seiner Enzyklika „Rerum novarum" die Positionen der Katholischen Soziallehre auf und befreite die Forderung nach sozialpolitischen Interventionen des Staates vom Odium des Marxismus. Über die Zentrumspartei fanden die Vorstellungen der Katholischen Soziallehre Eingang in die Reichspolitik, die sich aus Sorge um die Abwehr wachsender sozialistischer Einflüsse zu einer aktiveren Sozialpolitik bereit zeigte.

3. Geistige Grundlagen der wettbewerblichen Ordnung in Deutschland

3.1 Neo- und Ordoliberalismus

Weder die Diskussion um den ethischen Anspruch der Marktwirtschaft noch die Suche nach wirtschaftspolitischen Konzeptionen, die sozial unerwünschte Auswirkungen des Kapitalismus beheben, war eine Erfindung des 20. Jahrhunderts. Allenfalls kann man annehmen, dass die politischen, sozialen und ökonomischen Umwälzungen, die in den ersten vier Jahrzehnten des 20. Jahrhunderts in Europa eintraten, die Debatten über einen möglichen „Dritten Weg" und die Suche nach den Bausteinen einer leistungsfähigen und gerechten marktwirtschaftlichen Ordnung intensivierten. Dennoch kann die Umsetzung der Sozialen Marktwirtschaft, wie sie in Westdeutschland dann seit 1948 erfolgte, auch nicht als eine beliebige Mischung aller vorher geführten Reformdiskussionen angesehen werden. Sie lässt sich vielmehr auf konkret nachweisbare Wurzeln zurückführen. Im Folgenden werden drei konzeptionelle Stränge näher beleuchtet, die schon wegen ihrer Verbindung mit handelnden Personen im Zentrum der Sozialen Marktwirtschaft angesiedelt sind: das vor allem wirtschaftstheoretisch bedeutsame Konzept der neoliberalen Freiburger Schule um *Walter Eucken*, die kultursoziologisch fundierten Arbeiten *Alfred Müller-Armacks* und die Einflüsse betriebswirtschaftlicher und gesellschaftswissenschaftlicher Art, die von den Lehrern *Ludwig Erhards* ausgingen. Zwischen diesen drei Wurzeln der Sozialen Marktwirtschaft gibt es in methodischer wie in wirtschaftspolitischer Hinsicht durchaus bemerkenswerte Unterschiede. Das Zusammenwirken der durch dieses Denken geprägten Personen hat aber die Wirtschaftsordnung der Bundesrepublik nachhaltig geprägt.

a) Ordoliberalismus und Freiburger Schule
Aus nationalökonomischer Sicht bildet der Ordoliberalismus die wichtigste Wurzel der Sozialen Marktwirtschaft. In einer engen Sicht zielt dieser Begriff auf die von Freiburger Ökonomen und Juristen, insbesondere *Walter Eucken* und *Franz Böhm*, seit den 30er Jahren entwickelten Vorstellungen über eine Neukonzeption der marktwirtschaftlichen Ordnung. Als Begründer der „Freiburger Schule" gilt neben *Eucken* der Jurist *Hans Großmann-Doerth*. Zusammen mit *Franz Böhm*, der erst nach dem Tode *Großmann-Doerths* 1945 an die Freiburger Universität berufen wurde, gaben sie seit 1936 die Schriftenreihe „Ordnung der Wirtschaft" heraus. Als erster Band dieser Schriftenreihe erschien „Die Ordnung der Wirtschaft als geschichtliche Aufgabe und rechtsschöpferische Leistung" von

Franz Böhm. Weiterhin werden zur Freiburger Schule *Euckens* Schüler *Friedrich A. Lutz, Karl Friedrich Maier, Fritz W. Meyer* und *Leonhard Miksch* gerechnet. *Leonhard Miksch* war 1948 maßgeblich an der Ausarbeitung des Leitsätzegesetzes beteiligt, mit dem *Ludwig Erhard* das Bewirtschaftungssystem in die Marktwirtschaft überführte; *Fritz W. Meyer* wurde nach der Währungsreform einer der wichtigsten wirtschaftspolitischen Berater *Ludwig Erhards.*

In einer weiten Sicht zählen zu diesem Kreis auch neoliberale Wissenschaftler wie *Wilhelm Röpke* oder *Alexander Rüstow*, die nach 1933 in die Emigration getrieben wurden, aber durch zahlreiche Beiträge und nach 1945 wieder unmittelbar Einfluss auf die ordnungstheoretische Diskussion in Deutschland nahmen. So unterstützte *Wilhelm Röpke* 1950 mit dem Gutachten „Ist die deutsche Wirtschaftspolitik richtig?" *Ludwig Erhards* Wirtschaftspolitik gegen Kritik aus allen politischen Lagern.

Zwar sind gewisse Vorbehalte der ordo- und neoliberalen Theoretiker gegenüber der politischen Realisierung der Sozialen Marktwirtschaft nach der Währungsreform nicht zu übersehen. Einigkeit bestand bei ihnen allen aber über die Notwendigkeit, eine grundsätzliche Reform der deutschen Wirtschaftsordnung auf der Grundlage einer funktionsfähigen Marktwirtschaft herbeizuführen.

Gleich in mehrerer Hinsicht nimmt *Walter Euckens* 1940 erschienenes Werk über „Grundlagen der Nationalökonomie" in den wirtschaftswissenschaftlichen Diskussionen eine zentrale Stellung ein. Es wies mit dem morphologischen Ansatz, dem Denken in Ordnungen, einen Weg aus dem Methodenstreit, der die deutschsprachige Nationalökonomie seit langem beherrschte. Es machte zudem deutlich, dass ein Denken in Ordnungen nicht nur einen positiven, sondern auch einen normativen Aspekt besitzt. Damit stellte sich die Frage nach der anzustrebenden Wirtschaftsordnung bzw. der ihr adäquaten Wirtschaftsverfassung. Angesichts des beginnenden Weltkriegs implizierte dies fast zwangsläufig Überlegungen über die Ausgestaltung einer Wirtschaftsordnung der Nachkriegszeit. Konkrete Planungen über die wirtschaftliche Nachkriegsordnung entstanden in den drei regimekritischen „Freiburger Kreisen", in deren Diskussionen *Euckens* „Grundlagen" wiederum eine herausragende Rolle spielten.

b) Der neue methodische Ansatz: Das Denken in Ordnungen
Durch das Werk *Walter Euckens* zieht sich bis zu den „Grundlagen" wie ein roter Faden die Befürchtung, die methodische Zerrissenheit der deutschsprachigen Nationalökonomie werde letztlich zur politischen und gesellschaftlichen Bedeutungslosigkeit der wirtschaftswissenschaftlichen Forschung in Deutschland führen. Dieser Methodenstreit hatte sich schon während des 19. Jahrhunderts abgezeichnet und war spätestens mit der Debatte zwischen *Carl Menger* und *Gustav Schmoller* in das öffentliche Bewusstsein gerückt. Auf der einen Seite, die vor allem in Österreich und einigen süddeutschen Universitäten Rückhalt fand, standen Ökonomen, die wirtschaftswissenschaftliche Analysen auf allgemein gültigen, von Raum und Zeit unabhängigen Axiomen aufzubauen versuchten. Sie stützten sich dabei entweder auf die Tradition der englischen Klassik oder auf das theoretische Gerüst der verschiedenen, gegen Ende des 19. Jahrhunderts entstandenen Grenznutzenschulen der Neoklassik. Auf der anderen Seite, und diese dominierte die akademischen Diskussionen im Deutschen Reich, vor allem in Preußen, befanden sich die Befürworter einer stark historisch orientierten Wirtschaftswissenschaft, die den räumlichen und zeitlichen Besonderheiten des Wirtschaftslebens gerecht zu werden versuchten und daher Vorbehalte gegen allgemeingültige Wirtschaftstheorien äußerten. Zu den wenigen Kritikern der historischen Methode, die vor allem von *Gustav Schmoller* und seinen Schülern propagiert wurde, zählte *Euckens* Lehrer *Heinrich Dietzel*. In Freiburg wirkte als Vermittler der klassischen englischen Wirtschaftslehren *Euckens* Kollege *Karl Diehl*.

Zwar waren gerade *Gustav Schmoller* und andere Kathedersozialisten mit einem ausgeprägten wirtschaftspolitischen Gestaltungsanspruch angetreten. Mit der Unfähigkeit der *Schmol-*

ler-Schüler, die ökonomischen Folgen des Ersten Weltkriegs, insbesondere die Ursachen der Nachkriegsinflation, adäquat zu analysieren, hatte nach *Euckens* Ansicht aber ein großer Ansehensverlust der theoriefeindlichen deutschen Wirtschaftswissenschaft eingesetzt. Nicht zufällig hatte *Euckens* erste bedeutende wissenschaftliche Arbeit aus dem Jahre 1923 „Kritische Betrachtungen zum deutschen Geldproblem" zum Inhalt. *Eucken* war überzeugt, dass in den maßgebenden Kreisen irrige Anschauungen über die Ursachen der Inflation herrschten und daher auch der Weg zu richtigen währungspolitischen Maßnahmen versperrt war. Das Versagen der Historischen Schule angesichts der Nachkriegsinflation prangert *Eucken* auch in seinen 1934 erschienenen „Kapitaltheoretischen Untersuchungen" an. Im gleichen Tenor stellen dann die drei Herausgeber der Schriftenreihe „Ordnung der Wirtschaft", also *Böhm, Großmann-Doerth* und *Eucken* fest, dass sowohl die Rechtswissenschaft als auch die Nationalökonomie in Deutschland grundsätzliche Entscheidungen rechts- und wirtschaftspolitischer Art nicht mehr beeinflussen. *Schmoller* und seine Schule werden dafür verantwortlich gemacht, dass in Deutschland die Nationalökonomie ihre Kraft verloren hatte, wahrhaft gestaltend zu wirken, und wegen ihres Theoriedefizits vor allen großen wirtschaftspolitischen Problemen versagen musste.

Euckens 1938 erstmals erschienene Schrift „Nationalökonomie wozu?" durchzieht die Vorstellung, dass erst eine Lösung des Methodenstreits den praktischen Stellenwert der Nationalökonomie verbessern kann. Im Vorwort zur ersten Auflage der „Grundlagen", die kurz nach Beginn des Zweiten Weltkrieges erschien, betont er ausdrücklich, dass er durch die Überwindung des Methodenstreits den Weg für eine fruchtbare Anwendung ökonomischer Forschung eröffnen möchte. Parallel zur Publikation der „Grundlagen" griff *Eucken* in einem Aufsatz noch einmal explizit die Methodik der *Schmoller*-Schule an. Es überrascht daher auch nicht, dass *Euckens* Vorgehen in Deutschland ganz unterschiedlich aufgenommen wurde. Während *Heinrich von Stackelberg* den gelungenen Brücken-

schlag zwischen Theorie und Historie in den „Grundlagen"
würdigte, erkannte *Wilhelm Vleugels* in *Euckens* Ansatz lediglich ein besseres Herankommen der Theorie an die Wirklichkeit.

c) *Wirtschaftsordnung und Ordnung der Wirtschaft*

Als zentrales Motiv, das für seine wirtschaftspolitischen Vorstellungen entscheidend wird, findet sich in *Euckens* Werk die Ablehnung jeder Vorstellung von historischen Entwicklungsgesetzen und des ihr innewohnenden wirtschaftspolitischen Fatalismus. Er zielt damit sowohl auf die marxistische Geschichtsphilosophie als auch auf die „Wissenschaft im Stile *Schmollers*" und deren Vorstellung von einem Gesetz des geistig-sittlichen Fortschritts in der Geschichte. Er kritisierte damit aber auch die Vorstellung des klassischen Liberalismus, die Herstellung wirtschaftlicher Freiheit allein werde zwangsläufig zum Aufbau einer bestmöglichen Wirtschafts- und Gesellschaftsordnung führen. Die Vorstellung von *Adam Smith*, dass sich durch Laissez faire allein schon die „natürliche Ordnung" durchsetzen werde, hielt er für zweifelhaft. Die Forderung *François de Quesnays* nach bewusster Gestaltung der Wirtschaftsordnung erschien ihm richtiger.

Das Denken in Wirtschaftsordnungen sollte aus Sicht der Vertreter des Ordoliberalismus also einerseits auf die Notwendigkeit ordnungspolitischer Gestaltung in jeder historischen Situation hinweisen, andererseits aber auch die Wirtschaftspolitik aus dem Fatalismus historischer Entwicklungsgesetze befreien. Gerade mit diesem doppelten Anspruch wirkte *Euckens* neuer methodischer Ansatz der Wirtschaftsanalyse für viele deutsche Ökonomen befreiend. Er bedeutete einen Durchbruch aus lähmender Enge und unentrinnbarer Verhaftung in Schicksal und Pseudowerte hin zu einer Welt der freien und verantwortlichen Wahl.

Angesichts der prinzipiellen Wahlfreiheit stellte sich nun aber umso mehr die Frage, welches Leitbild die Wirtschaftsordnungspolitik verfolgen sollte. Als modernes Pendant zur „natürlichen Ordnung" taucht in diesem Zusammenhang bei

Eucken das Bild von der „brauchbaren Ordnung der modernen industrialisierten Welt" auf. Für *Eucken* und die Ordoliberalen hat dieses normative Ordnungskonzept – die Aufgabe, eine sachgerechte Ordnung der Wirtschaft zu errichten, die dem Wesen des Menschen entspricht – zwei Aspekte: Es soll erstens die Funktionsfähigkeit der modernen Industriegesellschaft in dem Sinne sicherstellen und erhalten, dass die Knappheit der Güter dauerhaft überwunden werden kann; und es soll zweitens auch bei immer weiter um sich greifender Arbeitsteilung ein menschenwürdiges und selbstverantwortliches Leben gewährleisten. „Deshalb besteht eine große Aufgabe des gegenwärtigen Zeitalters darin, dieser neuen industrialisierten Wirtschaft mit ihrer weitgreifenden Arbeitsteilung eine funktionsfähige und menschenwürdige Dauerordnung zu geben. Funktionsfähig und menschenwürdig heißt: In ihr soll die Knappheit an Gütern, die sich Tag für Tag in den meisten Haushalten drückend geltend macht, so weitgehend wie möglich und andauernd überwunden werden. Und zugleich soll in dieser Ordnung ein selbstverantwortliches Leben möglich sein. Diese Aufgabe, von deren Lösung Entscheidendes abhängt (und zwar nicht nur für die wirtschaftliche Existenz der Menschen) erfordert die Schaffung einer brauchbaren ‚Wirtschaftsverfassung' [...], die zureichende Ordnungsgrundsätze verwirklicht. Dass sie sich nicht von selbst löst, dass wir also im gegenwärtigen Zeitalter mit dem Wachsenlassen der Wirtschaftsordnungen nicht auskommen, hat die Geschichte des letzten Jahrhunderts nachdrücklich gelehrt. Denkende Gestaltung der Ordnung ist nötig." *Eucken* verweist in diesem Zusammenhang auf den mittelalterlichen Ordo-Gedanken, der die „sinnvolle Zusammenfügung des Mannigfaltigen zu einem Ganzen" beinhaltete.

Angesichts der beiden Kriterien „dauerhafte Funktionsfähigkeit" und „Menschenwürde" sieht *Eucken* den normativen Anspruch allein in der Wettbewerbsordnung erfüllt, deren konstituierende und regulierende Prinzipien in den posthum veröffentlichten „Grundsätzen der Wirtschaftspolitik" entwickelt werden. Aufschlussreich sind dabei insbesondere die Ausführungen über Sozialpolitik, die von der Überzeugung getragen werden, dass in der modernen Industriegesellschaft jede wirtschaftspolitische Maßnahme soziale Auswirkungen und soziale Bedeutung hat. Insofern bedarf es aus ordoliberaler Sicht keiner speziellen Sozialpolitik, vielmehr muss die allgemeine Ordnungspolitik in Wirtschaft und Gesellschaft das Entstehen sozialer Probleme verhindern.

3.2 Gesellschaftstheoretische Grundlagen

Nach Ansicht von *Eucken* sollte das Denken in Ordnungen auch an die Stelle der Bildung von Wirtschaftsstilen treten. Bei *Alfred Müller-Armack*, der den Begriff „Soziale Marktwirtschaft" geprägt und ihn vor allem als einen Wirtschaftsstil angesehen hat, ist das Wirtschaftsstildenken entscheidend beeinflusst von der Wirtschaftssoziologie *Leopold von Wieses*, der nicht nach einem Ersatz, sondern nach einer Ergänzung der Wirtschaftstheorie „im Zwischenmenschlichen" suchte. Aufbauend auf seiner Kulturstilforschung verstand *Müller-Armack* den Stil der Sozialen Marktwirtschaft als eine „irenische Formel", mit der sich der marktwirtschaftliche Liberalismus mit der Ordo-Idee der Katholischen Soziallehre, der evangelischen Sozialethik und sozialistischen Gerechtigkeitsvorstellungen vereinbaren lassen sollte.

a) Wirtschaftsstilforschung und Wirtschaftssoziologie
Eucken hatte in den „Grundlagen" eine scharfe Abgrenzung seines morphologischen Ansatzes, des Denkens in Wirtschaftsordnungen, von den zeitgenössischen Wirtschaftsstufen- und Wirtschaftsstillehren vorgenommen. Mit der Bildung zunächst von Wirtschaftsstufen, später von Wirtschaftssystemen und Wirtschaftsstilen hatte die historisch-empiristische Richtung der deutschsprachigen Nationalökonomie versucht, eine eigene Lösung des anhaltenden Methodenstreits zu finden. An die Stelle einer zeitunabhängigen Theorie sollten für jede Stufe bzw. jeden Stil eine eigene Theorie entwickelt werden, eine zeiteigene, zeitgebundene, geschichtliche Theorie von zeitlich begrenzter Gültigkeit. Da jede Stufe und jeder Stil ein Abbild der

Wirklichkeit sein sollte, wurde die auf ihr aufbauende Theorie in Anschluss an *Edgar Salin* auch als „anschauliche Theorie" bezeichnet.

An den Wirtschaftssstufentheorien der Älteren Historischen Schule kritisierte *Eucken* zu Recht den undifferenzierten Entwicklungsgedanken. Schwieriger erwies sich dagegen die Abgrenzung der Wirtschaftsordnungstheorie von der Wirtschaftssystemlehre *Werner Sombarts* und der Wirtschaftsstillehre *Arthur Spiethoffs*. *Sombart* verstand unter einem Wirtschaftssystem „... eine als sinnvoll erscheinende Wirtschaftsweise, bei welcher die Grundbestandteile der Wirtschaft je eine bestimmte Gestaltung aufweisen. ... es ist die als geistige Einheit gedachte Wirtschaftsweise, die von einem bestimmten Geist beherrscht, eine bestimmte Ordnung und Organisation hat und eine bestimmte Technik anwendet." Während für *Sombart* Geist, Form und Technik die grundlegenden „Idealtypen" darstellten, traten bei *Spiethoff* als die fünf „Elementarfaktoren" des Wirtschaftsstils Wirtschaftsgeist, natürliche und technische Grundlagen, Gesellschaftsverfassung, Wirtschaftsverfassung und Wirtschaftskreislauf auf. Wirtschaftsstile sind für ihn Musterbeispiele menschlichen Zusammenlebens, die die Verschiedenheiten des Wirtschaftslebens der Menschen einfangen und einer lehrmäßigen Erfassung zuführen. Bereits die Zeitgenossen sahen durchaus die Ähnlichkeiten, die zwischen den System- und Stiltypen sowie *Euckens* morphologischen Elementen bestanden. Man hob aber als prinzipiellen Unterschied hervor, dass *Sombart* und *Spiethoff* ihre Idealtypen als Mittel der Beschreibung verwendeten, während sie *Eucken* als Daten der theoretischen Analyse auffasst, die eindeutige Hypothesen über das Funktionieren des Wirtschaftsprozesses zulassen.

Im Unterschied zu *Sombart* oder *Spiethoff* steht *Müller-Armacks* Konzept des Wirtschaftsstils. Er betont „die in den verschiedensten Lebensgebieten einer Zeit sichtbare Einheit des Ausdrucks und der Haltung", unter dem eindeutigen Primat geistiger, speziell religiöser Strömungen. Aufbauend auf *Heinrich Bechtel*, der es als Aufgabe des Wirtschaftsstils bezeichnet hatte, in Analogie zum Stilbegriff in der Kunst

„… Handlung und Motiv, Leistung und Mensch in einem zu erfassen", sah *Müller-Armack* den Wirtschaftsstil als „ideal-typisch-reine Formidee" an und fasst das Wirtschaftssystem als die konkrete Mischung von Stilen in einem Land auf. Wenn *Müller-Armack* dabei die Wirtschaftstheorie nicht ersetzen, sondern sie um außerökonomische Erkenntnisse ergänzen will, so folgt er damit dem wirtschaftssoziologischen Ansatz seines Lehrers *Leopold von Wiese*. Dieser sah die Aufgabe der Wirtschaftssoziologie darin, Antwort zu geben auf Fragen wie: „Was wird vom Sozialen in der Sphäre der menschlichen Wirtschaft bewirkt? In welchen Zusammenhängen wird auf diesem Gebiet das Soziale wirksam? Mit anderen Worten: Es handelt sich um den zwischenmenschlichen Zusammenhang auf dem Felde der Bedürfnisbefriedigung. Im Dienste der Gesellschaftslehre will man einen Beitrag zur Erklärung dessen geben, was man das Soziale nennt; im Dienste der Wirtschaftswissenschaften soll die ökonomische Theorie wirklichkeitsnäher durch die Berücksichtigung des Zwischenmenschlichen gestaltet werden." Mit dem Übergang zu einer spezifisch religionssoziologischen Analyse wird der Wirtschaftsstil Teil eines allgemeinen Kulturstils. „Je mehr in der religionssoziologischen Forschung der Wirtschaftsstil selbst als Ausdruck geistiger und gar religiöser Gehalte erschien, musste auf Dauer der Begriff des Wirtschaftsstils als zu eng erscheinen. Er bezeichnet mehr den wissenschaftlichen Ursprung als die Reichweite des Phänomens. Ihm gegenüber dürfte es angemessener sein, von Kulturstilen zu reden und damit die Beziehung des Stilbegriffs auf die volle Breite der Kulturerscheinungen auszusprechen."

Müller-Armacks religionssoziologischer Ansatz zur Analyse der Wirtschafts- und Kulturstile will verdeutlichen, welchen Einfluss das Geistige, das Transzendente, das Religiöse – auch in säkularisierter Form – auf das Wirtschaften, aber auch auf den Staat, auf das soziale Denken und auf die Wirtschaftswissenschaften besaß und besitzt. So erklärt *Müller-Armack* den im deutschsprachigen Raum existierenden Methodenstreit in den Sozialwissenschaften als zwangsläufiges Ergebnis unterschiedlicher und konkurrierender religiöser Traditionen.

b) Soziale Irenik

Zu einem tieferen Verständnis von *Müller-Armacks* Konzeption der Sozialen Marktwirtschaft gelangt man, wenn man berücksichtigt, dass er sie als eine mögliche „irenische" Formel bezeichnet hat. Mit dem Begriff der Irenik knüpfte er an die Vorstellung aus der zweiten Hälfte des 17. Jahrhunderts an, auf die er schon auf den ersten Seiten seiner „Genealogie der Wirtschaftsstile" hingewiesen hatte. Nach Ende des 30jährigen Krieges war gerade in Deutschland in Kreisen von Theologen und Philosophen – so beispielsweise von *Gottfried Wilhelm Leibniz* – nach Möglichkeiten gesucht worden, die verhängnisvollen Glaubensspaltungen zu überwinden und zu einer dauerhaften Versöhnung der sich vorher bekämpfenden Positionen zu gelangen. Für das 20. Jahrhundert, das „Jahrhundert ohne Gott", sah *Müller-Armack* nun die Notwendigkeit, die Positionen der Katholischen Soziallehre, der evangelischen Sozialethik, des Sozialismus und des Liberalismus zu versöhnen. Voraussetzung einer solchen Versöhnung ist der Verzicht auf die Annahme bestimmter historischer Gesetzmäßigkeiten und die Anerkennung der prinzipiellen Mischbarkeit unterschiedlicher Stilelemente, wenn auch die Art der Mischung von entscheidender Bedeutung ist. „Der Friede, der geschlossen werden kann, ist freilich nicht mit dem leichten Entschluss zu schaffen, alle Positionen, da sie jeweils das Gute wollen, zusammenzulegen. Vielmehr bedarf es einer kritischen Sondierung, um den möglichen Beitrag jeder Position richtig abmessen zu können. Das sittliche Wollen des Sozialismus, der Ordo-Gedanke des Katholizismus, die Beseelung der Berufsidee und die brüderliche Hilfsbereitschaft des Protestantismus können im Verein mit der Einsicht in neue Organisationsprinzipien im neuen Liberalismus viel bewirken."

Als irenische Formel ist *Müller-Armacks* Konzeption der Sozialen Marktwirtschaft dem Ordo-Gedanken der Freiburger Schule eng verwandt. Sie versteht sich ebenfalls als eine Form der „natürlichen Ordnung" unter den besonderen Bedingungen der modernen Gesellschaft. Aufgrund ihrer Verwurzelung in der wirtschaftssoziologischen Analyse sucht sie aber ein sehr viel breiteres Spektrum an geistigen Strömungen zu integrieren. Ihre besonderen Vorteile – ökonomische Effizienz und soziale Friedensstiftung – kann die Soziale Marktwirtschaft im Sinne *Müller-Armacks* allerdings nur dann zur Wirkung bringen, wenn die konkurrierenden Stilelemente in bestimmter Weise kombiniert werden. Kernstück bleibt auch hier die Wettbewerbsordnung, die allein in der Lage ist, auf Dauer den materiellen Wohlstand zu steigern. Im Unterschied zur Klassik mit ihrer ausgeprägten Vorliebe für Mechanik sieht *Müller-Armack* die Wettbewerbsordnung als einen „Halbautomaten" an, der sinnvoller Bedienung bedarf und auch gezielt gesteuert werden sollte.

In der „Genealogie der Wirtschaftsstile" hatte *Müller-Armack* die besondere Dynamik des brandenburgisch-preußischen Staates dadurch erklärt, dass es in ihm zur Vermischung einer staatstreuen lutherischen Bevölkerung mit einer calvinistisch-asketischen Oberschicht gekommen war. „Für die Entstehung der preußischen Staatsidee dürfte entscheidend gewesen sein, dass sich hier im 17. Jahrhundert die weltgeschichtlich einmalige Verbindung von Luthertum und Calvinismus vollzog. Als dem lutherischen Lande eine calvinistische Spitze aufgesetzt wurde, entstand eine spezifisch neue Staatsstruktur, die weder calvinistisch noch lutherisch war. Indem der Calvinismus von oben und das Luthertum von unten eine gegenseitige Assimilationsfähigkeit bewiesen, entstand ein unvergleichlich Neues." Ähnliches erwartete *Müller-Armack* von der Verbindung des Prinzips der Freiheit auf dem Markte mit dem des sozialen Ausgleichs, die er als den Sinn der Sozialen Marktwirtschaft ansah.

3.3 Wurzeln von Erhards Konzept der Sozialen Marktwirtschaft

Im Unterschied zum theoretischen Nationalökonomen *Walter Eucken* und zum Kultursoziologen *Alfred Müller-Armack* hat sich *Ludwig Erhard* in keinem Lehrwerk zu Fragen der Wirtschaftsordnung geäußert. Da er die Soziale Marktwirtschaft in

Westdeutschland nach 1948 praktisch verwirklichte, stellt sich allerdings die Frage nach den Wurzeln seiner ordnungspolitischen Vorstellungen. *Erhard,* der von 1919 bis 1922 an der Nürnberger Handelshochschule studiert und 1925 an der Universität Frankfurt mit einer Arbeit über „Wesen und Inhalt der Werteinheit" promoviert hatte, bevor er wiederum an der Nürnberger Hochschule ab 1928 eine Tätigkeit im „Institut für Wirtschaftsbeobachtung der deutschen Fertigware" antrat, erhielt wichtige Impulse von seinen akademischen Lehrern *Wilhelm Rieger, Franz Oppenheimer* und *Wilhelm Vershofen.* Die Betriebswirte *Rieger* und *Vershofen* lenkten *Erhards* Aufmerksamkeit unter anderem auf die komplexen Wechselwirkungen zwischen Wirtschaftsordnung und unternehmerischer Gestaltungsfreiheit und schärften seinen Blick für die besondere Bedeutung der Konsumindustrie. Der Soziologe und Nationalökonom *Oppenheimer* vermittelte *Erhard* ein Menschenbild, das nicht nur individuelle Gewinnmaximierung, sondern auch soziale Verantwortung einschließt, und die Vision von einer Wirtschafts- und Gesellschaftsordnung, in der in einer funktionierenden Wettbewerbsordnung die Klassenantagonismen des 19. Jahrhunderts überwunden sein würden. *Oppenheimers* Ideal eines „liberalen Sozialismus" bildet eine wichtige Brücke zwischen den ökonomischen Vorstellungen der Klassik, den sozialethischen Vorstellungen der *Schmoller*-Schule und dem Konzept einer auf freiheitlichen Grundlagen errichteten Sozialen Marktwirtschaft.

a) Privatwirtschaftslehre und Konsumforschung
An der Nürnberger Handelshochschule, einer auf die kaufmännische Praxis hin ausgerichteten Fachhochschule, war *Erhards* wirtschaftswissenschaftliche Ausbildung maßgeblich geprägt durch die Person *Wilhelm Riegers.* Dieser betonte den Charakter der noch jungen Betriebswirtschaftslehre als einer Privatwirtschaftslehre, in der die Tätigkeit der privaten Unternehmen das ausschließliche Erkenntnisobjekt bildet. Nur in den privaten Erwerbswirtschaften, und nicht in öffentlichen Unternehmen, Genossenschaften oder anderen Wirtschaftsfor-

men, finden sich nach *Riegers* Ansicht die charakteristischen Merkmale einer Marktwirtschaft verwirklicht: die Ausrichtung der Unternehmenstätigkeit auf den Markt und auf die Konsumentenwünsche, das unternehmerische Streben nach Gewinn, die private Haftung für die unternehmerischen Risiken, ein hoher Kapital- und Kreditbedarf sowie die Notwendigkeit eines geregelten kaufmännischen Rechnungswesens.

Von 1928 bis 1942 arbeitete *Erhard* am Nürnberger Marktforschungsinstitut mit *Wilhelm Vershofen* zusammen. *Vershofen* hatte neben Nationalökonomie auch Germanistik, Kunstgeschichte und Philosophie studiert, war als Dichter und Mitglied der Weimarer Nationalversammlung hervorgetreten und hatte in Nürnberg damit begonnen, eine kontinuierliche Statistik und Marktbeobachtung für den Konsumgüterbereich aufzubauen. Der Vielfalt seiner Forschungsinteressen entsprang bei *Vershofen* die Auffassung, dass die Wirtschaft immer nur als ein Teilaspekt des menschlichen Lebens betrachtet werden könne und dass Wirtschaftsanalysen daher mit vielfältigen Methoden durchzuführen seien.

Die Orientierung von *Vershofens* Wirtschaftsanalysen am privaten Konsum, der „Fertigware", unterstützen auch bei ihm die Einsicht in die Notwendigkeit eines möglichst gut, das heißt ohne private Monopolmacht oder staatliche Interventionen funktionierenden Marktsystems. Vor allem wendet er sich dezidiert gegen Beschränkungen des internationalen Handels, und dies in einer Zeit, in der der internationale Freihandel immer stärker durch Zoll- und Devisenpolitik beschränkt wurde. Das Bekenntnis zum Freihandel, das der Konsumgüterindustrie Absatzchancen auf dem Weltmarkt sicherstellen sollte, blieb auch für *Erhards* Liberalisierungskurs bestimmend.

Bezüglich der Erklärung von Wirtschaftskrisen stellte *Vershofen* immer wieder auf Missverhältnisse zwischen der Erzeugung und dem Konsum der Güter ab, die er durch Maßnahmen zur Stabilisierung des Konsums abzubauen empfahl. Die Betonung des privaten Konsums gegenüber der Produktion und ein besonderes Augenmerk auf die Konsumgüterindustrie im Vergleich zur Investitionsgüterindustrie blieben nach den langjährigen Erfahrungen im Nürnberger Institut für *Erhards* weitere Sicht ökonomischer Zusammenhänge prägend.

In seinem Hauptwerk „Wirtschaft als Schicksal und Aufgabe" hatte *Vershofen* 1930 auch nach Wegen gesucht, um in einem neuen Wirtschaftssystem einen Ausgleich zwischen individuellen Interessen und kollektiver Verantwortung zu finden. Er glaubte, dass dieses Ziel vor allem über genossenschaftliche Organisationen erreichbar sei. Genossenschaften, zu denen der Beitritt freiwillig erfolgt, dienen nach *Vershofen* dazu, die Solidarität zwischen individuellen Marktteilnehmern zu wecken und sind daher „besonders dazu befähigt, die offenbar notwendige Hinwandlung der Gesellschaft zur Gemeinschaft vorzubereiten und zu fördern."

b) Liberaler Sozialismus

Erhards Frankfurter Doktorvater *Franz Oppenheimer* hatte eine Professur für Soziologie und theoretische Nationalökonomie inne. Nach einem Medizinstudium hatte er in Berlin als praktischer Arzt die bedrückenden Verhältnisse in den Arbeitervierteln kennengelernt und war auf diesem Wege zur wissenschaftlichen Beschäftigung mit ökonomischen und sozialen Fragen gelangt. Wie die Kathedersozialisten sah auch er die Probleme des ungezügelten Kapitalismus, wandte sich aber entschieden gegen die vermeintliche Alternative des Kommunismus, bei dem er vor allem den Weg in die Unfreiheit kritisierte. *Oppenheimers* Vision – die *Erhard* trotz unterschiedlicher Akzentsetzung nachhaltig beeindruckte – war ein „Dritter Weg" zwischen den beiden extremen Positionen, den er in der Form eines „liberalen Sozialismus" zu entwickeln versucht. Er versteht darunter eine „Gesellschaftsordnung, in der das wirtschaftliche Selbstinteresse seine Herrschaft bewahrt und sich in völlig freiem Wettbewerb durchsetzt, und in der dennoch nur *eine* Art von Einkommen existiert, das Arbeitseinkommen, während Kapitalprofit und Grundrente bis auf harmlose Splitter verschwunden sind, in der also das wirtschaftlich-soziale Klassenverhältnis der kapitalistischen Wirtschaft nicht mehr besteht."

Interessant ist zunächst *Oppenheimers* methodischer Zugang zur Nationalökonomie. Sie ist bei ihm Teil eines umfassenden Systems der Soziologie, also des gesellschaftlichen Miteinanders der Menschen. Anders aber als die Vertreter der Historischen Schule oder auch der Kultursoziologe *Müller-Armack* schätzt *Oppenheimer* die Vertreter der klassischen Nationalökonomie, vor allem *Ricardo* und *Thünen*, wegen ihrer analytischen Schärfe. Er wird damit zum Wegbereiter einer Soziologie, die sich methodisch eng an die theoretische Nationalökonomie anlehnt. Die Wirtschaftsanalysen *Oppenheimers* unterscheiden zwischen den jeweils herrschenden Verhältnissen, der „politischen Ökonomie", und dem Idealzustand, der „reinen Ökonomie". *Oppenheimers* „reine Ökonomie" ist eine perfekt funktionierende Marktwirtschaft, eine freie, „friedliche" Konkurrenz ohne Monopolmacht und Klassenantagonismen. Die Einkommen bestimmen sich allein nach der Arbeitsleistung und sind lediglich nach unterschiedlicher Qualifikation differenziert. Die Selbststeuerung der Wirtschaft über den Marktmechanismus verhindert die für den Kapitalismus typischen Wirtschaftskrisen, da Missverhältnisse zwischen Angebot und Nachfrage sofort über entsprechende Preisveränderungen abgebaut werden.

4. Die ordnungspolitische Reformdiskussion vor der Währungsreform

Angesicht der konkreten Erfahrungen, die deutsche Ökonomen in der ersten Hälfte des 20. Jahrhunderts mit den Auswirkungen von Kriegswirtschaft, Hyperinflation und nationalsozialistischer Wirtschaftslenkung gemacht hatten, ist es nicht verwunderlich, dass schon vor Beginn des Zweiten Weltkriegs Pläne für eine grundlegende Wirtschaftsreform unter marktwirtschaftlichen Vorzeichen entwickelt wurden. Besondere Bedeutung erlangten in diesem Zusammenhang die drei „Freiburger Kreise", in denen ordoliberale Wissenschaftler der Freiburger Schule mitwirkten. Angesichts der Probleme, die sich aus der Finanzierung der deutschen Aufrüstung und Kriegsführung nach 1939 ergaben, gewannen die wissenschaftlichen Debatten über die Gestaltung einer Nachkriegswirtschaftsordnung ab 1940 an Intensität. Während das Rüstungsministerium die umfassende Planung und Kontrolle aller Wirtschaftsbereiche vorantrieb, blieb interessanterweise das Reichswirtschaftsministerium an Vorschlägen für marktwirtschaftliche Reformen interessiert. Viele der noch in der Kriegszeit in diesem Zusammenhang entstandenen Denkschriften blieben auch nach Kriegsende aktuell und flossen in die Beratung ein, über die deutsche Experten Einfluss auf die wirtschaftspolitischen Entscheidungen der Besatzungsmächte zu nehmen versuchten. Gerade bei der Vorbereitung der unumgänglichen Währungsreform in Westdeutschland kamen die Alliierten nicht ohne den Sachverstand deutscher Ökonomen aus. *Ludwig Erhard* konnte diese besondere Situation dann nutzen, um mit der Währungsreform auch eine umfassende Wirtschaftsreform einzuleiten und damit das Konzept der Sozialen Marktwirtschaft in die Praxis umzusetzen.

4.1 Die drei Freiburger Kreise

Bei den sogenannten Freiburger Kreisen handelte sich um drei sich überlappende Diskussionsforen, in deren Zentrum die drei Freiburger Ökonomen *Walter Eucken, Adolf Lampe* und *Constantin von Dietze* standen: das „Freiburger Konzil", der „Freiburger *Bonhoeffer*-Kreis" und die „Arbeitsgemeinschaft *Erwin von Beckerath*". Als eigentlicher Motor der wirtschaftspolitischen Arbeit in den drei Kreisen erscheint aus heutiger Sicht vor allem Adolf Lampe, der auch als Schriftführer der „Arbeitsgemeinschaft" fungierte.

Als Keimzelle des Freiburger Konzils gilt das „*Diehl*-Seminar", ein im Hause des Emeritus *Karl Diehl* seit 1934 stattfindendes Privatissimum, an dem regimekritische Mitglieder der Freiburger Universität teilnahmen. Schon 1933 war *Walter Eucken* als eine Spitze des universitären Widerstandes gegen das Rektorat *Martin Heideggers* und dessen Anbiederung an den Nationalsozialismus hervorgetreten. Das Freiburger Konzil, bestehend aus Professoren, Pfarrern und Ehefrauen, entstand dann spontan als Reaktion auf die Progrome am 9. November 1938, maßgeblich auf Betreiben *Lampes* und *von Dietzes*. In diesem Kreis wurden Fragen der christlichen Ethik in der Diktatur erörtert, aber auch Passagen aus *Euckens* „Grundlagen" zur Diskussion gestellt. 1940/41 entstand, im wesentlichen verfasst von *Gerhard Ritter*, eine Denkschrift „Kirche und Welt. Eine notwendige Besinnung auf die Aufgaben des Christen und der Kirche in unserer Zeit".

Diese Denkschrift, die in Kreisen der Bekennenden Kirche zirkulierte, war möglicherweise der Grund, warum sich im Herbst 1942 *Dietrich Bonhoeffer* an den Kreis des „engeren Konzils" *(Eucken, Lampe, von Dietze, Ritter)* mit der Bitte wandte, eine Denkschrift über die „Grundsätze einer gesunden, auf christlicher Grundlage beruhenden Außen- und Innenpolitik" zu verfassen. Die Denkschrift dieses „Freiburger *Bonhoeffer*-Kreises" sollte den Bischöfen von Chicester und Canterbury als Grundlage für eine ökumenische Weltkirchenkonferenz nach Kriegsende zugehen. Bis Januar 1943 war die Denkschrift „Politische Gemeinschaftsordnung. Ein Versuch zur Selbstbesinnung des christlichen Gewissens in den politischen Nöten unserer Zeit" fertiggestellt und in einem größeren Kreis von Kirchenvertretern und Regimegegnern wie *Carl Goerdeler* diskutiert worden. Sie enthielt einen bemerkenswerten Anhang zur „Wirtschafts- und Sozialpolitik", der von den drei Freiburger Ökonomen gemeinsam verfasst war.

Als wirtschaftspolitisch bedeutsamstes Forum existierte neben diesen beiden Kreisen seit 1940 die „Arbeitsgemeinschaft *Erwin von Beckerath*", zunächst als „Arbeitsgemeinschaft Volkswirtschaftslehre" innerhalb der Klasse IV der „Akademie für deutsches Recht", seit 1943 als privater Zirkel. Zum Teilnehmerkreis zählten nicht nur die drei Freiburger Ökonomen, sondern auch der Freiburger Historiker *Clemens Bauer*, die Bonner Ökonomen *Erwin von Beckerath* und *Heinrich von Stackelberg*, *Theodor Wessels* aus Köln, die inzwischen in Jena lehrenden *Erich Preiser* und *Franz Böhm* sowie *Fritz Hauen-*

stein, Leiter des Wirtschaftsteils der „Kölnischen Zeitung" als
„Praktiker". Für Fragen der Sozialpolitik wurde später noch
Gerhard Albrecht aus Marburg zu den Beratungen herangezo-
gen. Auf den Sitzungen der Arbeitsgemeinschaft, die außer in
Freiburg auch in Rhöndorf, Godesberg und Jena stattfanden,
entstanden bis September 1944 45 Referate, Gutachten und
Entwürfe, die Themen des Übergangs zur Friedenswirtschaft,
der Währungssanierung, der Arbeits- und Sozialpolitik, der
Wettbewerbspolitik und der Finanzpolitik behandelten. Das
Ziel der Arbeiten bestand letztlich darin, ein umfassendes Ge-
meinschaftsgutachten vorzulegen, das ein klar umrissenes
wirtschaftspolitisches Programm für die Nachkriegszeit darstellen sollte. Nach dem Attentat auf *Hitler* am 20. Juli 1944,
in dessen Folge *Lampe* und *von Dietze* wegen ihrer Kontakte
zu *Goerdeler* inhaftiert und *Eucken* und *Ritter* verhört wurden, konnte dieses Ziel jedoch nicht mehr erreicht werden.
Teile der fertigen Gutachten und noch unfertigen Entwürfe
wurden von den Beteiligten vernichtet, ein Teil blieb jedoch in
Verstecken bis in die Nachkriegszeit erhalten.

In den erhaltenen Gutachten der „Arbeitsgemeinschaft
Erwin von Beckerath" werden zahlreiche Einzelmaßnahmen
einer zukünftigen Wirtschafts- und Währungsreform differenziert erörtert. Dagegen behandelt der wirtschaftspolitische Anhang der Denkschrift des Freiburger *Bonhoeffer*-Kreises aus
dem Jahre 1942 eher grundsätzliche Fragen der Wirtschafts-
und Währungsordnung. Der Gedanke liegt nahe, dass zumindest die beteiligten Freiburger Ökonomen beides als komplementär auffassten. Man könnte sogar so weit gehen, die wirtschaftspolitischen Aussagen der „Konzils"-Denkschrift, in
denen zentrale Aspekte des Ordoliberalismus niedergelegt
sind, als eine Art Präambel aufzufassen, die den Gutachten der
„Arbeitsgemeinschaft" voranzustellen wäre. Auf diese Weise
würde vor allem deutlich hervortreten, dass die Beteiligten die
Wurzeln ihrer normativen ordnungspolitischen Vorstellungen
im protestantisch-lutherischem Gedankengut sahen. Sie sahen
es als ihr Ziel an, die Grundlagen der Sozial- und Wirt-
schaftsethik christlich zu begründen, gerade nach evangeli-

schem Verständnis. Als spezifisch protestantisch mit besonderer Hinwendung gerade zu *Martin Luther* lässt sich auch die besondere Betonung des „starken Staates" werten, der nicht zum Spielball von Interessengruppen werden soll, sondern die Rahmenordnung für die Wirtschaft und ihre Einhaltung zu garantieren hat. Schließlich wird in der Denkschrift die Unfähigkeit der Wettbewerbswirtschaft angeprangert, von allein eine „natürliche" soziale Ordnung zu etablieren. In diesem Zusammenhang erfolgt dann eine Definition von Sozialpolitik, bei der es nicht um interventionistische Einzelmaßnahmen, sondern um den Aufbau einer neuen, mit der Wirtschaftsordnung konformen Gesellschaftsordnung geht: „Es war ein im 19. Jahrhundert weit verbreiteter Irrtum, zu meinen, dass eine zweckmäßige wirtschaftliche Regelung von selbst eine sinnvolle soziale Ordnung schaffe. Zu einer Gesamtwirtschaftsordnung gehört vielmehr eine Sozialordnung. Wirtschaftsordnungspolitik ist nur ein – allerdings höchst wichtiger, ja unentbehrlicher – Teil der Sozialpolitik, wobei dieser Ausdruck seinem Wortsinn entsprechend viel weiter verstanden wird als ein Sammelname für die seit 1881 ergriffenen Maßnahmen zur Förderung von Lohnarbeitern, Handwerkern oder Bauern. Sozialpolitik darf, um ihren Namen zu rechtfertigen, sich nicht auf zusammenhanglose Fürsorgemaßnahmen beschränken; sie muss die gesamte Societas festigen und ständig im Einklang mit den Grundsätzen der Gesamtwirtschaftsordnung stehen." Der Gedanke, dass Sozialpolitik als Integration der Wettbewerbswirtschaft in der Gesellschaft anzusehen ist, weist auf ein wesentliches Merkmal der Sozialen Marktwirtschaft.

4.2 Nachkriegsplanungen während der Kriegszeit

Die Frage, wie aus wirtschaftstheoretischen Einsichten und wirtschaftspolitischen Konzeptionen konkrete politische Entscheidungen werden, betrifft das Verhältnis zwischen Wissenschaft einerseits und der Staatsmacht und den sie tragenden Gruppen andererseits. Sie führt, was die Entscheidungen über die Organisation der deutschen Nachkriegswirtschaft angeht, in ein komplexes und auch heute nur schwer durchschaubares Geflecht von Beziehungen zwischen Wissenschaftlern, Wirtschaftsvertretern, Regierungs- und Parteistellen, Widerstandsgruppen und – nach Kriegsende – den Repräsentanten der Besatzungsmächte. Zu den Ergebnissen der neueren historischen Forschung über diesen Fragenkomplex zählt vor allem die Erkenntnis, dass Planungen über die Friedensordnung der deutschen Wirtschaft nicht erst nach Kriegsende einsetzten, sondern schon während des Krieges intensiv diskutiert wurden, und zwar in Deutschland, nicht nur im Exil, und auch in durchaus regimefreundlichen Kreisen. Vermutlich liegt einer der Gründe für den Erfolg der ordnungspolitischen Reformen von 1948 gerade in der langen vorbereitenden Diskussion. Nicht nur die Wissenschaft war mit den Kernpunkten des neuen Kurses der Wirtschaftspolitik vertraut, sondern auch für Wirtschaft und Wirtschaftsverwaltung kamen die Entscheidungen nicht überraschend, weil sie einem der zuvor diskutierten Reformkonzept entsprachen.

Politischen Impulsen war bereits die Einrichtung der Klasse IV „Zur Erforschung der völkischen Wirtschaft" der „Akademie für Deutsches Recht" im Jahre 1940 zu verdanken gewesen. In Erwartung eines baldigen Kriegsendes nach dem Frankreichfeldzug hoffte vor allem das Reichswirtschaftsministerium auf wissenschaftlichen Rat für die Gestaltung einer zukünftigen Wirtschaftsordnung bzw. suchte nach Wegen, um den immer deutlicher werdenden Geldüberhang zu bekämpfen. Konfrontiert mit dem Fehlen einer eigenständigen nationalsozialistischen Wirtschaftslehre, die ein sinnvolles Konzept für die Organisation der Nachkriegswirtschaft hätte anbieten können, förderte Reichswirtschaftsminister *Walther Funk* die Gründung der Klasse ausdrücklich mit dem Ziel, „... die wissenschaftlichen Grundlagen für die wirtschaftsrechtliche Gesetzgebung und die zu gestaltende Wirtschaftsordnung zu erarbeiten." *Euckens* „Grundlagen", die im Zentrum der Diskussion der „Arbeitsgemeinschaft Volkswirtschaftslehre" standen, wurden zu dieser Zeit amtlicherseits durchaus als ein „Ansatzpunkt zur Erörterung der Grundlagen und Begriffe

einer neuen deutschen Volkswirtschaftslehre" gewürdigt. 1943
musste die Klasse, deren Tätigkeit als nicht kriegswichtig galt,
ihre Arbeit einstellen. Die „Arbeitsgemeinschaft Volkswirtschaftslehre" lebte dann in der privaten „Arbeitsgemeinschaft
Erwin von Beckerath" weiter.

Die Bedeutung gerade des Reichswirtschaftsministeriums als
Adressat wirtschaftspolitischer Programme zur Neugestaltung
der Nachkriegsordnung im marktwirtschaftlichen Sinne blieb
aber auch in der Folgezeit erhalten. Zwar war mit dem Führer-
erlass vom 2. September 1943 die gesamte Lenkung der Kriegs-
produktion dem Reichsministerium für Rüstung und Kriegs-
produktion unter *Albert Speer* zugeordnet worden. Gleichzeitig hatte aber das Reichswirtschaftsministerium die Zuständig-
keit „für die grundsätzlichen wirtschaftspolitischen Fragen der
deutschen Wirtschaft" erhalten. Ein organisatorisches und per-
sonelles Revirement führte dort gegen Ende 1943 zur Neuein-
richtung der Hauptabteilung II (Allgemeine Wirtschaftspolitik,
Bewirtschaftung, Versorgung der Bevölkerung) unter Leitung
des neuen stellvertretenden Staatssekretärs *Otto Ohlendorf.*
Ohlendorf war Schüler des Ökonomen *Jens Jessen;* 1933/34
war er dessen Direktorialassistent am Kieler Institut für Weltwirtschaft gewesen. Seit 1939 war *Ohlendorf* Leiter des SD-In-
land und Leiter des Amtes III im Reichssicherheitshauptamt.
Diese Positionen behielt er auch während seiner Tätigkeit im
Reichswirtschaftsministerium bei. Innerhalb der Hauptabteilung II entstand eine neue „Volkswirtschaftliche Abteilung"
(Abteilung II/1), die sich als Katalysator für die Umsetzung
wissenschaftlicher Konzeptionen in praktische Wirtschaftspolitik verstand. Sie bemühte sich darum, Kontakte zu einzelnen
Wissenschaftlern und wissenschaftlichen Forschungseinrich-
tungen aufzubauen, konkurrierte dabei allerdings mit dem Planungsamt im Rüstungsministerium, dessen Referat „Berichts-
wesen" gleichfalls „grundsätzliche Fragen der gegenwärtigen
und künftigen National- und Weltwirtschaftspolitik" behan-
delte.

Im Laufe des Jahres 1944 wurde öffentlich eine Auseinandersetzung über Ausmaß und Gegenstand staatlicher Planung

in der Zukunft geführt, deren Hauptfrontlinie zwischen dem Reichswirtschaftsministerium und dem Planungsamt des Rüstungsministeriums verlief. Die Vertreter des Planungsamtes verfochten den Gedanken einer staatlichen Rahmenplanung. Der Staat sollte nach dem Modell des Vierjahresplans die volkswirtschaftlich notwendigen Aufgaben bestimmen und die Zeitspanne für die Verwirklichung festlegen, aber auch die Möglichkeit und die Art der Verwirklichung im Voraus planen. Im Reichswirtschaftsministerium verfolgte man solche publizistischen Äußerungen des Planungsamtes mit Argusaugen und unterstellte, dass sie letztlich auf die Etablierung einer zentral geleiteten Wirtschaft hinauslaufen sollten.

Auch Nachkriegsplanungen in Kreisen der deutschen Industrie unterstützten die wirtschaftswissenschaftliche Reformdiskussion. So war 1941 die Gründung der Münsteraner „Forschungsstelle für Allgemeine und Textile Marktwirtschaft" durch *Alfred Müller-Armack* dadurch motiviert, dass die Führung der Wirtschaftsgruppe Textilindustrie es für notwendig ansah, die Rückkehr Deutschlands in die Weltwirtschaft unter marktwirtschaftlichen Bedingungen vorzubereiten und dafür wissenschaftlichen Sachverstand nutzen wollte. Ein anderes Gremium, das sich seit 1943 mit offiziell verbotenen Nachkriegsplanungen befasste, war der „*Stahl*-Kreis", eine Gruppe von Industriellen und Bankiers unter Leitung des Stellvertretenden Leiters der Reichsgruppe Industrie, *Rudolf Stahl.* Im Auftrag des *Stahl*-Kreises arbeitete *Ludwig Erhard* an einem Gutachten über „Kriegsfinanzierung und Schuldenkonsolidierung", das im März 1944 fertiggestellt war. *Erhard* besaß über seinen Schwager *Karl Guth,* den Hauptgeschäftsführer der Reichsgruppe Industrie, ausgezeichnete Kontakte zur deutschen Industrie, die es ihm ermöglichten, nach seinem Ausscheiden aus dem Nürnberger „Institut für Wirtschaftsbeobachtung der deutschen Fertigware" 1942 ein eigenes „Institut für Industrieforschung" zu gründen. Ein Arbeitsergebnis dieses Instituts war die erwähnte Denkschrift. Sie diente vorrangig im „*Stahl*-Kreis" als Grundlage der binnenwirtschaftlichen Nachkriegsplanung, aber auch *Carl Goerdeler* hat sie vor seiner Verhaftung erhalten und gelesen; im Dezember 1944 war sie schließlich auch in das Blickfeld von *Ohlendorf* im Reichswirtschaftsministerium gelangt.

Carl Goerdeler war auch Adressat der Nachkriegskonzeptionen, die in den Freiburger Kreisen entwickelt wurden. Gerade die Freiburger Mitglieder der „Arbeitsgemeinschaft *Erwin von Beckerath*" dachten wohl daran, dass *Goerdeler* die Empfehlungen ihrer Gutachten umsetzen könnte. *Von Dietze* und *Lampe,* die nach dem 20. Juli 1944 verhaftet wurden, aber auch *Eucken* hatten bereits 1942/43 an einer Wirtschaftsfibel mitgearbeitet, die als Unterrichtsgrundlage nach einem Regierungswechsel wirtschaftliche Grundgesetze vermitteln sollte. Spätestens nach der Verhaftung *Goerdelers,* möglicherweise auch schon früher, muss die Tätigkeit der Arbeitsgemeinschaft im Reichswirtschaftsministerium bekannt gewesen sein; jedenfalls erklärte *Otto Ohlendorf* im Herbst 1944, er wisse von der Arbeit in Freiburg.

Erhard spricht in seinem Gutachten von einem Programm, „... das soziale Notwendigkeiten und Wünsche mit den wirtschaftlichen Voraussetzungen und Möglichkeiten in Einklang zu bringen suchen muss". Bemerkenswert ist in diesem Zusammenhang *Erhards* Einschätzung, auf Dauer könne der Staat „immer nur die Wirtschaftsordnung verwirklichen, die der Vorstellung des Volkes in wirtschaftlicher und sozialer Hinsicht entspricht." Man kann diesen Satz auch so deuten, dass *Erhard* sehr viel stärker als die Freiburger Ökonomen oder *Müller-Armack* die Planung der Wirtschaftsneuordnung unter einem konkret politischen Aspekt sah. Eine sozial verträgliche Regelung des Währungsproblem ist für ihn nicht zuletzt notwendig, damit der Ruf nach Sozialisierung der Produktionsmittel nicht übermächtig wird. „Vor allem verdient in diesem Zusammenhang die Forderung nach einer sozialwirtschaftlich gerechten Lösung herausgestellt zu werden, denn in der Anerkennung dieses Grundsatzes liegt vor allem anderen die sicherste Gewähr für die Aufrechterhaltung der sozialwirtschaftlichen Ordnung. Derlei Erwägungen haben nichts zu tun mit Philantropie, sondern gründen sich auf durchaus sachliche

Erwägungen, die aber im Bereich des gesellschaftswissenschaftlichen Lebens der Berücksichtigung menschlicher Imponderabilien und sozialer Strömungen nicht eintreten können."

Unabhängig von der politischen Ordnung sah *Erhard* nach Kriegsende eine ökonomische und soziale Krise heraufziehen, die die Entscheidung über die zukünftige Wirtschaftsordnung bringen musste, eine Entscheidung, die sich seiner Ansicht nach nur zwischen einer sozial gelenkten Marktwirtschaft auf der einen Seite und Formen der Zentralverwaltungswirtschaft auf der anderen Seite vollziehen konnte. Die Konsolidierung der Staatsschuld und die Aufstellung eines staatlichen Tilgungsplans, in dem die Rangordnung der Staatsschulden mit einer Rangordnung des gesellschaftlichen Bedarfs in Übereinstimmung gebracht werden soll, wurden angesichts dieser Krise zu entscheidenden Voraussetzungen für die Rückkehr zur Marktwirtschaft.

4.3 Politikberatung im Vorfeld der Währungsreform

Nach dem Ende des Krieges und der Etablierung neuer Verwaltungsstrukturen in den Besatzungszonen begann auf unterschiedlichen Ebenen eine rege offene Diskussion über Fragen der Wirtschaftsordnung und Wirtschaftspolitik. Da die Bewirtschaftungsmaßnahmen der Kriegszeit von den Besatzungsmächten weitergeführt wurden und der Geldüberhang immer deutlicher wurde, konzentrierten sich zahlreiche Memoranden zunächst auf die Durchführung einer baldigen Währungsreform. In den stärker wissenschaftlich fundierten Analysen wird dabei auch unter Rückgriff auf die schon in der Kriegszeit angestellten Überlegungen darauf verwiesen, dass eine isolierte Geldreform ohne umfassende Wirtschaftsreform erfolglos bleiben würde. Immer wieder wird der Versuch unternommen, entsprechende Vorstellungen den politisch Verantwortlichen, also der Vertretern der Besatzungsmächte, nahe zu bringen. So versuchte *Adolf Lampe* unmittelbar nach der Befreiung aus Gestapo-Haft Ende April 1945, Kontakt zu den Alliierten aufzunehmen, um den Gutachten der „Arbeitsgemeinschaft *Erwin von Beckerath"* zu einer praktischen Umsetzung zu verhelfen. Es gelang ihm im Mai 1945, vom Leiter der Abteilung „Economics" beim Military Government of Germany in Höchst einen Auftrag zu erhalten, zusammen mit Kollegen ein Gutachten über „Inflation Control" zu erstellen; zu einer engeren Zusammenarbeit kam es jedoch nicht. Kontakte *Lampes* zur französischen Militärregierung seit August 1945 führten im November 1945 zur Einrichtung des „Comité d'Etudes Economiques de Fribourg", das die Freiburger Mitglieder der Arbeitsgemeinschaft umfasste. Es entstand ein Gutachten „Währungsordnung = Wirtschaftsordnung", das als eine Art kurzgefasstes Gesamtgutachten der Arbeitsgemeinschaft vor allem auf den unabdingbaren Zusammenhang zwischen Geldreform und Wirtschaftsneuordnung hinwies. Im Sommer 1947 wurde die Zusammenarbeit allerdings abgebrochen, vermutlich im Zusammenhang mit der zwischenzeitlichen Verhaftung *Lampes* durch die Franzosen. Im September 1947 bot schließlich die von *Gerhard Albrecht* einberufene Hochschullehrertagung in Rothenburg, die der Neugründung des „Vereins für Socialpolitik" dienen sollte, einen nochmaligen Anlass, die Position der „Arbeitsgemeinschaft" in die Reformdiskussion einzubringen.

Umgekehrt zogen auch die Besatzungsmächte deutsche Wissenschaftler zur Vorbereitung wirtschaftlich relevanter Verwaltungsakte heran. So zählte *Walter Eucken* zu den deutschen Sachverständigen, die im Vorfeld des amerikanischen *Colm-Dodge-Goldsmith*-Plans um ihre Ansichten über eine Währungsreform gebeten wurden. *Eucken* betonte in einem Gutachten zur aktuellen Währungsfrage, dass eine Währungsreform erst dann sinnvoll sei, wenn die weiteren Rahmenbedingungen funktionierten: die Herstellung einer ausreichenden Zentralgewalt, einschließlich einer Zentralbank, die Sanierung der öffentlichen Haushalte, die Vorbereitung eines freien internationalen Handels einschließlich eines freien Devisenmarktes.

Zusammen mit *Ludwig Erhard* und *Franz Böhm*, der Ende 1945 bereits kurzfristig als Berater des US-Hauptquartiers für Fragen der Dekartellierung tätig war, war *Eucken* seit 1946

auch Mitglied einer Sachverständigenkommission des Länder-
rates der amerikanischen Besatzungszone, später der Bizone,
die unter dem Vorsitz von *Paul Josten* ein deutsches Kartellge-
setz vorbereitete, das an die Stelle der Alliierten Antikartell-
Gesetze Nr. 56 und 78 treten sollte. In diesem Gremium ist es
Böhm, der es für unabdingbar hält, „... dass unser Gesetzes-
vorschlag eine Wettbewerbsordnung und folglich eine Währungsreform voraussetzt", und nichts von der Befürchtung anderer Kommissionsmitglieder wissen will, „... dass der Hinweis
auf eine Wettbewerbsordnung die Engländer und unsere eigenen Sozialisten (nebst einem Teil der CDU) sowohl gegen die
Entkartellierung als auch gegen die Währungsreform scheu
machen könnte."

Andere Wissenschaftler, wie etwa *Leonhard Miksch*, arbeiten sogar in zentralen Behörden der Wirtschaftsverwaltung
mit. *Miksch*, der in der Hauptabteilung „Preise" des Mindener
Verwaltungsamts für Wirtschaft arbeitete, regte 1947 die Einladung *Müller-Armacks* an, der seine Vorstellungen über
einen raschen Übergang zur Marktwirtschaft vortragen sollte.
Bereits im Juni 1946 hatte *Müller-Armack* auf Einladung des
Zonenbeirats der britischen Zone an einer Gutachtertagung in
Hamburg teilgenommen, in der über den künftig bei Planung
und Lenkung anzuwendenden „Stil" gesprochen wurde.

Zum Sammelbecken der Vorstellungen deutscher Experten
über die Ausgestaltung der Währungsreform wurde seit Ende
des Jahres 1947 die vom Wirtschaftsrat der Bizone eingesetzte
„Sonderstelle Geld und Kredit" unter Leitung von *Ludwig Erhard*. Zahlreiche Wissenschaftler, die eigene Währungsreformpläne vorgelegt hatten, wurden an den Sitz der Sonderstelle
nach Bad Homburg eingeladen. Als Ergebnis ihrer Beratungen
legte die Sonderstelle am 8. April 1948 den Besatzungsmächten
den „Homburger Plan" vor. Schon am 20. April wurden die
meisten Mitglieder der Sonderstelle – allerdings ohne *Erhard*,
der inzwischen zum Wirtschaftsdirektor der Bizone gewählt
worden war – nach Rothwesten verbracht, um dort bis zum
Juni die administrative Abwicklung der Währungsreform vorzubereiten. Umstritten ist noch immer, welchen Spielraum die

deutschen Experten besaßen, um ihre Vorstellungen über die Ausgestaltung der Währungsreform, also insbesondere die Empfehlungen des Homburger Plans, gegenüber den Besatzungsmächten durchzusetzen. Einen wesentlichen Streitpunkt bildete die Frage, inwieweit die Währungsreform unmittelbar mit einem Lastenausgleich zu verbinden sei, wie es aus sozialen Gründen die meisten deutschen Pläne und auch der Homburger Plan vorgesehen hatten. Zur Ankurbelung der Investitionstätigkeit, zur Förderung des Produktionswachstums und damit auch zur Schaffung neuer Arbeitsplätze schien andererseits eine Verschiebung der Lastenausgleichsregelung ökonomisch durchaus sinnvoll. Man mag daher den Protest der deutschen Experten gegen die Entscheidung, den Lastenausgleich zu verschieben, als vornehmlich politisch motiviertes Manöver ansehen, mit dem die Verantwortung für die vermeintlichen sozialen Härten der Geldreform eindeutig der Besatzungsmacht zugeschoben wurde. Man könnte dahinter aber auch den Zweifel der deutschen Experten vermuten, der nicht zuletzt durch die Erfahrungen mit der Inflation und der Währungsreform nach dem Ersten Weltkrieg genährt wurde. Man befürchtete, dass eine isolierte Geldreform – eine Reform, die nicht mit grundlegenden ordnungspolitischen Reformen verbunden wurde – zu dauerhaften sozialen Härten führen müsse.

Parallel zur Währungsreformdiskussion gab es in der bizonalen Verwaltung für Wirtschaft Bestrebungen, einen wissenschaftlichen Beraterkreis zu bilden, der zu Grundfragen der Wirtschaftsordnung und Wirtschaftspolitik Stellung nehmen sollte. Die Verwaltung für Wirtschaft des Vereinigten Wirtschaftsgebietes hatte unmittelbar nach ihrer formellen Gründung im Oktober 1947 das intensive Bedürfnis einer vertieften Zusammenarbeit mit der deutschen Wirtschaftswissenschaft. Daraus ging der „Wissenschaftliche Beirat bei der Verwaltung für Wirtschaft im Vereinigten Wirtschaftsgebiet" hervor, in dem mit *von Beckerath, Böhm, Eucken, Lampe, Preiser* und *Wessels* auffällig viele Mitglieder der früheren „Arbeitsgemeinschaft *Erwin von Beckerath*" vertreten waren. Als erster Vorsitzender des Beirates fungierte *Franz Böhm*, seit 1950 wurde das

inzwischen zum „Wissenschaftlichen Beirat beim Bundesministerium für Wirtschaft" umbenannte Gremium von *Erwin von
Beckerath* geleitet. Der Beirat trat Ende Januar 1948 erstmals in
Königstein zusammen und legte bereits im April 1948 sein erstes Gutachten über „Maßnahmen der Verbrauchsregelung, der
Bewirtschaftung und der Preispolitik nach der Währungsreform" vor. Er plädierte darin für eine Koordinierung sämt-
licher wirtschafts- und sozialpolitischer Entscheidungen nach
der Währungsreform und verwies darauf, dass die Geldreform
als isolierter technischer Vorgang sinnlos bleiben werde. Die
Mehrheit der Beiratsmitglieder sprach sich für eine möglichst
sofortige Preisfreigabe und den Übergang zu einer wettbewerblichen Preisbildung aus. Alle Mitglieder sahen die Notwendigkeit, den Missbrauch wirtschaftlicher Macht durch Monopole
wirksam zu verhindern. Das Gutachten nahm damit wichtige
Bestandteile des Leitsätzegesetzes vorweg, das maßgeblich von
Leonhard Miksch entworfen worden war und auf dessen
Grundlage *Ludwig Erhard* als Wirtschaftsdirektor der Bizone
den Abbau des Bewirtschaftungssystems parallel zur Währungsreform gestaltete.

5. Zur Genese des Begriffs „Soziale Marktwirtschaft"

Alfred Müller-Armack gilt als der eigentliche Schöpfer des Begriffs „Soziale Marktwirtschaft". In der Zeit vor der Währungsreform des Jahres 1948 tauchten in Deutschland ähnliche oder
verwandte Begriffe auf, die aber teilweise in anderem Kontext
stehen. Der Begriff selbst erwies sich als eine griffige Formel, in
die begrifflich unterschiedliche Denktraditionen integriert werden konnten. Angeblich soll der Begriff Soziale Marktwirtschaft bereits im Januar 1945 im Reichswirtschaftsministerium
verwendet worden sein, um die dort gesammelten Pläne für die
deutsche Nachkriegswirtschaftsordnung zu charakterisieren.
Zwar gibt es für diese Behauptung keine hinlängliche Bestäti-
gung, aber sie ist keineswegs abwegig, denn die Wurzeln des

Begriff lassen sich bis in die Kriegszeit und das Umfeld des Reichwirtschaftsministeriums verfolgen.

Bei *Müller-Armack* erscheint der Begriff erstmals als programmatische Überschrift in seinem Buch „Wirtschaftslenkung und Marktwirtschaft", das im Dezember 1946 erschien, dessen erste Fassung unter dem Titel „Lenkungswirtschaft und Marktwirtschaft" bzw. „Fragen der Wirtschaftslenkung" oder auch „Die Bewährungsprobe der Wirtschaftslenkung" aber bereits auf den Mai 1944 datiert werden kann. Im späteren Buch wird wie im Manuskript die „gesteuerte Marktwirtschaft" als Alternative sowohl zum klassischen Liberalismus wie zur Wirtschaftslenkung der Kriegszeit entwickelt. *Erich Preiser* hatte im Zusammenhang mit Formen der indirekten Wirtschaftslenkung den Begriff der „gelenkten Marktwirtschaft" im Gegensatz zur „freien Marktwirtschaft" geprägt, worunter er etwa das verstand, was *Eucken* als „zentralgeleitete Wirtschaft mit freier Konsumwahl und freier Wahl des Berufs und des Arbeitsplatzes" bezeichnet hatte.

In einem Vortrag über „Marktwirtschaftliche Möglichkeiten heute", den er im September 1945 in Münster hielt, plädierte *Müller-Armack* für eine „gesteuerte Marktwirtschaft, die sehr wohl mit stärkster Berücksichtigung sozialer städteplanerischer und sonstiger wirtschaftspolitischer Zielsetzungen vereinbar ist". Der Verweis auf die Städteplanung lässt eine weitere denkbare Wurzel für den Begriff Soziale Marktwirtschaft erkennen, nämlich den Begriff des „sozialen Wohnungsbaus". Er taucht in Deutschland erstmals 1940 im Zusammenhang mit der Einrichtung eines „Reichskommissars für den sozialen Wohnungsbau" auf und bezeichnet den gesamten staatlich geförderten Wohnungsbau. *Müller-Armack* war, was häufig übersehen wird, seit 1939 auch Leiter der Forschungsstelle für Siedlungs- und Wohnungswesen an der Universität Münster. Diese Einrichtung war 1929 von *Friedrich Bruck* als erste ihrer Art in Deutschland gegründet worden war, um in enger Kooperation zwischen Wirtschaftswissenschaft und Praxis neue Konzeptionen der Wohnungsbau-, Siedlungs- und Städtebaupolitik zu entwickeln. In einem Thesenpapier „Argumente gegen eine die Marktwirtschaft ausschaltende Wirtschaftslenkung" aus dem Jahre 1946 führt *Müller-Armack* aus: „Die Möglichkeit einer sinnvollen Verbindung einer aktiven, sozialen Wirtschaftspolitik mit einer Marktwirtschaft besteht. Die Prinzipien einer solchen ‚gesteuerten Marktwirtschaft' wurden bisher kaum als Aufgabe begriffen, geschweige denn realisiert." Im gleichen Jahr spricht *Müller-Armack* von einer von ihm erhofften Synthese, „... in die die Marktwirtschaft ihre ungeheuer organisierende Kraft einbringt, die sie im vergangenen Jahrhundert befähigte, den Überfluss an die Stelle des Mangels zu setzen", die aber auch mit sozialen Sicherungen und wirtschaftspolitischen Zielsetzungen durchaus vereinbar sei.

Nach dem Erfolg der Währungs- und Wirtschaftsreform vom 1948 wurde der Begriff „Soziale Marktwirtschaft" dann maßgeblich durch *Ludwig Erhard* geprägt. In dieser Form spielte er eine zentrale Rolle im Zusammenhang mit der Gründung der Bundesrepublik, der ersten Bundestagswahl und der Bildung der ersten Regierung *Adenauer.* Gerade für die CDU bot die Unterstützung der seit Juni 1948 betriebenen Liberalisierungspolitik und des von *Erhard* popularisierten Ordnungskonzeptes die Möglichkeit zu einer klaren programmatischen Abgrenzung innerhalb des Parteienspektrums. Das Bekenntnis zur „Sozialen Marktwirtschaft" und damit zur Unterstützung von *Erhards* wirtschaftlicher Liberalisierungspolitik beförderte innerhalb der CDU die Abkehr von den Sozialisierungs- und Lenkungsvorstellungen des Ahlener Programms von 1947. Weiterhin trug es maßgeblich zum Wahlsieg der Union im Bundestagswahlkampf 1949, zur Bildung der christlich-liberalen Koalition und zur Wahl *Konrad Adenauers* als erster Bundeskanzler bei.

Interessanterweise verwendete *Erhard* selbst den Begriff „Soziale Marktwirtschaft" erst relativ spät. Als er kurz nach der Währungsreform im August 1948 vor dem Parteikongress der CDU der britischen Zone in Recklinghausen sprach, verteidigte er dort seine Politik einer „Marktwirtschaft moderner Prägung", die er folgendermaßen charakterisierte: „... nicht die freie Marktwirtschaft des liberalistischen Freibeutertums einer vergangenen Ära, auch nicht das ‚freie Spiel der Kräfte' und dergleichen Phrasen, mit denen man hausieren geht, sondern die sozial verpflichtete Marktwirtschaft, die das einzelne Individuum wieder zur Geltung kommen lässt, die den Wert der Persönlichkeit oben an stellt und der Leistung dann aber auch den verdienten Ertrag zukommen lässt..." Im Februar 1949 ist *Erhard* Gastredner vor dem Zonenausschuss der CDU der britischen Zone in Königswinter. Bei der Zusammenkunft geht es um die Neufassung eines wirtschaftspolitischen Grundsatzprogramms und die Überarbeitung des Ahlener Programms in Vorbereitung des zu erwartenden Bundestagwahlkampfs. Dabei wird deutlich, dass im Wahlkampf einfache und klare Alternativen aufgezeigt werden müssen. *Adenauer* spricht damals erstmalig vom Gegensatzpaar „bürokratische Planwirtschaft oder soziale Marktwirtschaft". Erst in einem Artikel im Berliner „Tagesspiegel" vom 23. April 1949 verwendet *Erhard* dann selbst den Begriff „Soziale Marktwirtschaft" und gibt ihm die folgende Definition: „Das Ziel der Sozialen Marktwirtschaft ist abseits von Interessen- und Gruppenwünschen aller Art die gesunde Wirtschaft, die die Existenz des gesamten Volkes sichert und jeden nach Maßgabe seiner Leistung am Sozialprodukt der Nation teilhaben lässt."

Im Juli 1949 taucht der Begriff „Soziale Marktwirtschaft" in den Düsseldorfer Leitsätzen der CDU auf, die von der Partei als Wahlkampfprogramm vorgestellt werden. Im Wahlkampf für den ersten Bundestag legt die CDU mit der Parole „Planwirtschaft oder Marktwirtschaft?" den Schwerpunkt eindeutig auf wirtschaftspolitische Themen; gerade in diesem Bereich sind aber die Nähe zur FDP und die Kluft gegenüber der SPD am größten. *Adenauer* interpretiert den Wahlsieg der CDU dann auch als ein Votum gegen jede Form einer großen Koalition und für eine Fortführung der bürgerlichen Koalition des Frankfurter Wirtschaftsrates unter seiner Führung: „Der Wähler hat sich für die Soziale Marktwirtschaft entschieden und an diese Entscheidung sind wir gebunden." Folgerichtig hebt *Adenauer* in seiner ersten Regierungserklärung nach der Wahl zum Bundeskanzler als erstes die wirtschaftspolitische

Kontinuität der Sozialen Marktwirtschaft als entscheidende Grundlage der Politik seiner Regierung hervor. „Die Politik des Frankfurter Wirtschaftsrates, die Frage ‚Soziale Marktwirtschaft' oder ‚Planwirtschaft' hat so stark unsere ganzen Verhältnisse beherrscht, dass eine Abkehr von dem Programm der Mehrheit des Frankfurter Wirtschaftsrates unmöglich war." Als Garant dieser Politik wird *Ludwig Erhard* zum ersten Bundeswirtschaftsminister ernannt.

6. Schluss

Im Rückblick betonte *Müller-Armack* 1966, die Idee der Sozialen Marktwirtschaft sei ein „der Ausgestaltung harrender, progressiver Stilgedanke". Als politische Konzeption hatte sie allerdings in Deutschland schon gegen Ende der 40er Jahre ihre konkrete Ausgestaltung gefunden, indem *Adenauer* mit diesem Begriff das wirtschaftspolitische Programm seiner Regierung kennzeichnete und damit bewusst die Kontinuität zur Wirtschaftspolitik *Erhards* im Frankfurter Wirtschaftsrat betonte. Mit *Ludwig Erhard* als langjährigem Bundeswirtschaftsminister, mit dem 1952 erfolgten Eintritt *Alfred Müller-Armacks* in das Bundeswirtschaftsministerium sowie mit der kontinuierlichen Beratungstätigkeit des „Wissenschaftlichen Beirats beim Bundesministerium für Wirtschaft" unter der Leitung von *Erwin von Beckerath* bestand zumindest eine enge personelle Anbindung der praktischen Wirtschaftspolitik im Zeichen der Sozialen Marktwirtschaft an die ordnungstheoretischen und ordnungspolitischen Diskussionen der Vorkriegs-, Kriegs- und Nachkriegszeit. In diesen Diskussionen war es gelungen, die Auseinandersetzungen über die zukünftige Wirtschaftsordnung wach zu halten und der in Deutschland seit langer Zeit diskreditierten Marktwirtschaft eine neue Realisierungschance zu eröffnen. Die Analyse der Misserfolge, die mögliche Alternativen zur Marktwirtschaft in der praktischen Bewährung erzielten, spielte dabei ebenso eine Rolle wie ein neues bzw. wiedergewonnenes Vertrauen in die Möglichkeiten

der Marktwirtschaft, bei richtiger ordnungspolitischer Verankerung in Wirtschaft und Gesellschaft „Wohlstand für alle" erreichbar werden zu lassen. Der Vertrautheit von Wissenschaft,
Verwaltung, Wirtschaft und Öffentlichkeit mit dem Denken in
Ordnungen, die sich im Laufe dieser Diskussionen heraus-
gebildet hatte, ist es vermutlich zu verdanken, dass in Westdeutschland die Rückkehr zur Marktwirtschaft relativ rasch
und mit beachtlichen Erfolgen gelang.

7. Literatur

Christine Blumenberg-Lampe, Der Weg in die Soziale Marktwirtschaft. Referate, Protokolle, Gutachten der Arbeitsgemeinschaft Erwin von Beckerath 1943–1947, Stuttgart 1986.

Christine Blumenberg-Lampe, Das wirtschaftspolitische Programm der
‚Freiburger Kreise'. Entwurf einer freiheitlich-sozialen Nachkriegswirtschaft. Nationalökonomen gegen den Nationalsozialismus, Berlin 1971.

Michael Brackmann, Vom totalen Krieg zum Wirtschaftswunder. Die
Vorgeschichte der westdeutschen Währungsreform von 1948, Essen
1982.

Günter Brakelmann/Traugott Jähnichen (Hrsg.), Die protestantischen
Wurzeln der Sozialen Marktwirtschaft, Gütersloh 1994.

Daniel Dietzfelbinger, Soziale Marktwirtschaft als Wirtschaftsstil.
Alfred Müller-Armacks Lebenswerk, Gütersloh 1998.

Ludwig Erhard, Kriegsfinanzierung und Schuldenkonsolidierung. Faksimiledruck der Denkschrift von 1943/44 mit Vorbemerkungen
von Ludwig Erhard, Theodor Eschenburg, Günter Schmölders,
Frankfurt am Main 1977.

Walter Eucken, Die Grundlagen der Nationalökonomie, 9. Auflage,
Stuttgart 1989.

Walter Eucken, Grundsätze der Wirtschaftspolitik, 6. Auflage, Stuttgart 1990.

Dieter Haselbach, Autoritärer Liberalismus und soziale Marktwirtschaft. Gesellschaft und Politik im Ordoliberalismus, Baden-Baden
1991.

Ludger Herbst, Der totale Krieg und die Ordnung der Wirtschaft. Die
Kriegswirtschaft im Spannungsfeld von Politik, Ideologie und Pro-
paganda 1939–1945, Stuttgart 1982.

Ludwig-Erhard-Stiftung (Hrsg.), Grundtexte zur Sozialen Marktwirtschaft, Band 1: Zeugnisse aus zweihundert Jahren ordnungspolitischer Diskussion, Stuttgart/New York 1981.

Ludwig-Erhard-Stiftung (Hrsg.), Grundtexte zur Sozialen Marktwirtschaft, Band 2: Das Soziale in der Sozialen Marktwirtschaft, Stuttgart/New York 1988.

Ludwig-Erhard-Stiftung (Hrsg.), Soziale Marktwirtschaft als historische Weichenstellung – Bewertungen und Ausblicke. Eine Festschrift zum 100. Geburtstag von Ludwig Erhard, Düsseldorf 1997.

Ludwig-Erhard-Stiftung (Hrsg.), Ludwig Erhard – Über Werden und Wachsen der Sozialen Marktwirtschaft. Eine Fotodokumentation, Düsseldorf 1997.

Alfred Müller-Armack, Wirtschaftsordnung und Wirtschaftspolitik. Studien und Konzepte zur Sozialen Marktwirtschaft und zur Europäischen Integration, 2. Auflage, Bern/Stuttgart 1976.

Alfred Müller-Armack, Religion und Wirtschaft. Geistesgeschichtliche Hintergründe unserer europäischen Lebensform, 3. Auflage, Bern/Stuttgart 1981.

Erich W. Streissler (Hrsg.), Studien zur Entwicklung der ökonomischen Theorie XVI: Die Umsetzung wirtschaftspolitischer Grundkonzeptionen in die kontinentaleuropäische Praxis des 19. und 20. Jahrhunderts, Berlin 1997.

Walter Eucken Institut (Hrsg.), Ordnung in Freiheit. Symposium aus Anlaß des 100. Jahrestages des Geburtstages von Walter Eucken am 17. Januar 1991, Tübingen 1992.

Horst Friedrich Wünsche, Ludwig Erhards Gesellschafts- und Wirtschaftskonzeption. Soziale Marktwirtschaft als Politische Ökonomie, Stuttgart 1986.

Die Verwirklichung der Sozialen Marktwirtschaft nach dem Zweiten Weltkrieg und ihr Verfall in den sechziger und siebziger Jahren

Horst Friedrich Wünsche

1. Geschichtlicher Überblick

In der Geschichte der Sozialen Marktwirtschaft in Deutschland lassen sich mit großer Präzision – in der Regel fast tagesgenau – vier Phasen gegeneinander abgrenzen.

1. Phase (1948–1966):
Für den Beginn der Sozialen Marktwirtschaft in Deutschland steht der Tag der Währungsreform: Sonntag, der 20. Juni 1948. An diesem Tag hat der damalige Direktor der Verwaltung für Wirtschaft in der amerikanisch und britisch besetzten Zone Deutschlands, *Ludwig Erhard*, eine Wirtschaftsreform verkündet, indem er für verschiedene Güter die Preise freigab und damit die im Krieg eingeführte Bewirtschaftung aufhob.

Erhards hiermit begonnene Politik beruhte auf langjährigen Überlegungen und intensiven Studien. Sie berücksichtigte die Erfahrungen mit unterschiedlichen Methoden staatlicher Wirtschaftspolitik und führte in Westdeutschland eine Marktwirtschaft ein, die große wirtschaftliche und soziale Fortschritte bewirkte.

2. Phase (1967–1982):
Trotz der Tatsache, dass das „deutsche Wirtschaftswunder" vor allem der konsequenten und situationsgerechten Umsetzung von Erkenntnissen zu verdanken war, die auf gründlichem Nachdenken beruhten, wurden *Erhards* Überzeugungen nicht

auf Dauer zur vorherrschenden wirtschaftspolitischen Maxime. In der zweiten Hälfte der 60er Jahre setzte sich ein anderer Ansatz als theoretische Grundlage der Wirtschaftspolitik durch: die von *John Maynard Keynes* entwickelte Lehre von der Stabilisierung der Konjunktur und der Sicherung von wirtschaftlichem Wachstum durch staatliche Beeinflussung der gesamtwirtschaftlichen Nachfrage. *Erhards* Ausscheiden aus der aktiven Politik zum 1. Dezember 1966 kann als Beginn einer zweiten Phase der Sozialen Marktwirtschaft angesehen werden.

Die neue Politikorientierung war nicht erfolgreich. Schon Anfang der 70er Jahre entstanden Schwierigkeiten, die noch dadurch verschärft wurden, dass die nachfrageorientierte Politik à la *Keynes* mit einer beträchtlichen Ausweitung der sozialen Leistungsbereiche und der Erhöhung sozialer Leistungen kombiniert wurde. Die Sozialleistungsquote, die 1965 bei 23,2 Prozent gelegen hatte, schwoll bis 1975 auf 33,4 Prozent an. Die Wirtschafts- und die Finanzpolitik mussten ihre längerfristigen Zielsetzungen und Orientierungen aufgeben. Sie wurden zunehmend durch einen auf tagespolitische Erfordernisse pragmatisch reagierenden Interventionismus ergänzt bzw. ersetzt. Die Politik wurde unstetig, ja unberechenbar, die Wirtschaft krisenanfällig, denn verlässliche politische Daten sind unverzichtbare Voraussetzung für längerfristige wirtschaftliche Entscheidungen, insbesondere für risikoreiche Investitionen in neue Produkte und innovative Produktionsverfahren.

3. Phase (1982–1998):

Nach der Bundestagswahl 1982 begann eine neue, die dritte Phase der Sozialen Marktwirtschaft in Deutschland. Sie wurde mit einer Reaktivierung der ursprünglichen *Erhards*chen Ordnungspolitik begonnen. Damit wurden bemerkenswert schnell große Erfolge erzielt. Allerdings blieben Zweifel virulent, ob mit dieser ordnungspolitischen Orientierung die immensen wirtschaftlichen Schwierigkeiten und die strukturellen Verwerfungen, die mit der vorangegangenen Politik entstanden waren, wirklich schnell und nachhaltig bewältigt werden können. Diese Zweifel brachen sich Bahn, als mit der Herstellung der deutschen Einheit – wie man meinte – bislang völlig unbekannte Herausforderungen auftraten. Der anfängliche ordnungspolitische Ansatz wurde aufgegeben. Die Politik orientierte sich an einer explizit gegen das nachfrageorientierte Konzept neu entwickelten theoretischen Basis, am Konzept der „angebotsorientierten Wirtschaftspolitik". Rechtfertigt wurde diese Neuorientierung mit der Überzeugung, dass die Sanierung der Wirtschaft in der ehemaligen DDR besondere wirtschaftspolitische Anstrengungen erfordere. Effizienz, Flexibilität und Dynamik der Wirtschaft müssten systematisch gestärkt, die Wettbewerbsfähigkeit gefördert und der Standort Deutschland attraktiver ausgestaltet werden. Insgesamt wurde das charakteristische Merkmal der dritten Phase der Sozialen Marktwirtschaft nicht die anfängliche erfolgreiche Revitalisierung der *Erhard*schen Ordnungspolitik, sondern die im Zeichen der angebotsorientierten Wirtschaftspolitik durchgeführte Redynamisierungs-, Aufbau- und Umstrukturierungspolitik.

Die angebotsorientierte Wirtschaftspolitik versteht sich als Ordnungspolitik, weil sie nicht direkt in den Wirtschaftsprozess eingreift, sondern lediglich Anreize für das erwünschte Verhalten der Wirtschaftsakteure setzt. Sie ist jedoch keine Ordnungspolitik im *Erhard*schen Sinne. Rein äußerlich ist das daran zu erkennen, dass *Erhard* seine Maßnahmen in der Regel gegen den entschiedenen Widerstand der Wirtschaft durchsetzen musste. Er wollte dem Wirtschaftshandeln aus übergeordneten Gesichtspunkten heraus einen festen Rahmen setzen. Die angebotsorientierte Politik verfügt jedoch über keine solchen Prinzipien. Sie ist darauf bedacht, die Rahmenbedingungen so zu setzen, wie es den Wirtschaftsinteressenten günstig erscheint. Der inhaltlich wichtige Unterschied liegt darin, dass *Erhards* Ordnungspolitik nicht wie die Angebotspolitik nur ökonomisch begründet ist, sondern auch soziologische, sozialethische, anthropologische und sozialpsychologische Gesichtspunkte beinhaltet.

4. Phase (Gegenwart):
Auch die Ergebnisse der angebotsorientierten Wirtschaftspolitik in den 90er Jahren waren enttäuschend. Die Sanierung der Wirtschaft in den neuen Bundesländern verursachte beträchtliche Kosten. Die öffentlichen Haushalte und die Systeme der sozialen Sicherung wurden stark belastet. Steuern und Abgaben stiegen. Der Übergang von der Plan- zur Marktwirtschaft führte zur Schließung vieler heruntergewirtschafteter Betriebe in den neuen Bundesländern, zu Arbeitslosigkeit und Existenzfurcht. Die anfänglich hoch gespannten Hoffnungen auf ein neues „deutsches Wirtschaftswunder", das ohne allzu große finanzielle Lasten entstehen würde, erwiesen sich als illusionär. Der Euphorie nach der unerwarteten Herstellung der deutschen Einheit folgten Ernüchterung und Enttäuschung, die zu Politikverdrossenheit in weiten Bevölkerungskreisen und im Herbst 1998 zu einem neuerlichen Regierungswechsel führten.

Auch in der damit eingeleiteten vierten Phase wird von Sozialer Marktwirtschaft gesprochen, aber der Begriff ist jetzt Etikett für eine vage Mischung aus nachfrage- und angebotsorientierten Wirtschaftspolitiken, wobei viele Maßnahmen mit ökologischen Lenkungszielen rechtfertigt werden. So ist auch die gegenwärtig in Deutschland betriebene Politik noch immer weit von der ersten, durch *Ludwig Erhard* erfolgreich gestalteten Phase der Sozialen Marktwirtschaft entfernt.

2. Einführung der Sozialen Marktwirtschaft

Der geschichtliche Überblick zeigt: *Erhards* Konzeption der Sozialen Marktwirtschaft ist seit Jahrzehnten aus der aktuellen Politik verschwunden. Das ist aber noch nicht alles. Auch die Probleme, die sich damals gestellt haben und die mit der Sozialen Marktwirtschaft bewältigt wurden, sind heute kaum noch bekannt. So hört man jetzt oft, der Wiederaufbau in Westdeutschland sei verhältnismäßig leicht zu bewerkstelligen gewesen. Jeder einzelne habe seine Lebenssituation verbessern wollen. Die Politik hätte nur weniges gestalten müssen. Nach den Jahren der totalitären Wirtschaftslenkung habe es auch keinen Zweifel über die einzuschlagende Richtung geben können: Zumindest in Westdeutschland sei die freiheitliche Wirtschaftspolitik unstrittig gewesen. Zudem hätten die USA mit rund 1,4 Milliarden Dollar, die im Rahmen des *Marshall*plans zwischen 1948 und 1952 nach Westdeutschland flossen, Entscheidendes zum deutschen Wiederaufbau beigetragen. Angesichts solcher Schilderungen entsteht fast der Eindruck, dass eine deutsche Wirtschaftspolitik damals eigentlich überflüssig war. Deutschland wäre auch ohne sie aufgeblüht. Die historischen Tatsachen lehren allerdings völlig anderes.

2.1 Die Zeitstimmung 1945 bis 1948

Im Nachkriegsdeutschland gab es keine Aufbruchstimmung, wie heute gemutmaßt wird; vielmehr herrschten Resignation und Verzweiflung.

Im Alltag waren die Sorgen um Ernährung, Kleidung, Unterkunft und Brennstoff, um Ernten, Lebensmittel- und Rohstoffeinfuhren und deren Verteilung übermächtig. Der Winter 1946/47 war schlimm. Der darauf folgende Sommer brachte eine Dürreperiode, wie man sie in Deutschland schon lange nicht mehr erlebt hatte. Auf 1945, das Jahr des Zusammenbruchs und des Chaos, folgten Katastrophenjahre. Die Kartoffelversorgung musste 1946/47 per Gesetz und mit immenser Polizeigewalt gesichert werden. Im Januar 1948 musste die Rationierung verstärkt und ein „Nothilfegesetz zur Ermittlung, Erfassung und Verteilung von Lebensmitteln" erlassen werden. Hunger, Mangel an Heizmaterial und Bekleidung brachten eine epidemische Flut gefährlicher Infektionskrankheiten; Rachitis und Tuberkulose nahmen überhand; die Säuglingssterblichkeit war 1947 doppelt so hoch wie 1939.

Der Krieg hatte unermessliches Leid, zahllose Kriegsversehrte, Witwen und Waisen hinterlassen. Mit dem nahenden Kriegsende hatte die Vertreibung von Millionen Deutschen aus den Ostgebieten des Deutschen Reiches, dem Sudetenland und den deutschen Siedlungsgebieten in Mittel- und Osteuropa ein-

gesetzt. Neben Invalidität, Flucht und Vertreibung, neben Zer-
störungen durch Bomben und Kampfhandlungen hatten Raub,
Vergewaltigung und Kriminalität die Lebensperspektiven vieler
Menschen ruiniert und zu Entwurzelungen geführt. Es gab ersichtlich viel Hilfsbedürftigkeit, erbärmlich geringe Hilfsmög-
lichkeiten und eine explosive soziale Lage. Von Menschen, die
viel verloren und mancherlei Greuel erlebt haben, sind weder
Mildtätigkeit noch Barmherzigkeit zu erwarten. Nicht, dass es
damals kein Mitgefühl, keine Hilfsbereitschaft und keine Solidarität gegeben hätte, aber diese waren stark auf den engen Pri-
vatbereich zusammengeschrumpft. Begriffe wie Volksgemein-
schaft und Gemeinsinn waren ohnehin disqualifiziert. Im
Krieg und in der Nachkriegszeit hatte sich manch menschen-
verachtender Egoismus als lebensrettend erwiesen. Zusätzlich
förderten noch die alliierten Entnazifizierungsprogramme – so
richtig und wichtig sie gewesen sein mochten – die gesellschaftliche Desintegration. So waren – alles in allem – zu jener
Zeit Neid und Denunziantentum vorherrschend.

Es ist nicht verwunderlich, dass sich in dieser Situation viele
Hoffnungen auf eine neue Art von Gemeinschaftsgeist, auf
einen neuen Sozialismus richteten. Besonders für die Wirtschaft wurde neues Denken für nötig gehalten. Deutschlands
zukünftige Wirtschaftsordnung sollte anders sein als alle bisherigen, aber vor allem sollte sie nicht „kapitalistisch" sein.
Das oberste Prinzip des Kapitalismus, so hieß es, sei verach-
tungswürdiges privates Profitstreben. Marktwirtschaften aber
galten noch eine Stufe verächtlicher, denn in ihnen sah man
privaten Egoismus in unseliger Allianz mit einer „Anarchie
durch den Markt". Der Vorsitzende der Berliner CDU, *Jakob
Kaiser*, rechtfertigte sein Engagement für „christlichen Sozialismus" vor allem damit, dass die Ablehnung marktwirtschaftlicher Positionen und das Bekenntnis zum Sozialismus in der
Bevölkerung so fixiert seien, dass „in einer öffentlichen Versammlung jeder, der es ablehnt, sich als Sozialist zu bekennen,
als liberal-kapitalistisch-reaktionär abgestempelt wird".

Planvolles Wirtschaften und Lenkung der Wirtschaft waren
die Losungen der Zeit. Freilich wollte man keine „starre Plan-

wirtschaft" nach sowjetischem Muster. Auch die „Lenkungs-wirtschaft" aus nationalsozialistischer Zeit galt nicht als erstrebenswert. Und selbstverständlich wollte niemand die bloße „Sozialisierung von Elend und Mangel". Das wesentliche Kennzeichen der politischen Bestrebungen in der Nachkriegszeit war, dass jeder genau zu wissen meinte, was nicht geschehen dürfe, dass aber nur diffuse Vorstellungen von dem herrschten, was anzustreben wäre.

Ein neues Denken! Eine bessere Zeit! „Dass die Sonne schön wie nie über Deutschland scheint!" – Der Wirtschaftsminister in Nordrhein-Westfalen, *Erik Nölting,* frohlockte 1947, exakt auf den Tag ein Jahr vor der Wirtschaftsreform, dass der Sozialismus nunmehr unabänderlich beschlossene Sache sei. Er folgerte das aus der Beobachtung: „Antikapitalistische Tendenzen und Stimmungen kommen zu vehementem Durchbruch in Kreisen, die früher sehr lebhaft dagegen protestiert hätten, bis tief in die Reihen des Bürgertums hinein". Der Münsteraner Nationalökonom, Religionssoziologie und Kulturanthropologe, *Alfred Müller-Armack* – der als Schöpfer des Begriffs „Soziale Marktwirtschaft" gilt –, seufzte: „Unsere Zeit scheint übereingekommen, in der zentralen Wirtschaftslenkung die einzig zukunftsfähige Form einer sozialen Ordnung zu sehen. Es ist etwas wie eine Zeitstimmung entstanden, für die eine zentral gelenkte Wirtschaft das einzige seriöse Mittel ist, einer so ernsten Lage wie der gegenwärtigen zu begegnen ... Man empfindet kaum den Widerspruch zwischen dem durch alle Schichten hindurchgehenden Wunsch nach einer freieren Lebensform und einer immer unfreieren Wirklichkeit und denkt kaum noch an die große Aufbauleistung der freien Marktwirtschaft im vergangenen Jahrhundert".

2.2 Die Programmatik der politischen Parteien

Der Sozialismus war zur Massensehnsucht geworden. Aber Sehnsüchte, Hoffnungen, Träume sind keine tragfähigen Grundlagen für Politik – auch wenn sie häufig dafür gehalten werden, weil mit ihnen großmütige Vorstellungen verbunden sind, mit denen sich jedermann gern identifiziert. Immerhin sollte mit der angestrebten sozialistischen Wirtschaftsordnung ja ein Wirtschaftssystem errichtet werden, das jedem Volksangehörigen ein menschenwürdiges Dasein garantiert und in dem keiner Macht über einen anderen ausüben kann. Solche Bekundungen fanden natürlicherweise breiten Zuspruch.

Der Vorsitzende der SPD, *Kurt Schumacher*, wiederholte unermüdlich die Parole: „Niemals wieder darf sich irgendwelche Herrschaft auf Besitz gründen". Die SPD hatte aufgrund ihrer Aversion gegenüber dem Privateigentum im Mai 1946 wirtschaftspolitische Leitsätze zusammengestellt und sie unter dem Begriff „Freiheitlicher Sozialismus" bekannt gemacht. Einige ihrer Führungspersönlichkeiten fanden es daraufhin dringend geboten, eine Gutachtertagung über „Grundfragen der Wirtschaftsplanung und Wirtschaftslenkung" zu organisieren, um das Was und Wie sozialistischer Planung und Lenkung zu klären.

Die Tagung fand im Juni 1946 in Hamburg statt. Namhafte Wissenschaftler nahmen teil. Das versammelte Spektrum sozialistischer Vorstellungen war breit, und weil jedem Beteiligten klar war, dass es um grundlegende Fragen der Zukunft Deutschlands ging, wurde ernsthaft und hart, im Endeffekt aber ergebnislos gestritten. Der Chefideologe der SPD, *Viktor Agartz*, kämpfte für „richtig verstandenen Marxismus". Anderen schien es nicht abwegig, bestimmte Aspekte des in der Sowjetunion etablierten planwirtschaftlichen Systems nach Deutschland zu importieren. Schließlich werde in der UdSSR ja nicht alles geplant; es gäbe einen Produktionsplan, aber es gäbe auch Konsumfreiheit. Zumeist wurden jedoch mehr oder weniger unzusammenhängende, gelegentlich auch etwas phantastische Gedanken zu neuen Arten von Sozialismus, zu Gemeinwirtschaft und zu Genossenschaften vorgetragen.

Auch die Programmatik der CDU war von sozialistischen Positionen durchdrungen. Allerdings waren die Diskussionen hier in der Regel realitätsnäher, weil sie stärker von konkreten Erfahrungen, weniger von Ideologie bestimmt waren. Die Beteiligten waren überwiegend Katholiken aus Wirtschaftspraxis,

Wirtschaftspolitik und Publizistik sowie Theologen, die aus der Tradition des politischen Katholizismus heraus versuchten, ein neues Wirtschaftskonzept zu entwickeln. Besonders hervorgetreten sind dabei der „Frankfurter Kreis" um *Eugen Kogon* und *Walter Dirks* und der „Kölner Kreis", der sich bereits während des Kriegs um die Walberberger Dominikaner *Laurentius Siemer* und *Eberhard Welty* gebildet hatte.

In diesen Kreisen wurde „Sozialismus aus christlicher Verantwortung" angestrebt und ein neuartiger „Sozialismus der Freiheit" propagiert: Man wollte „sozial, ja sozialistisch, aber nicht marxistisch" sein. Schon im September 1945 waren die „Frankfurter Leitsätze" verabschiedet worden, in denen die Sozialisierung großer Konzerne, die „planvolle Lenkung der Wirtschaft" und die Mitbestimmung der Arbeiter die wesentlichen Positionen waren. Kurze Zeit später wurden die „Kölner Leitsätze" vorgelegt. In ihnen wurde verlangt, die Eigentumsverhältnisse systematisch nach dem Grundsatz der sozialen Gerechtigkeit und den Erfordernissen des Gemeinwohls zu ordnen. Dabei wurden – wie es in sozialistischen Programmen üblich ist, in denen nicht zwischen Zielen und Methoden unterschieden wird – der freie Wettbewerb als Wirtschaftsprinzip und der freie Markt als Instrument der Bedarfsdeckung kategorisch abgelehnt.

Der christliche Gewerkschafter *Adam Stegerwald* hat wesentliche Teile der „Kölner Leitsätze" für das am 13. Oktober 1945 verabschiedete Würzburger Programm der CSU übernommen, präzisiert und verschärft. In die Programme der allmählich heranwachsenden CDU, insbesondere in die Programme der CDU der britischen Zone, sind die „Kölner Leitsätze" jedoch mit bemerkenswerten Wandlungen eingegangen.

Im Hinblick auf die programmatische Entwicklung der CDU kann der Einfluss des späteren Bundeskanzlers, von *Konrad Adenauer*, kaum überbewertet werden. *Adenauer* war seit Januar vorläufiger, seit 28. Februar 1946 offizieller Vorsitzender der CDU der britischen Zone. Er hat schon das erste umfassende Programmdokument dieser Parteigruppierung, das am 1. März 1946 verabschiedete Programm von Neheim-Hüsten,

maßgeblich konzipiert und mit seiner Politikauffassung inspiriert. Das Neheim-Hüstener Programm betont einerseits die
Grundsätze der christlichen Ethik und weist materialistische
Auffassungen entschieden zurück. Andererseits behandelt es
aber fast nur konkrete Programmpunkte und nimmt zu aku-
ten Fragen Stellung, insbesondere zu Fragen der Reparatio-
nen. Dem Programm gemäß geht es hierbei um „Rettung der
für die friedliche Arbeit und die Erhaltung des deutschen
Volkes nötigen Produktionsstätten mit Produktionsmitteln
aller Art unter Berücksichtigung der notwendigen Export-
kapazität". Fragen der Wirtschaftsgestaltung, die „als gegenwärtig nicht lösbar" anzusehen seien, werden systematisch
ausgeklammert. So heißt es beispielsweise: „Die sich aufdrän-
gende Frage der Vergesellschaftung von Teilen der Wirtschaft
ist zur Zeit nicht praktisch, da die deutsche Wirtschaft nicht
frei ist. Bei ihrer späteren Regelung werden wirtschaftliche
und politische Gesichtspunkte, vor allem das Allgemeinwohl,
maßgebend sein". Auf diese Weise schaffte es *Adenauer*, dass
die CDU klare Positionen zu tagesaktuellen Fragen bezog,
dass aber ideologische Auseinandersetzungen innerhalb der
Partei unterblieben.

Die politischen Perspektiven änderten sich damals schnell.
Im März 1946 hatten die Alliierten einen gemeinsamen Indu-
strie- und Reparationsplan für Deutschland aufgestellt. Im Mai
verfügte der amerikanische Militärgouverneur, *Lucius D. Clay*,
einen Reparationsstopp. Daraufhin wurden die Demontagen in
den drei westlichen Besatzungszonen für einige Monate eingestellt. Im September skizzierte der amerikanische Außenminister, *James F. Byrnes*, in Stuttgart die Grundzüge einer neuen
alliierten Deutschlandpolitik. In dieser Situation, wenige Monate nach Verabschiedung des Neheim-Hüstener Programms,
regte *Adenauer* an, ein neues Parteiprogramm zu erarbeiten.
Bei seiner Ausarbeitung sollten vor allem die sozialpartner-
schaftlichen Vorstellungen des christlich-sozialistischen Flügels der CDU berücksichtigt werden. Das so entstandene Ahlener Programm vom 3. Februar 1947 fordert eine „neue Struktur
der deutschen Wirtschaft". Die Zeit der „unumschränkten

Herrschaft des privaten Kapitalismus" sei vorbei. Nun käme es darauf an, Vorkehrungen zu treffen, dass der private Kapitalismus nicht durch einen Staatskapitalismus ersetzt wird, „der noch gefährlicher für die politische und wirtschaftliche Freiheit des einzelnen sein würde".

Das Ahlener Programm nennt – zum Teil in Übereinstimmung mit alliierten Forderungen, zum Teil aber als neuartige und eigenständige Positionen – zahlreiche ordnungspolitische Maßnahmen: Entflechtung der Konzerne, Beteiligung von Arbeitnehmern und öffentlichen Händen an Monopol- und Großunternehmungen, Entwurf wirksamer Anti-Kartellgesetze, Stimmrechtsbegrenzung bei Aktiengesellschaften, Vergesellschaftung der Kohlenbergwerke und der eisenschaffenden Großindustrie, Stärkung des Genossenschaftswesens und Ausbau der Kontrollen im Bank- und Versicherungswesen. Für Betriebe, „in denen wegen ihrer Größe das Verhältnis zwischen Arbeitnehmern und Unternehmer nicht mehr auf einer persönlichen Grundlage beruht", wird Mitbestimmung gefordert.

Die CDU der britischen Zone nahm ihre Programmatik ernst. Sie begann schon im März 1947 mit Sozialisierungsinitiativen in Nordrhein-Westfalen, um Entflechtungen, Besitzwechsel und Mitbestimmung durchzusetzen. Im Verlauf dieser Debatten zeigten sich aber bald unerwartete und unüberbrückbare Gegensätze. Offensichtlich herrschte auch in der Union nur in bezug auf die wünschenswerten Ziele Übereinstimmung, während der notwendige Konsens im Hinblick auf die konkret durchzuführenden Maßnahmen fehlte.

So verstrichen die Monate. Es gab viele Diskussionen, viele Kontroversen, viel Gezänk, aber in Deutschland änderte sich nichts Grundlegendes. Die Lebenssituation der Menschen verschlechterte sich fortlaufend. Erst die Währungs- und Wirtschaftsreform im Juni 1948 brachte eine Wende, und diese Wende kam für die meisten Deutschen völlig überraschend.

71

2.3 Die Währungs- und Wirtschaftsreform 1948

a) Fehlurteile und Legenden

Wer von *Erhards* Wirken 1948 spricht, denkt in der Regel an seine Zivilcourage: *Erhard* habe am Tage der Währungsreform – endlich: drei Jahre nach Kriegsende! – die aus der Kriegszeit stammenden Bewirtschaftungs- und Preisvorschriften in den Papierkorb geworfen. Er habe für eine solche Maßnahme keinen Auftrag und keine Befugnis besessen, aber fest an ihre Notwendigkeit und ihren Erfolg geglaubt, sie durchgeführt und alle Verantwortung auf sich genommen. Dieser mutige Schritt habe das „deutsche Wirtschaftswunder" begründet.

So zutreffend einzelne Stichworte in diesem historischen Breviarium sein mögen, man sollte sich klar darüber sein, dass mit derlei verkürzten Schilderungen nur Teilwahrheiten beleuchtet und mancherlei Fehleinschätzungen provoziert werden. Es wäre jedenfalls ein fataler Irrtum, anzunehmen, *Erhard* habe aus bloßer liberaler Dogmatik heraus, ohne Skrupel, ungestüm und autoritär gehandelt. Und ebenso falsch wäre es zu glauben, dass sich die CDU hinter eine solche, bedenkenlos liberale Motivation gestellt und mit ihrer noch jungen programmatischen Tradition leichtfertig gebrochen hätte.

Tatsache ist: *Erhard* hat die Argumente für seine Politik minutiös bedacht, sie niedergeschrieben, mit Experten erörtert und in den Monaten vor der Währungsreform bei jedweder Gelegenheit allen alles freimütig dargelegt: in der Presse, im Mitteilungsblatt seiner Verwaltung, in öffentlichen Veranstaltungen, in den damaligen exekutiven Gremien, vor allem im Direktorium des Verwaltungsrates der Bizone und im Länderrat, sowie durch eine ausführliche „Programmrede" am 21. April 1948 im Wirtschaftsrat des Vereinigten Wirtschaftsgebietes. Zudem hatte *Erhard* seine Reformmaßnahmen gesetzmäßig vorbereitet. Aus seiner Sicht waren sie legitimiert durch das in einer denkwürdigen Nachtsitzung am 18. Juni 1948, gegen 4.00 Uhr morgens, in dritter Lesung vom Frankfurter Wirtschaftsrat verabschiedete „Gesetz über Leitsätze für die Bewirtschaftung und die Preispolitik nach der Geldreform".

Freilich: Die Notifizierung dieses Gesetzes durch die Besatzungsmächte stand am Tag der Währungsreform noch aus. Für diesen, nur für diesen Sachverhalt – ein aus Sicht der Besatzungsmächte formal noch nicht in Kraft getretenes deutsches Gesetz angewendet zu haben – hatte sich *Erhard* vor den Alliierten zu rechtfertigen. Dabei war es keine Frage: Das Risiko war hoch. *Erhards* Vorgänger im Amt des Wirtschaftsdirektors, *Johannes Semmler*, war wegen einer eigentlich belanglosen Kritik an amerikanischen Lebensmittellieferungen entlassen worden, und üblicherweise reagierten die Alliierten auf aufkeimendes Selbstbewusstsein der Deutschen außerordentlich gereizt.

Illegal oder skrupellos-autoritär kann man *Erhards* Vorgehen also nicht nennen. *Erhard* besaß eine Ermächtigung durch das Leitsätzegesetz, mit dem vorgegeben war: „Der Freigabe aus der Bewirtschaftung ist vor ihrer Beibehaltung der Vorzug zu geben... Der Freigabe der Preise ist vor der behördlichen Festsetzung der Vorzug zu geben." Auch *Erhards* Kompetenzen waren in diesem Gesetz geregelt: „Der zuständige Direktor wird beauftragt, im Rahmen dieser Leitsätze erstens die erforderlichen Maßnahmen auf dem Gebiet der Bewirtschaftung nach Maßgabe des Bewirtschaftungsnotgesetzes zu treffen, zweitens die Waren, Warengattungen, Güter und Leistungen im einzelnen zu bestimmen, die von den Preisvorschriften freigestellt werden sollen, wobei er Preisvorschriften auf Zeit oder Dauer außer Kraft oder wieder in Kraft setzen kann."

Hiernach konnte *Erhard* bis zum Außer-Kraft-Treten des Leitsätzegesetzes am 31. Dezember 1948 schalten und walten, wie er wollte. Er hatte einem Ausschuss, der aus fünf Mitgliedern des Wirtschaftsrats und drei Mitgliedern des Länderrats bestand, lediglich nachzuweisen, dass er etwas tat. Das Was und Wie hatte er allein zu verantworten. *Erhard* hätte das Leitsätzegesetz also durchaus zur ungestümen Liberalisierung benutzen können. Er tat das nicht. Seine Wirtschaftsreform war kein Überrumplungsmanöver, kein „Handstreichverfahren", wie später *Karl Schiller* meinte. Sie war auch kein „Sprung in das kalte Wasser der Marktwirtschaft", als den man

sie neuerdings rühmt. *Erhards* Reform bestand vielmehr aus
sorgfältig erwogenen, der Situation angemessenen und aufeinander abgestimmten Schritten. Das geht nicht nur aus den
durchgeführten Maßnahmen selbst hervor, es wird auch aus
den vielen Protokollen über Sitzungen, Beratungen, Bespre-
chungen und Anhörungen deutlich, die damals stattfanden.
Und trotz aller vorbereitenden Überlegungen galt für *Erhard*
im Entscheidungsmoment noch immer: „Alle Maßnahmen
werden mit ruhigem Bedacht und auf das sorgfältigste geprüft."

b) Der neue Kurs

Ursache für *Erhards* Bedachtsamkeit war letztlich: Die Währungsreform war für ihn mehr als nur eine wirtschaftstechni-
sche Angelegenheit. Er hat das in den Tagen und Wochen nach
der Währungsreform in engagierten Reden immer wieder dargelegt: „Mit der wirtschaftspolitischen Wendung von der
Zwangswirtschaft hin zur Marktwirtschaft haben wir mehr getan, als nur eine engere wirtschaftliche Maßnahme in die Wege
geleitet; wir haben damit unser gesellschaftswirtschaftliches
und soziales Leben auf eine neue Grundlage und vor einen
neuen Anfang gestellt." *Erhard* sah in der Währungsreform
eine Weichenstellung mit epochaler Folge. *Adenauer* sah das
ähnlich. Und hierin zeigt sich die programmatische Konfor-
mität zwischen *Erhard* und der jungen CDU.

Heute zweifelt man, ob *Erhard* mit *Adenauers* Politikauffassung und dem Ahlener Programm der CDU wirklich konform
ging. Man verweist darauf, dass *Erhard* das Ahlener Programm
später häufig abfällig kommentiert und als Wirtschaftsminister
und Bundeskanzler mit *Adenauers* Politikauffassung immerfort im Clinch gelegen habe. Darüber hinaus meint man,
Erhard habe durch seine Mitwirkung an der Niederschrift der
wirtschaftspolitischen Teile der Düsseldorfer Leitsätze die Programmatik der CDU reformiert und sich dadurch eine Basis
für seine Karriere in der CDU geschaffen. Man vergisst oder
verdrängt damit, dass auch *Erhard* einer sozialistischen Denk-
schule, dem „liberalen Sozialismus" von *Franz Oppenheimer*,
verpflichtet war. Dieser Spielart von Sozialismus geht es um

freie Marktwirtschaft in strikter Abgrenzung zu Laissez-faire-Vorstellungen: um eine „wirklich freie Marktwirtschaft", die nur entsteht, wenn alle Herrschafts- und Überlagerungselemente systematisch aus dem Wirtschaftssystem eliminiert werden. Nach *Oppenheimer* heißt das Ziel „friedlicher Wettbewerb" in einer „reinen Ökonomie" statt „feindlicher Wettkampf" in einem durch Herrschaft und Macht politisch verdorbenen System.

Die CDU vertrat mit ihrem „Sozialismus der Freiheit" im Ahlener Programm das gleiche humanistische Anliegen wie der „liberale Sozialismus". Auch ihr ging es um Freiheit, die nicht durch Macht bedroht, eingeschüchtert oder unterdrückt wird. In beiden Positionen sind die gleichen Vorbehalte gegenüber einem Liberalismus eingebettet, der sich nicht genügend gegen Entartungstendenzen wappnet, der den Dingen ihren Lauf lässt, der anwachsende soziale Spannungen nicht sieht oder leichtfertig ignoriert. So kam es, dass *Erhard* aufrichtigen Beifall erhielt, als er bei seinem ersten Auftritt vor einem größeren CDU-Gremium, auf dem Parteikongress der CDU der britischen Zone am 28. August 1948 in Recklinghausen, darlegte: „Freiheit bedeutet nicht Freibeutertum"; er bekenne sich nicht zur „freien Marktwirtschaft einer vergangenen Ära", nicht zum „freien Spiel der Kräfte und dergleichen Phrasen", nicht zu einem System, in dem der Stärkere dominiert und sich Mächtige und Skrupellose ungezügelt entfalten können. Die analogen Passagen im Ahlener Programm lauten: „Die neue Struktur der deutschen Wirtschaft muss davon ausgehen, dass die Zeit der unumschränkten Herrschaft des privaten Kapitalismus vorbei ist." Das Programm formuliert klare Grundsätze, die bei der „sozialen und wirtschaftlichen Neuordnung" beachtet werden müssen und bekennt sich eindeutig zur persönlichen Freiheit: „Die Gestaltung und Führung der Wirtschaft darf dem einzelnen nicht die Freiheit seiner Person nehmen."

In den von *Erhard* inspirierten Düsseldorfer Leitsätzen wird in Bezug auf dieses grundlegende Freiheitsverständnis nichts Neues formuliert. Die Zielsetzungen des Ahlener Programms stehen nicht zur Debatte. Der Einfluss, den *Erhard* auf die programmatische Fortentwicklung der CDU ausgeübt hat und den er später immerfort betonte, war anderer Art: *Erhard* hat bewirkt, dass sich die CDU mit den Düsseldorfer Leitsätzen nach monatelanger Diskussion auf der Basis des Ahlener Programms und nach verschiedenen fehlgeschlagenen Experimenten zu einer erfolgversprechenden wirtschafts- und sozialpolitischen Methode bekannte. *Erhard* bot mit der Sozialen Marktwirtschaft eine politische Konzeption für die Überwindung des überkommenen Systems der Wirtschaftslenkung, und zwar nicht durch eine neue Art von Lenkung, und auch nicht durch Verzicht auf Lenkung und die Renaissance altliberaler Ideen, sondern durch einen „Dritten Weg": durch eine Ordnungspolitik, die zu Freiheit und sozialer Gerechtigkeit führt. *Erhards* „Frankfurter Wirtschaftspolitik" war für die CDU somit nicht zielsetzend, sondern wegweisend.

c) Die geldpolitische Ausgangslage 1948

Wirtschaft und Wirtschaftspolitik sind stets kompliziert. Aber die Wirtschaftssituation in den Tagen vor der Währungsreform war besonders unübersichtlich. Die wirtschafts- und finanzpolitische Hinterlassenschaft der nationalsozialistischen Kriegswirtschaft bestand in einem gewaltigen Ausmaß von bei Banken aufgenommenen Staatsschulden. Zum 31. März 1945 – dem Stichtag der letzten zugänglichen Reichsbank-Statistik – belief sich dieser Schuldenberg auf rund 380 Milliarden RM.

380 Milliarden RM waren seinerzeit ein wahnwitziger Betrag. Das Volkseinkommen im letzten Vorkriegsjahr, 1938, belief sich noch nicht einmal auf ein Viertel dieser Summe. Im Krieg war die Produktionsleistung auf weniger als ein Drittel des Niveaus von 1938 gesunken. 380 Milliarden RM bedeuteten also mindestens zwölf Jahre unentgeltliche Arbeit des gesamten Volkes, nur um die Schulden zu tilgen – an Wiedergutmachung oder an den Wiederaufbau der Heimat war nicht zu denken.

Von den 380 Milliarden RM Reichsschuld entfielen auf das Bankensystem der Bizone 144,5 Milliarden RM. Zusätzlich hatten die Alliierten nach 1945 in den westlichen Besatzungszonen noch rund 12 Milliarden RM als Militärmarknoten in Umlauf gebracht.

Normalerweise sind von Banken gewährte Kredite durch das Haftungskapital der Bankiers, die Einlagen der Bankkunden, nämlich der Inhaber von Giro- und Sparguthaben, sowie durch gezeichnete Bankanleihen und Schuldbriefe gedeckt. Banken können nur ausleihen, worüber sie verfügen. Auch wenn ein Teil ihrer Ausleihungen wieder zu ihnen zurückfließt: Ihre Einlagen sind letztlich die Basis für ihre Kreditvergabe. Von dieser Regel gab es auch im „Dritten Reich" keine Ausnahme. Aber die vom nationalsozialistischen Staat bei den Banken aufgenommenen Kredite hatten ihre Gegenfinanzierung nicht in freiwilligem Sparen und vom Publikum gezeichneten Kriegsanleihen. Die nationalsozialistische Kriegsfinanzierung geschah „geräuschlos" neben dem eigentlichen Wirtschaftsprozess. Der Staat hatte durch Preisstopp und Bewirtschaftung dafür gesorgt, dass die Möglichkeiten, Geld für Konsumzwecke auszugeben, gering blieben. Er verwendete das übrigbleibende Geld, um Waren und Leistungen zu bezahlen, die für den Krieg erbracht wurden. Natürlich hatten diese Zahlungen von Anbeginn an keine Kaufkraft, denn Rüstungsgüter können keinen zivilen Bedarf befriedigen, und Wehrsold ist kein Entgelt für produktive Dienstleistungen. Diesen Zahlungen konnte auch nach Kriegsende keine Kaufkraft zuwachsen. Mitte 1948 waren also mehr als 156 Milliarden RM in der Bizone umlaufendes Geld ohne Wert.

Insoweit mochten die Sachverhalte möglicherweise noch jedermann verständlich zu machen sein. Unverständlich musste aber bleiben, dass nach Kriegsende keine neue Produktion begann. Vieles wurde gebraucht. Die Leute irrten durch das Land; hamsterten, wessen sie habhaft wurden; tauschten und verschoben. Jeder litt Mangel. Jeder wusste das. Dennoch wurden nicht einmal die notwendigsten Dinge hergestellt. Die Wirtschaft war und blieb gelähmt. Man spekulierte viel über die finsteren Mächte, die für das Siechtum der Wirtschaft verantwortlich wären, und nur wenige erkannten, dass letztlich das massenhaft vorhandene Geld die Warenknappheit und das

Elend verursachte. Die Reichsmark wurde im Wirtschaftsverkehr kaum noch als Zahlungsmittel akzeptiert. Man verkaufte nicht gegen Geld, und man produzierte auch nicht mit der Aussicht, Geld in Zahlung nehmen zu müssen. Schon mit dem Geld, das man hatte, ließ sich nur noch wenig anfangen.

Neben Tausch- und Schwarzmarktgeschäften gewährleisteten das ausgedehnte Bezugsscheinsystem und die Bewirtschaftung der Produktionsmittel – Rohstoffzuteilungen und Lieferverpflichtungen – die Sicherung des Lebensnotwendigsten. Natürlich war die Bewirtschaftung nur unzuverlässiger Notbehelf. Von ihr gingen keine wirtschaftlichen Impulse aus. So wurden im Lauf der Zeit die Zuteilungen schmaler. Die Bewirtschaftung funktionierte von Monat zu Monat schlechter. Je mehr bewirtschaftet wurde, desto weniger gab es zu bewirtschaften.

Jeder spürte die Verschlechterung der Lage, aber auf die Bewirtschaftung konnte man schlechterdings nicht verzichten. Ohne sie wäre alles zusammengebrochen. Bei der herrschenden Warenknappheit und dem hohen Geldüberschuss hätte ihre Aufhebung zu einer Hyperinflation geführt. Auf Dauer hätte davon niemand, nicht einmal die Besitzer von gehorteten Waren hätten profitiert. Auch die Einführung von neuem Geld hätte an dieser Lage noch nichts verändert. Im übrigen existierte ja bereits ein Ersatzgeld für die wertlos gewordene Reichsmark in Form von amerikanischen Zigaretten.

Viele haben damals über Möglichkeiten nachgedacht, aus dieser vertrackten Situation herauszukommen und eine „Friedenswirtschaft" aufzubauen. *Erhard* hatte gleich nach Kriegsende in der „Volkswirtschaftlichen Arbeitsgemeinschaft für Bayern" Währungsreformpläne erarbeitet und den Alliierten zugestellt. Schon vor Kriegsende hatte er derartige Denkschriften verfasst und sie in Fachkreisen diskutiert. Eine dieser Ausarbeitungen, die 1943/44 erstellte Studie „Kriegsfinanzierung und Schuldenkonsolidierung", wurde 1977 wiedergefunden, andere sind verschollen. Was immer darin gestanden haben mag: *Erhard* galt nach Kriegsende in der wichtigen Frage einer Währungsreform als erstrangiger Experte.

Seine Überlegungen lassen sich in drei Maximen zusammenfassen:

1. Die in Deutschland anstehende Währungsreform ist aufgrund der spezifischen Art der Kriegsfinanzierung notwendig geworden: Die im Krieg entstandenen Lasten wurden vorläufig und rein nominal den Banken zugewiesen. Nach Kriegsende kann die Frage, wer diese Lasten letztendlich tragen soll, nicht mehr aufgeschoben werden. *Erhard* erschien es aus dem Gesichtspunkt der sozialen Gerechtigkeit nötig, dann sämtliche während des Kriegs erbrachten Opfer und entstandenen Schäden in die Abschlussbilanz des Kriegs einzubeziehen und die Währungsreform mit einem Kriegslastenausgleich zu verbinden.

2. Geld hat in erster Linie Zahlungsfunktion und ist deshalb an die reale wirtschaftliche Tätigkeit gebunden. Das bedeutet, eine Währungsreform darf den Sektor „Geld" nicht als eigenständiges Phänomen ordnen. Sie muss der realen Wirtschaftstätigkeit dienen, und das hieß 1948: Sie muss in erster Linie zur Wiederankurbelung der Wirtschaft beitragen.

3. Eine in einer modernen Geldwirtschaft durchzuführende Währungsreform ist weitaus mehr als Bargeldumtausch. Von einer Währungsreform sind unweigerlich sämtliche Schuldverhältnisse betroffen, das heißt, jede finanziell noch nicht abgeschlossene wirtschaftliche Beziehung – jede noch offene Buchung: jede Forderung, jede Verbindlichkeit, jeder Kredit – wird von einer Währungsreform betroffen und muss gerecht geregelt werden.

d) Ziele und Durchführung

Erhard wurde am 10. Oktober 1947 vom Wirtschaftsrat der Bizone zum Leiter einer deutschen Expertenkommission, der „Sonderstelle Geld und Kredit", berufen. Diese Kommission sollte die gesamte Materie der bei einer Währungsreform zu regelnden Details abschließend klären. Sie tat das in 53 Sitzungen, zu denen häufig externe Experten geladen wurden. Nach sechs Monaten Arbeit legte sie am 18. April 1948 in Bad Homburg ihre Beratungsergebnisse als „Entwurf eines Gesetzes zur Neuordnung des Geldwesens" vor.

Die Bedeutung der in der „Sonderstelle" geleisteten Arbeit wird daraus ersichtlich, dass die Mitglieder dieser Kommission unmittelbar nach Abschluss ihrer Arbeit von den Alliierten sieben Wochen lang im „Konklave von Rothwesten" versammelt und mit der Ausarbeitung von 22 Gesetzen und Durchführungsverordnungen zur Währungsreform betraut wurden. Freilich waren die Mitglieder des Konklave mit ihrer Arbeit alles andere als zufrieden. Sie mussten Vorgaben der Alliierten erfüllen, die sie als zu eng ansahen und die um den Erfolg der Währungsreform fürchten ließen. So gesehen war es ein Glücksfall, dass *Erhard* nach seiner Wahl zum Direktor der Verwaltung für Wirtschaft am 2. März 1948 die Leitung der „Sonderstelle Geld und Kredit" niedergelegt hatte und nicht zum Rothwestener Konklave beigezogen wurde. Er hatte damit Spielraum gewonnen, die Vorarbeiten der „Sonderstelle", den „Homburger Plan", in praktische Politik umzusetzen, ohne alliierten Weisungen direkt unterstellt zu sein.

Man musste 1948 kein ausgewiesener Realist sein, um zu erkennen, dass es den Besatzungsmächten nicht gelingen konnte, die wirtschaftlichen und sozialen Verhältnisse in Deutschland mit der Währungsreform am „Tag X" grundlegend zu ändern. Die amerikanische Besatzungsmacht konnte mit den ihr verfügbaren technischen Mitteln die Währungsreform in der Bizone zwar perfekt organisieren und durchführen. Aber vor vielen mit der Währungsreform aufgeworfenen Fragen musste sie kapitulieren. In dieser Erkenntnis waren Fragen des Lastenausgleichs von vornherein aus der Währungsreform ausgespart worden, und eine Reihe unbilliger sozialer Härten, die mit dem Geldumtausch programmiert waren, wurden zwar als bedauerlich, aber als unabänderlich angesehen.

Für *Erhard* war wichtig, dass mit der Währungsreform keine existenzbedrohenden Notlagen entstehen und dass Regelungen, die sich nicht als „sozial gerecht" einstufen ließen, vorläufig bleiben. Alles, was entgegen sozialer Gerechtigkeit ad hoc veranlasst wird, müsse seiner Dringlichkeit gemäß zu späterer Zeit befriedigend gelöst werden. Das Wichtigste für ihn waren jedoch die von der Währungsreform ausgehenden Effekte auf die reale wirtschaftliche Tätigkeit. Vor allem in diesem Bereich durfte die Aktion nicht schief gehen, und gerade das stand zu befürchten.

Im Zuge der Währungsreform wurden am Sonntag, dem 20. Juni 1948, jedem Bürger an den Ausgabestellen der Lebensmittelkarten 60 RM gegen zunächst 40 DM umgetauscht. Die zweite Rate des „Kopfgeldes" in Höhe von 20 DM sollte vier Wochen später ausbezahlt werden. Ihre Ausgabe wurde dann bis September 1948 hinausgezögert. *Erhard* rechtfertigte das vor dem Wirtschaftsrat in jedermann verständlichem Deutsch: „Die Kaufkraft, die durch die Währungsreform geschaffen wird, darf nicht ins Leere stoßen. Wenn 10 Milliarden da sind und der Markt hat keine Güter bereit, dann müssen Sie die Zwangswirtschaft weiterführen, um die 10 Milliarden an die Leine zu legen".

Sämtliche Bargeldbestände und alle Guthaben in Reichsmark mussten bei einer frei wählbaren Bank auf einem persönlichen Konto „Altgeldguthaben" zusammengefasst werden – oder sie verfielen. Gewerbetreibende erhielten von ihrem Altgeldkonto auf Antrag und im Vorgriff auf ihre DM-Ansprüche 60 DM je Beschäftigten als Geschäftsguthaben. Nach entsprechender finanzamtlicher Überprüfung wurden fünf Prozent der Altgeldguthaben abzüglich der bereits ausgezahlten Kopfgeld- und Geschäftsbeträge in DM zur freien Verfügung, weitere fünf Prozent zur späteren Verwendung gutgeschrieben. Von dem zur späteren Verwendung festgeschriebenen Betrag wurden am 4. Oktober 1948 zwei Zehntel freigegeben, ein Zehntel auf einem Anlagekonto bis 1954 gutgeschrieben und sieben Zehntel gestrichen. Rechnet man alles zusammen, so hatte man schließlich – peu à peu – 6,50 DM für 100 RM erhalten. Der generelle Umtauschsatz der Währungsreform von 1948 betrug mithin 1 : 15,38. Allerdings gab es verschiedene Ausnahmen.

Wie *Erhard* gefordert hatte, wurden zugleich mit der Ausgabe des neuen Bargeldes die Schuldverhältnisse reformiert.

Dabei wurde differenziert vorgegangen: Laufend wiederkeh-
rende Zahlungen (Löhne, Renten, Mieten) wurden 1:1 umge-
stellt, alle sonstigen Leistungen wurden auf 1:10 abgewertet.
Mit dieser Regelung wurde zwischen Geldströmen und Geld-
beständen unterschieden. Laufend wiederkehrenden Zahlungs-
verpflichtungen (Geldströmen) stehen in der Regel laufend erbrachte Leistungen gegenüber. Sie 1:1 umzustellen, schien unproblematisch. Darüber hinaus wurden von dieser Maßnahme
aber auch günstige Anreize erwartet:

• Durch die Umstellung der Löhne al pari sollten zum einen
Arbeiter und Angestellte zu regulärer Arbeit motiviert werden,
statt „Hamsterfahrten" zu unternehmen. Der Preis für die günstige Umstellung war allerdings, dass der Lohnstopp beibehalten wurde. Er wurde erst am 3. November 1948 aufgehoben.
Zum anderen erhielten die Betriebe hierdurch klare Kalkula-
tionsgrundlagen. Sie mussten nicht zwischen vor und nach der
Reform gezahlten Löhnen unterscheiden.

• Für Sozialrentner und Vermieter war die Geldumstellung
ebenfalls günstig. Bei den Rentnern war die Bevorzugung durch
die soziale Lage gerechtfertigt. Bei den Vermietern wurde sie
durch die extreme Knappheit an nutzbaren Räumen für erforderlich gehalten. Der Ausnutzung dieser Marktsituation wurde
durch Höchstpreisvorschriften vorgebeugt, die trotz des stürmischen Wiederaufbaus erst Anfang der 60er Jahre vollständig
aufgehoben werden konnten.

• Alle anderen in Reichsmark valutierten Ansprüche sollten
auf ein Zehntel schrumpfen. Diese Abwertung bedeutete jedoch eine Begünstigung der Schuldner. Sie hatten in früherer
Zeit Kredite aufgenommen, dafür Waren beschafft oder Leistungen erhalten. Die Währungsreform bewirkte, dass nur
noch ein Zehntel der Restschuld getilgt werden musste,
während die Gläubiger 90 Prozent ihrer Forderungen verloren.
Allerdings kamen die Gläubiger dabei noch relativ gut weg,
denn die Besitzer von Geldvermögen verloren nach der Korrektur der Festgeldkonten im Oktober 1948 sogar 93,5 Prozent ihrer Forderungen. Das Problem waren also keineswegs die Verluste der Gläubiger, sondern die mit der Währungsreform ver-

bundene Besserstellung der Schuldner. Diese wurde im September 1948 durch ein Hypothekensicherungsgesetz und später durch eine Schuldnergewinnabgabe im Rahmen des Lastenausgleichs korrigiert.

• Den öffentlichen Haushalten und den Banken wurde mit der Währungsreform ein Neubeginn ihrer Tätigkeit ermöglicht. Den öffentlichen Stellen wurde eine DM-Erstausstattung in Höhe ihrer geschätzten durchschnittlichen Monatseinnahmen zugewiesen. Im Gegenzug wurden alle bei ihnen liegenden RM-Bestände eingezogen und alle RM-Guthaben gestrichen. Den infolge der nationalsozialistischen Kriegsfinanzierung quasi bankrotten Banken wurde eine DM-Erstausstattung in Anlehnung zum Bestand der bei ihnen eröffneten Altgeldguthaben-Konten gewährt. Darüber hinaus wurde ihnen eine Kreditlinie in Form einer niedrig verzinslichen, nicht handelbaren Ausgleichsforderung gegen die öffentliche Hand eingeräumt.

Insoweit war die Währungsreform kompliziert genug, aber in *Erhards* Augen war all dies nur Initialzündung für eine umfassende Reform. *Erhard* war der Ansicht, dass der Zweck der Währungsreform letztlich darin besteht, die Wirtschaft in Gang zu bringen, und dass dieses Ziel nur erreicht werden kann, wenn das in Umlauf gebrachte Geld unverzüglich Vertrauen findet und als Gegenwert bei Käufen und Verkäufen auf den verschiedenen Waren- und Dienstleistungsmärkten sofort akzeptiert wird. Aus seiner Sicht hing der Erfolg der Währungsreform einerseits davon ab, dass Geldmenge und Güterangebot in Übereinstimmung gebracht werden, andererseits musste dafür gesorgt werden, dass sich wirklicher Handel entfaltet. Dem standen vor allem die Bewirtschaftungsmaßnahmen und die Preisbindungen entgegen. Konsequenterweise ließ *Erhard* schon zum ersten Werktag nach der Währungsreform, zum Montag, dem 21. Juni 1948, die Aufhebung der Bewirtschaftung vor allem für industrielle Erzeugnisse verkünden. Das bedeutete in der Praxis: Für die erste Rate des Kopfgeldes, die am Sonntag ausgegeben wurde, konnten schon am Montag früh die freigegebenen Waren – Haushaltsartikel aus Holz und

Glas, Schreib- und Nähmaschinen, Automobile, Fahrräder und Fahrradreifen, Radioapparate, Uhren sowie landwirtschaftliche Maschinen – gekauft werden.

Ebenso behutsam wie bei der Aufhebung der Bewirtschaftung ging *Erhard* bei der Lockerung der Preisvorschriften vor. Auch die Preisfreigaben bezogen sich zunächst nur auf Waren, die gehortet werden können. Bei Freigabe der Preise für Lebensmittel – die in der Regel nicht lange aufbewahrt werden können und von denen es aufgrund der damaligen Notlage und der intensiven Bewirtschaftungsvorschriften und -kontrollen weder große Bestände noch nennenswerte Substitute geben konnte – wären extreme Preissteigerungen zu befürchten gewesen. Folglich wurde für diese Waren der Preisstopp beibehalten, bzw. in Höchstpreisvorschriften umgewandelt. Nur für wenige, besonders bezeichnete landwirtschaftliche Erzeugnisse konnten die Preise zwischen Anbieter und Nachfrager frei ausgehandelt werden, beispielsweise für im Inland geerntetes frisches Obst und Gemüse sowie für Eier.

e) Auswirkungen

Erhard hat den Ausdruck „deutsches Wirtschaftswunder" nicht gern gehört. Er meinte, die stürmische wirtschaftliche Entwicklung, die gleich nach der Währungs- und Wirtschaftsreform im Juni 1948 einsetzte, sei kein Wunder, sondern Folge gut bedachter und konsequent durchgeführter Maßnahmen gewesen.

Davon abgesehen: Um von einem Wunder sprechen zu können, hätte die an die Währungs- und Wirtschaftsreform anschließende Wirtschaftsentwicklung eigentlich umfassend positiv sein müssen. Das war nicht der Fall. Zwar waren schon am ersten Tag nach der Währungsreform die Schaufenster – so es sie gab – gefüllt wie seit Jahren nicht mehr. Es entwickelte sich ein reger Handel. Waren wurden angeboten, nachgefragt und umgesetzt. Die Schwarzmärkte verschwanden. Aber daneben traten Preissteigerungen ein. Bis Ende Dezember 1948 erhöhten sich die Preise der industriellen Güter um 14 Prozent. Bekleidung wurde 35 Prozent teurer. Und selbst die Lebensmittelpreise stiegen – trotz fortbestehender oder neu konstruierter Preisbindungen – um 18 Prozent.

Auch der Arbeitsmarkt wurde zum Sorgenkind. Einerseits gab es genug zu tun. Es gab Engpassbereiche in der Wirtschaft, in denen die Produktion trotz Vergünstigungen für die Betriebe und Sonderrationen für die Arbeiter unzureichend blieb – beispielsweise beim Kohlebergbau unter Tage. Andererseits gab es viele Arbeitslose. Besonders unverständlich war, dass es auch für Menschen, die im Hinblick auf Arbeit in keiner Weise wählerisch waren – aus der Gefangenschaft zurückkehrende Soldaten, Vertriebene und Flüchtlinge etc. –, schwierig war, einen Arbeitsplatz zu finden.

Der Statistik zufolge stieg die Zahl der Arbeitslosen von etwa 450.000 zum Zeitpunkt der Währungsreform auf über eine Million im Dezember 1948. Natürlich haben sich nach der Währungsreform viele arbeitslos gemeldet, die es schon vorher waren, denen es aber erst nach der Währungsreform attraktiv erschien, ein Formular auszufüllen – meist nicht, um eine Unterstützungszahlung zu erhalten, sondern um einen Arbeitsplatz angeboten zu bekommen. Genau genommen besagen die Statistiken also nicht, dass nach der Währungsreform die Arbeitslosigkeit zunahm. Sie besagen nur, dass sich die Zahl der arbeitslos Gemeldeten mehr als verdoppelt hat, und das kann positiv beurteilt werden: Die Motivation, reguläre Arbeit zu suchen, war nach der Währungs- und Wirtschaftsreform enorm gestiegen. Man wollte arbeiten, um das neue Geld zu bekommen. Aber der Engpass waren jetzt die Arbeitsplätze. Es fehlte Kapital zum Wiederaufbau der Fabriken und der Infrastruktur.

Erhards Politik hatte zwar merkliche Fortschritte gebracht, aber es gab fortbestehende Unzuträglichkeiten und Missstände. In den Wochen und Monaten unmittelbar nach der Währungsreform waren die positiven Auswirkungen der neu heranwachsenden Wirtschaftsordnung durchaus noch nicht so ausgeprägt, dass sie die Bevölkerung beeindrucken konnten. Folglich war die öffentliche Meinung über Erhards Politik geteilt: Man war hoffnungsfroh, blieb aber auch pessimistisch.

Und *Erhard* redete nichts schön, sondern betonte, dass die Soziale Marktwirtschaft ein auf längere Frist und auf weitergehende wirtschafts- und sozialpolitische Zielsetzungen angelegtes Projekt sei. Nicht kurzfristige Erfolgsausweise, sondern Perspektive, Konsequenz und Ausdauer seien wichtig: „Ich appelliere an den ehrlichen und rechtschaffenen Sinn unseres Volkes, das in Erkenntnis unseres harten wirtschaftlichen und politischen Schicksals – auch ohne nationalökonomische Bildung – aus gesundem Menschenverstand heraus nur zu gut zu beurteilen vermag, dass die über 15 Jahre währende Verzerrung und Fehlleitung unserer Wirtschaft ... Probleme aufwirft, die nicht alle schon in einem knappen Jahr ohne Störungen und Spannungen gelöst werden können."

2.4 Die Politik der Sozialen Marktwirtschaft

a) Wahlkampf 1949 und Bildung der ersten Bundesregierung
Erhard unternahm nach der Währungsreform vieles, um der Öffentlichkeit seine politischen An- und Absichten zu erläutern und Vertrauen zu gewinnen, aber wirklich beeindrucken konnte er die Bevölkerung erst Jahre später mit den dann jedermann sichtbaren Erfolgen seiner Politik. Zu den wenigen, die *Erhards* Überzeugung von Anbeginn teilten, zählte jedoch *Konrad Adenauer*. Ihm waren die Schwierigkeiten, die in Deutschland bestanden, aus praktischer Erfahrung bewusst, und auch er glaubte nicht an schnelle Erfolge, sondern verlangte zähe Arbeit an sachgerechten Lösungen. *Adenauer* stellte *Erhard* seiner Partei vor, und er setzte ihn mit bemerkenswerter Hartnäckigkeit gegen mancherlei Stimme als den für die CDU maßgeblichen Wirtschaftsexperten durch.

Für die Erfolgsgeschichte der Sozialen Marktwirtschaft in der Bundesrepublik Deutschland ist der 28. August 1948 ein wichtiges Datum. Auf Einladung *Adenauers* hielt *Erhard* an diesem Tag seine erste Rede vor einem größeren CDU-Gremium. Er erhielt daraufhin weitere Einladungen, unter anderem eine zu einer „absolut vertraulichen" Arbeitstagung des Vorstandes der Arbeitsgemeinschaft CDU/CSU mit nahezu allen hohen Funktionsträgern der Partei am 8. und 9. Januar 1949 in Königswinter. *Adenauer* hatte – aufgrund seiner Erfahrung als Parteivorsitzender und Vorsitzender der CDU-Landtagsfraktion von Nordrhein-Westfalen sowie als Präsident des Parlamentarischen Rates – den Eindruck, dass in der Partei große Spannungen bestehen und dass es angesichts der kommenden Wahl zum Deutschen Bundestag „sehr gefährlich sein würde, wenn nicht beizeiten zwischen uns allen eine möglichst breite Plattform der Übereinstimmung hergestellt werden könnte". *Erhard* erreichte, dass die Versammlung seine Politik der Sozialen Marktwirtschaft ausdrücklich billigte und sie in der Abschlussresolution als „Grundlage der wirtschaftlichen, sozialen und seelischen Gesundung unseres Volkes" bezeichnete.

Für den 25. Februar 1949 bat *Adenauer* erneut um *Erhards* Teilnahme an einer wichtigen Tagung, an einer Klausurtagung der CDU der britischen Zone in Königswinter. Hier sollte *Erhard* in seiner Eigenschaft als Direktor der Verwaltung für Wirtschaft die Grundsätze im Zusammenhang darlegen, an denen er seine „Frankfurter Wirtschaftspolitik" orientiert. *Adenauer* eröffnete die Aussprache über *Erhards* Referat mit einem Kommentar, der allfälligen Widerspruch zum Verstummen bringen sollte: „Ich meine, dass die Prinzipien, die Herr *Erhard* dargelegt hat und nach denen er arbeitet, wirklich gute Prinzipien sind". Die Aussprache über *Erhards* Referat war dennoch kontrovers. Sie gipfelte jedoch im Beschluss, *Erhards* Aussagen zu Leitsätzen zu verdichten und mit ihnen den anstehenden Bundestagswahlkampf zu führen. Auf diese Weise entstanden die schon erwähnten Düsseldorfer Leitsätze.

Am 19. Mai 1949 legte *Adenauer* fest, dass im Bundestagswahlkampf „die Frankfurter Politik die Hauptrolle spielen und dass Professor *Erhard* die Hauptreden tragen wird." Als es nach der Bundestagswahl um die Bildung der Bundesregierung ging, erinnerte *Adenauer* an diesen Beschluss. Er wischte neuerliche Einwände gegen *Erhard* vom Tisch und stellte sich hinter die Auffassung jener imaginären CDU-Politiker, die ihm mitgeteilt hätten, „dass wir unter keinen Umständen die Frankfurter Wirtschaftspolitik verlassen dürften und dass wir unter keinen Umständen Professor *Erhard,* dessen Namen nun in der öffentlichen Meinung mit der Frankfurter Wirtschaftspolitik absolut verknüpft sei, fallenlassen dürften".

In den Wahlen zum ersten Deutschen Bundestag am 14. August 1949 erhielten CDU und CSU 31 Prozent der Stimmen. Daraus errechneten sich 139 Sitze – acht mehr, als der SPD zustanden. *Adenauer* sah in diesem Wahlausgang eine „eindeutige Bejahung der Sozialen Marktwirtschaft im Gegensatz zur sozialistischen Planwirtschaft" und legte den Landesvorsitzenden, Ministerpräsidenten, Ministern und Landtagspräsidenten von CDU und CSU am 31. August 1949 dar, „dass die logische Konsequenz der Haltung der Parteien im Frankfurter Wirtschaftsrat es mit sich bringt, dass wir den dort eingeschlagenen Weg auch in der Frage der Regierungsbildung weiter fortsetzen müssten." In einer Koalition mit FDP und DP könne sich die Bundesregierung auf 208 der 402 Parlamentarier stützen. Möglicherweise kämen noch zehn Abgeordnete des Zentrums hinzu.

Erhard unterstützte diesen Vorschlag mit kräftigen Worten: „Ich bin der Meinung, das erste, was wir tun müssen, ist zu sagen, aus den und den Gründen können wir mit der SPD keine Koalition schließen, aber wir wollen demonstrieren, dass unsere Politik sozialer ist, als sie die SPD überhaupt führen kann, dass sie sozialer ist, weil nur auf der Grundlage einer wirklich gesunden und produktiven Wirtschaft auch eine vernünftige Sozialpolitik getrieben werden kann ... Wenn Sie die angeschlagene SPD wieder zu neuem Leben erwecken wollen, dann machen Sie eine große Koalition. Wenn Sie sie auflösen wollen, dann machen Sie eine kleine Koalition."

Konrad Adenauer wurde am 15. September 1949 mit der denkbar knappsten Mehrheit von einer Stimme – von 202 der 402 Abgeordneten – zum ersten Bundeskanzler der Bundesrepublik Deutschland gewählt. Am 20. September stellte er dem Deutschen Bundestag sein Kabinett mit *Ludwig Erhard* als Bundesminister für Wirtschaft vor und bezeichnete in seiner

Regierungserklärung „die Entwicklung einer Wirtschaftsordnung der Sozialen Marktwirtschaft" als vordringliche Aufgabe.

b) Der Kampf um die Soziale Marktwirtschaft

Erhard war mit *Adenauers* Unterstützung in ein hohes politisches Amt gelangt – als ein Fachmann, der nur wenig Erfahrung mit praktischer Politik hat. *Erhard* hatte seit 1928 in Forschungsinstituten und Verbänden gearbeitet und dabei klare Vorstellungen über den Gang des Wirtschaftslebens und die Aufgaben der Wirtschaftspolitik gewonnen. Er besaß exzellente Kenntnisse, rhetorisches Geschick und Zivilcourage.

Mit seinem ersten Anlauf in die Politik – als Wirtschaftsminister in Bayern 1945/46 – war *Erhard* jedoch gescheitert. Er wollte sich nicht „mit der Verwaltung des Mangels" zufrieden geben. Er wollte mehr. Er initiierte Wirtschaftsförderungsmaßnahmen, organisierte Messen und eine Leistungsschau. Im Landtag wurde gerügt, dass der Wirtschaftsminister herumreise und sich wie ein Außenminister aufspiele. Seine Initiativen erregten Misstrauen und wurden hintertrieben. *Erhard* fühlte sich bald als „der Prügelknabe für alle unsere Nöte" und beklagte die vielen Hindernisse, die seine Tätigkeit lähmten. Er bedauerte es nicht, dass er nach der Landtagswahl in Bayern nicht wieder in die Staatsregierung berufen wurde, und als ihm im Oktober 1947 die Leitung der „Sonderstelle" angetragen wurde, war er entschädigt: Wissenschaftliche Erörterungen, Analysen und Expertisen – das war sein Metier.

Als Direktor der Verwaltung für Wirtschaft stand *Erhard* dann wieder in der Politik und wieder auf schmaler politischer Basis. Politiker von FDP und DP stützten ihn, als sei er einer der ihren. In der CDU überwogen jedoch die Unentschlossenen und Zweifler. Immer wieder wurden Bedenken, Kritik und Widerspruch geäußert. Und innerhalb der CSU wurden der in Bayern gescheiterte *Erhard* und seine Frankfurter Wirtschaftspolitik fast einhellig als Belastungsproben für die Partei empfunden. Aber auch in der breiten Öffentlichkeit fand *Erhard* nicht die Unterstützung, die er suchte. Für die Stimmungslage in den Monaten nach der Währungsreform war typisch, dass

89

die SPD im Frankfurter Wirtschaftsrat am 17. August und am 10. November 1948 Misstrauensvoten gegen *Erhard* einbrachte, seine sofortige Absetzung verlangte und einen Generalstreik gegen ihn unterstützte. Überraschend viele – 9,5 Millionen, zwei Drittel der Erwerbstätigen – nahmen am 12. November 1948 an diesem, ausdrücklich gegen *Erhard* inszenierten Ausstand teil.

Charakteristisch für *Erhard* war wiederum, dass ihn dieser Widerstand zwar persönlich kränkte, aber in seiner Überzeugung nicht erschütterte. *Erhard* hatte – wie er sagte – keinen persönlichen Ehrgeiz als Politiker, sondern den unbedingten Willen, seine Vision von einer effizienten und sozial gerechten Wirtschaftsordnung zu verwirklichen. Dafür beanspruchte er einen autonomen politischen Gestaltungsspielraum. Er wollte eine wissenschaftlich geklärte Überzeugung durchsetzen und dachte nicht daran, zwischen gesellschaftlichen Kräften und Interessen zu lavieren. Seine Maxime war: „Die Wirtschaftspolitik darf niemals dem Diktat sozialer, wirtschaftlicher oder politischer Gruppen unterliegen."

So erzählt, versteht sich von selbst, dass *Erhard* auch als Bundesminister für Wirtschaft einen schweren Stand hatte. Er vertrat sein eigenes politisches Programm und beurteilte jedes politische Anliegen von seinen Prinzipien her. *Erhards* Programm war aber nicht bloß eigenständig, sondern in gewisser Weise auch eigentümlich. Es entsprach nicht dem Zeitgeist und kaum einmal dem, was Interessenten forderten. So war es die Regel: Wer sich an *Erhard* wendete – gleichgültig, ob es Politiker von der Opposition oder Parteifreunde und Ministerkollegen, ob es Interessenvertreter oder Wissenschaftler waren, ob sie den Weg in das Bundesministerium aus persönlicher Existenzangst oder aus staatsbürgerlichem Verantwortungsbewusstsein gefunden hatten –, jeder musste damit rechnen, von *Erhard* als „Vertreter von Partialinteressen" eingeschätzt zu werden und abzublitzen.

So ist auch nicht überraschend, dass *Erhard* in vielen Auseinandersetzungen, die er führte, von *Adenauer* nicht unterstützt wurde. *Adenauer* wollte Geburtshelfer für sachgerechte

Politik sein. Es musste ihn irritieren, dass *Erhard* allzu oft allein gegen eine große Zahl von Wirtschaftern und Wirtschaftssachverständigen stand. Und besonders irritierend war natürlich auch, dass *Erhard* bis 1963 keiner politischen Partei angehörte. So stand *Erhards* politisches Schicksal und damit die Fortsetzung der Sozialen Marktwirtschaft auch nach 1949 mehrfach auf des Messers Schneide. Schon am 13. Oktober 1950 orakelte *Adenauer,* die Grundsatzrede zur Wirtschaftspolitik auf dem Parteitag der CDU nächste Woche in Goslar werde wohl ein neuer Wirtschaftsminister halten müssen.

Erhard blieb bis 1963 Bundesminister für Wirtschaft, und er wurde danach *Adenauers* Nachfolger als Bundeskanzler der Bundesrepublik Deutschland. Doch mit fast allem, was er als Wirtschaftsminister anpackte, provozierte er Widerstand und Auseinandersetzungen. Der Bundesverband der Deutschen Industrie bekämpfte *Erhards* Wettbewerbspolitik und nutzte schon 1949 die nach der Abwertung des britischen Pfund Sterling fällige Neubestimmung des Wechselkurses der Deutschen Mark, um massiv gegen den Wirtschaftsminister aufzutreten. Amerikanische Wirtschaftsberater forderten nach Ausbruch des Korea-Kriegs im Juni 1950 die sofortige Beendigung der Außenhandelsliberalisierung und die Rückkehr zu Bewirtschaftungsmaßnahmen. Für *Erhard* kam das nicht in Betracht. Politiker aller Couleur verlangten zu Anfang der 50er Jahre Arbeitsbeschaffungsprogramme. *Erhard* widersetzte sich diesem Ansinnen aus prinzipiellen Überlegungen. Hochschullehrer sprachen sich für eine aktive Konjunkturpolitik des Staates aus. *Erhard* hielt das für nicht vereinbar mit der Sozialen Marktwirtschaft.

Erhard bekämpfte „verwerflichen Opportunismus" und „verderblichen Konformismus"; *Adenauer* kommentierte das kühl: „Man kann ein Prinzip zu Tode reiten". Er hätte gern einen konzilianteren Wirtschaftsminister in seinem Kabinett gehabt. Gerade vom Wirtschaftsminister erwartete er Aufgeschlossenheit für die Wünsche von Interessengruppen, zumindest aber ein wenig Sensibilität für Machtpositionen. Doch nach 1950 konnte er *Erhard* nicht mehr ohne weiteres von seinem Amt suspendieren. *Erhards* Popularität war mit der wirtschaftlichen Prosperität gestiegen. Die Öffentlichkeit vertraute ihm. So versuchte *Adenauer, Erhards* Aktivität zu kontrollieren und einzuschränken, ihn zu Zurückhaltung zu veranlassen, ihn zu gängeln, und gelegentlich sah er sich sogar genötigt, ihn öffentlich zu desavouieren. Im Juli 1951 richtete er einen „Koordinierungsstab für die Wirtschaftspolitik" im Bundeskanzleramt ein. *Erhard* ließ das geschehen, beanspruchte und übernahm aber den Vorsitz in diesem – wie er meinte – überflüssigen Gremium. Daraufhin installierte *Adenauer* noch im gleichen Jahr einen Staatssekretär im Bundesministerium für Wirtschaft – wie es hieß: zu *Erhards* Entlastung und zur Führung der administrativen Amtsgeschäfte. Auch das duldete *Erhard*. Der von *Adenauer* Auserkorene, *Ludger Westrick*, geriet in seinem neuen Amt schnell in den Bann der *Erhard*schen Persönlichkeit und stand *Erhard* bis 1966 loyal zur Seite.

2.5 Die Prinzipien der Sozialen Marktwirtschaft

Die Spannungen zwischen *Adenauer* und *Erhard* lassen sich nicht als Machtkampf, nicht als „Kampf ums Kanzleramt" *(Daniel Koerfer)* verstehen: Um Macht hat *Erhard* nie gekämpft. Ihre Ursache lag in grundsätzlich unterschiedlichen Politikauffassungen. *Erhard* meinte, bei seinem Einsatz für die marktwirtschaftliche Ordnung gehe es um Grundentscheidungen, die keinen Kompromiss vertragen. Jeder Kompromiss in Fragen der Sozialen Marktwirtschaft bedeute, dass die Ordnungspolitik, die ausschließlich der Staat zu verantworten habe, in gewisser Weise von Dritten mitbestimmt werde. Zudem könnten Kompromisse, die doch in der Regel durch interessenspezifische Rücksichtnahmen zustande kommen, aus gesamtwirtschaftlicher Sicht niemals sachgerechte Lösungen bieten: „Die Funktionäre treiben eine Politik in eigener Sache zur Aufwertung ihrer Person und um ihre Daseinsberechtigung nachzuweisen... Das führt dann zu einem Wettlauf um immer neue Forderungen. Wenn dann alle Kassen leer sind, wird mit großem Pathos die Erfüllung der großen und hehren Gemeinschaftsaufgaben gefordert, für die angeblich gar nichts getan worden ist; und schuld daran ist natürlich die Regierung."

Erhards Motive – letztlich also die für die Soziale Marktwirtschaft entscheidenden Überzeugungen – sind bis heute nicht zureichend bekannt, und vielen erscheint es auch kaum noch sinnvoll, sich mit ihnen tiefergehend zu befassen. Diese Vorbehalte haben leicht verständliche Gründe: Die Maßnahmen, die *Erhard* in den 40er, 50er und 60er Jahren durchgeführt hat, beruhten auf den damaligen, spezifischen Situationen. Sie waren auf Gegebenheiten berechnet, die heute naturgemäß nicht mehr existieren. Insofern sind sie Stoff für Geschichtsbücher und keine Entscheidungen, die für die aktuelle Politik noch relevant sein könnten.

Allerdings darf dieser Gesichtspunkt nicht überstrapaziert werden, denn anders als die seinerzeit durchgeführten Maßnahmen müssen *Erhards* Grundsätze und Methoden beurteilt werden. Tatsache ist ja, dass *Erhard* mit seiner Wirtschaftspolitik überraschend große Erfolge erzielt hat, während in den späteren Phasen der Sozialen Marktwirtschaft, in denen andere Grundsätze galten und andere Methoden angewandt wurden, vielerlei unerwartete Probleme auftraten, vor denen die Politik gelegentlich recht unbeholfen oder hilflos stand oder noch steht. Es kann nicht ausgeschlossen werden, dass der eklatante Gegensatz zwischen den Erfolgen in der ersten und den kaum befriedigenden Ergebnissen in den anderen Phasen der Sozialen Marktwirtschaft auf eine grundsätzlich unterschiedliche politische Orientierung zurückzuführen ist.

Eine Besinnung auf *Erhard* könnte für die aktuelle Politik also aufschlussreich sein, aber sie könnte es nur dann sein, wenn sie sich allein auf das Grundsätzliche konzentriert und sich nicht auf die seinerzeit getroffenen Maßnahmen bezieht. Erforderlich wäre, das zeitlos Gültige in *Erhards* Politik, seine Motive und Überzeugungen sowie die von ihm berücksichtigten wissenschaftlichen Paradigmen zu erfassen, und zwar in ihrem inneren Zusammenhang. Leider lässt sich dieses Postulat nur mit großen Mühen erfüllen.

a) Erkenntnistheoretische Leitideen

Erhard hat kein Lehrbuch über die Wirtschaftspolitik der Sozialen Marktwirtschaft geschrieben. Er hat seine Grundsätze lediglich in zahllosen Artikeln und Reden festgehalten und erläutert. Die Durchsicht dieser Dokumente zeigt zunächst nur, dass *Erhard* nicht von den üblichen, in relativ einfachen Modellen abbildbaren marktwirtschaftlichen Vorstellungen ausgeht. Dieser Umstand irritiert viele. Insbesondere im modernen Wissenschaftsbetrieb verwurzelte Ökonomen folgern aus ihm, dass *Erhard* „kein Ordnungstheoretiker" gewesen sei. Er habe zwar mit bemerkenswerter Intuition die richtigen Entscheidungen getroffen, aber er habe sie in seltsamer Weise und kaum einmal so begründet, wie es von einem profilierten Ökonomen heutzutage erwartet werden muss.

Mit derartigen Aussagen wird die derzeit an Hochschulen gelehrte Ökonomie zum Beurteilungsmaßstab erhoben – ein fragwürdiges Verfahren, denn diese Ökonomie hat sich keineswegs systematisch zu einem hohen Stand fortentwickelt, und sie repräsentiert keineswegs einen Scheitelpunkt wirtschaftswissenschaftlicher Forschung und Lehre. Ihr Zustand ist vielmehr Spiegel von zeitgenössischen Meinungen, analytischen Vorlieben und methodischen Trends. Die Erhebung dieses Theoriestandes zum Beurteilungskriterium für theoretische Leistungen ist willkürlich und verbaut den Zugang zu anders gearteten theoretischen Ansätzen.

Erhard geht es um Politik, um Beeinflussung der Wirtschaftswirklichkeit, dabei aber nicht um tagespolitische Aktionen, sondern um langfristige politische Grundentscheidungen. Grundsätzliche Politik braucht eine besondere Art von theoretischer Basis. Das Wissen um ökonomische Mechanismen, um funktionale Zusammenhänge und Kausalitäten reicht zwar aus, um ökonomische Prozesse zu beeinflussen und zu steuern. Als Fundament für Ordnungspolitik ist dieses Wissen aber unzureichend. *Erhard* geht es also nicht um eine möglichst übersichtliche Abbildung ökonomischer Details, um die Bildung von Denkmodellen und anschaulichen Idealtypen, mit denen einzelne wirtschaftliche Prozessabläufe beschrieben und gesteuert werden können. Er interessiert sich für fortwährende Grundtendenzen und will die komplexe ökonomische Wirklichkeit in ihren dauerhaften Ordnungsstrukturen erfassen.

Jüngste Forschungen legen nahe, *Erhards* Betrachtungsweise dem „strukturell-funktionalen Denken" zuzuordnen, wie es vor allem der amerikanische Soziologe *Talcott Parsons* seit 1937 als sozialwissenschaftliche Methode propagiert hat. Auch wenn sich *Erhard* nicht mit *Parsons* Denkweise befasst hat, ist das ein nützlicher Vorschlag, denn auf diese Weise lassen sich einige grundlegende Sachverhalte und vor allem *Erhards* Methodologie gut veranschaulichen.

Erhard versteht die Gesellschaft als ein schwer durchschaubares und auch der wissenschaftlichen Analyse nur schwer zugängliches Gebilde von Institutionen, Überzeugungen und Interessen. Interessant sind für ihn das Erscheinungsbild insgesamt und die Tatsache, dass alles relativ stabil gefügt scheint. Er hält es für ein außerordentlich fragwürdiges Unterfangen, einen solchen „Organismus" mit dem üblichen analytischen Werkzeug der Ökonomen zu untersuchen – ihn mit dem Verfahren des methodologischen Individualismus zu sezieren und die Teile mit den Prämissen von Gewinn- oder Nutzenmaximierung für eine wissenschaftliche Untersuchung gefügig zu machen. Auf diese Weise – so meint er – würde ein „blutleeres Phantom" beschrieben, aber keine Wirtschaftswirklichkeit erfasst.

Als überzeugter Liberaler hat *Erhard* mit *Friedrich A. von Hayek* angenommen, dass gesellschaftliche Stabilität nicht darauf zurückzuführen ist, dass die einzelnen Funktionselemente gut bedacht, gut konstruiert und harmonisch zu einem System gefügt sind, sondern darauf, dass sich spontan gebildete Institutionen und Verhaltensweisen in der Praxis bewährt haben. Allerdings schien es *Erhard* aus seinem auf Wesenserkenntnis gerichteten Ansatz heraus kaum ergiebig, sich mit der Erforschung von Ursprüngen und Entwicklungen von Gesellschaften zu befassen. Er konzentrierte sich auf den empirischen Befund, nämlich darauf, dass in modernen Gesellschaften meistens nur relativ schwache und oft nur auf Details gerichtete

Veränderungsbestrebungen existieren. Aus solcher Sicht drängt sich unweigerlich die Frage auf: Was ermächtigt eigentlich den Staat, die Politik, den Politiker, sich in gesellschaftliche Belange regulierend oder dirigierend einzumischen? Gesellschaftliche Stabilität bedeutet doch, dass die Mehrzahl der Gesellschaftsmitglieder mit ihrer Lage zufrieden sind.

Erhards Antwort auf diese Frage zeigt, dass er nicht jenen liberalen Denkschulen zugeordnet werden kann, die eine Laissez-faire-Position vertreten oder staatlichen Aktivitäten von vornherein kritisch gegenüberstehen und allenfalls einen „Minimalstaat" akzeptieren. *Erhard* findet gute Gründe für staatliches Engagement in Gesellschaften, in denen sich keine Mehrheiten für Veränderungen des Status quo oder für die Durchführung von Reformen finden. In sich selbst überlassenen Gesellschaften haben die Schwachen nur eine schwache und immer schwächer werdende Stimme. Ohne ordnungspolitische Vorkehrungen tendieren moderne Gesellschaften dazu, ihre schwachen Mitglieder an den Rand zu drücken, ihnen zunehmend Chancen zu verbauen, sie in die Hilfsbedürftigkeit zu drängen. Das geschieht keineswegs absichtsvoll, sondern systemimmanent im Zuge der wirtschaftlichen Entwicklung, der Vertiefung von Arbeitsteilung und der Ausdifferenzierung von Spezialisierung, denen die schwachen Gesellschaftsmitglieder nicht gewachsen sind. Für diese, nicht nur sozial-, sondern auch gesellschaftspolitisch bedenkliche Entwicklung trägt mithin niemand Verantwortung. Sie kann nur durch eine der Gesellschaft übergeordnete Instanz verhindert werden; es handelt sich hierbei um ein grundlegendes ordnungspolitisches Anliegen.

b) Sozialethische Konsequenzen

Erhard folgert aus dieser Erkenntnis, dass die Staatstätigkeit unzureichend legitimiert wäre, wenn sich der Staat nur auf den Schutz von Eigentum und Eigentumsrechten konzentriert und nur die „konstituierenden Prinzipien der Wettbewerbsordnung" *(Walter Eucken)* verwirklichen will. Der Schutz von Privateigentum ist zwar unverzichtbare Aufgabe des Staates, aber kein Staat darf nur „Staat der besitzenden Klasse" und aus Sicht der Besitzlosen nichtig sein. Er muss von allen Bürgern anerkannt werden und muss deshalb allen vorteilhaft erscheinen. Konkret heißt das: Letztes Ziel aller Staatstätigkeit ist, soziale Sicherheit für alle zu schaffen, nämlich soziale Sicherheit für Eigentümer durch Schutz des Eigentums, aber auch soziale Sicherheit für die, die nichts ihr Eigentum nennen können.

Die traditionelle Sozialpolitik hat diesen Gesichtspunkt unzureichend berücksichtigt. Sie versucht in der Regel, den Schwachen durch Umverteilung von Einkommen oder Vermögen zu helfen – entweder dadurch, dass den Nichteigentümern über die Zuteilung von Einkommen oder Vermögen zu Eigentum verholfen wird, oder dadurch, dass den Eigentümern „soziale Verpflichtungen" auferlegt werden, aus denen staatliche Sozialmaßnahmen finanziert werden können. *Erhard* hält beide Wege für Sackgassen. Die Gefahr einer Spaltung der Gesellschaft wird mit diesem Vorgehen nicht gemindert, vielmehr handelt es sich um eine Symptomtherapie, bei der vom Fortbestand einer Klassengesellschaft ausgegangen wird.

Erhards Begriff der Sozialen Marktwirtschaft und seine Maxime „Wohlstand für alle" laufen deshalb nicht auf soziale Gerechtigkeit durch Umverteilung hinaus. Soziale Marktwirtschaft im Sinne von *Erhard* bedeutet folglich nicht Verbindung von Marktwirtschaft und Sozialpolitik, von „Wirtschaftsfreiheit und sozialem Ausgleich", vielmehr geht es um eine Ordnungspolitik, mit der die soziale Einbettung jedes einzelnen in eine vom modernen Wirtschaftsgeschehen geprägte Gesellschaft erreicht werden soll.

Grundlegend wichtig für das Gelingen dieser Ordnungspolitik sind die Prinzipien von Subsidiarität und Solidarität:
• Subsidiarität heißt: Wer sich selbst helfen kann, muss das tun. Aus ordnungspolitischer Sicht bedeutet das vor allem: Jeder muss die Möglichkeit haben, für sich und die Seinen selbst zu sorgen. Das ist jedoch nur möglich, wenn jedermann wirtschaftliche Freiheit genießt, und zwar in einem klar bestimmten materiellen Sinn: Jeder muss ein Betätigungsfeld wählen können, in dem er das zur Sicherung seiner Existenz

Notwendige erwerben kann. Dabei ist klar: Wirklich selbständig – autonom, frei – kann nur wirtschaften, wer die Folgen seines Handelns selbst trägt. Wer das nicht tut, muss von denen beaufsichtigt oder kontrolliert werden, auf deren Kosten oder mit deren Geld er wirtschaftet. Das Subsidiaritätsprinzip umfasst also nicht nur das Prinzip eigenständiger Entscheidungen, sondern auch das Prinzip eigenständiger privater Haftung für die getroffenen Entscheidungen.

• Das Subsidiaritätsprinzip bleibt Phrase für alle, die nicht für sich selbst sorgen können, und dabei ist es gleichgültig, ob deren Hilflosigkeit dauerhaft oder temporär ist, ob sie vor- oder unvorhersehbar war, ob sie durch eigenes oder fremdes Verschulden eintrat. Das Grundziel der Staatstätigkeit, soziale Sicherheit für alle zu garantieren, erfordert, dass jeder Bürger auf Unterstützung vertrauen kann, wenn ihm Selbsthilfe nicht möglich ist oder wenn deren Erträge für eine menschenwürdige Existenz nicht ausreichen. Allerdings dürfen die in diesen Fällen gewährten Unterstützungen das Subsidiaritätsprinzip nicht auf Dauer ersetzen oder verdrängen. Jede solidarische Aktion muss deshalb Hilfe zur Selbsthilfe sein. In einem solchen Solidarkonzept sind natürlich nicht nur Unterstützungen in schwierigen Lebenslagen gerechtfertigt, sondern auch Aufbauhilfen für Menschen, die sich einen Weg zur wirtschaftlichen Selbständigkeit bahnen wollen.

• Die Interdependenz von Subsidiarität und Solidarität hat *Erhard* vor allem damit zum Ausdruck gebracht, dass er die häufig zitierte Formel von *Alfred Müller-Armack*, „Sinn der Sozialen Marktwirtschaft ist es, das Prinzip der Freiheit auf dem Markt mit dem des sozialen Ausgleichs zu verbinden", als zu einfach zurückgewiesen und ergänzt hat. *Erhard* hat betont, dass Solidarleistungen – „sozialer Ausgleich" – nur dort und nur insoweit unproblematisch seien und gewährt bzw. eingefordert werden können, wie das Subsidiaritätsprinzip als unbedingt gültig anerkannt wird. Seinen Worten gemäß muss jede solidarische Aktion im „Rahmen der sittlichen Verantwortung jedes einzelnen dem Ganzen gegenüber" gehalten werden.

Erhards Bedenken gegenüber sozialpolitischer Umverteilung bedeuten also keine Zurückweisung von Sozialpolitik schlechthin und keine Befürwortung von rein marktwirtschaftlichen Prinzipien, sondern ein Abrücken von den üblichen sozialpolitischen Wegen bei prinzipieller Anerkennung der sozialen Zielsetzung. *Erhards* Bedenken lassen sich somit auch nicht – wie es häufig getan wird – der Erkenntnis zuordnen, dass die Marktwirtschaft aufgrund ihrer hohen Leistungskraft umfangreiche Sozialleistungen ermögliche und dass deshalb die Marktwirtschaft als solche schon sozial sei. *Erhard* hielt die Marktwirtschaft zwar für „diejenige Wirtschaftsordnung, die ein Maximum an Produktivität, Wohlstandsmehrung und persönlicher Freiheit verbindet", aber sein Sozialverständnis ist mit dieser Erkenntnis nicht erfasst.

c) Anthropologische Grundlagen

Erhard hat zur Stützung seiner Position viel aus der Anthropologie von *Max Scheler* übernommen, die er intensiv studiert hat. Als Wirtschaftsordnung ist die Soziale Marktwirtschaft in erster Linie ein ethisches System, in dem die Freiheit jedes einzelnen – man kann auch sagen: die Würde des Menschen, seine Autonomie und die Unantastbarkeit seiner Entscheidungen – gesichert ist. Ob sich eine solche Wirtschaftsordnung verwirklichen lässt und ob sie auf Dauer existieren kann, hängt entscheidend davon ab, wie realistisch das Menschenbild ist, das dieser Anschauung zugrunde liegt.

Erhard hat sich intensiv mit der Frage befasst, was individuelle Freiheit im Rahmen der modernen Gesellschaft bedeutet, in der doch jeder von jedem existentiell abhängig ist und damit eigentlich keiner wirklich frei sein kann. Er hat bemerkt, dass sich aus individualistischer Perspektive ein falscher Eindruck von Freiheit, ein unzureichender Freiheitsbegriff ergibt. Dieser dürfe nicht als Grundlage einer der Freiheit verpflichteten Politik dienen. Zur Begründung freiheitlicher Politik müsse der Begriff der Freiheit von einem anderen Standpunkt aus erfasst werden.

Freiheit bedeute Zweierlei: Unabhängigkeit vom Staat, wie

Altliberale und Anarchisten zu Recht meinen. Freiheit erfordere aber auch den Schutz vor der Willkür der Mitmenschen, wie es insbesondere die „Ordoliberalen" um *Walter Eucken* betont haben. Beim Schutz einer so umfassend verstandenen Freiheit hat *Erhard* seinen liberalen Zeitgenossen und Wegbegleitern wie *Franz Böhm*, *Walter Eucken*, *Friedrich A. von Hayek*, *Wilhelm Röpke* und *Alexander Rüstow* „Blauäugigkeit" vorgeworfen. Sie bestünden darauf, dass der Staat der individuellen Freiheit Grenzen setzt, damit die Freiheit einiger nicht zur Unfreiheit anderer wird. In der Regel würden sie die schwierige Frage der Grenzziehung zwischen widerstreitenden Freiheitssphären durch vertragstheoretische Überlegungen und Konstruktionen lösen: Jeder Vernünftige müsste ein starkes Interesse an Freiheitseinschränkungen haben, die die Freiheit aller sichern. Ohne diese Sicherung herrsche ein Krieg aller gegen alle. Sie forderten deshalb, einen „starken Staat" einzurichten, der unabhängig von jedwedem Interesse die Freiheit schützt, indem er die Freiheit dort begrenzt, wo sie sich freiheitsfeindlich auswirken kann, und sie unterstellten, dass in der Gesellschaft Einvernehmen darüber bestünde, dass der Staat ein Monopol zur Ausübung von Zwang zum Schutz der „Verfassung der Freiheit" erhalten müsse *(Friedrich A. von Hayek)*.

Aus *Erhards* Sicht sind diese Überlegungen nicht schlüssig. Zwar geht auch *Erhard* davon aus, dass der Freiheit Grenzen gesetzt werden müssen, aber er berücksichtigt, dass diese Grenzen dem Wesen der Freiheit gemäß nur selbst gesetzte und freiwillig eingehaltene Grenzen sein können. Freiheit, die von Dritten eingeschränkt würde, sei ja wohl offensichtlich keine Freiheit. Auch eine Freiheit, für die der Staat Grenzen setzt, sei – wie *Erhard* sagt – keine „originäre Freiheit", sondern nur „eine vom Staat abgeleitete oder vom Staat sanktionierte Freiheit". *Erhard* meint, dass schon im Begriff der Freiheit ein soziales Moment, nämlich eine Selbstbeschränkung und damit Wahrnehmung von Verantwortung, enthalten sein muss. Ohne eine von jedem einzelnen freiwillig getragene Verantwortung, sei Freiheit „Freibeutertum": ein Privileg, das dann natürlich unter staatliche Obhut gestellt werden muss.

Für *Erhard* ist Freiheit an Verantwortung gebunden. Das hat erhebliche politische Konsequenzen, denn für eine Politik, die im Komplex „Freiheit und Verantwortung" tätig wird, gibt es zwei Optionen: Sie kann auch von der Kehrseite der Freiheit, von der Verantwortung her, aufgezogen werden. Sie kann sich darauf konzentrieren, ein ethisches System zu etablieren oder zu stabilisieren, in dem keine Grenzen gezogen, sondern die erforderlichen Grenzen der Freiheit aus sozialer Verantwortung heraus freiwillig beachtet werden.

Grundlage der *Erhard*schen Vorstellung ist, dass es in einer Gesellschaft so etwas wie eine naturgemäß wirksame „unsichtbare Hand" gibt, die jede individuelle Handlung oder Unterlassung leitet. *Erhard* ist mit vielen, die seit *Aristoteles* über ethische Fragen nachgedacht haben, überzeugt, dass Menschen von Natur aus „sozial" denken: Menschen sind keine homines oeconomici. Sie sind nicht in erster Linie an privater Gewinn- oder Nutzenmaximierung, sondern daran interessiert, als nützliche Glieder der Gesellschaft Anerkennung bei anderen zu finden. Sie handeln „sozial", nicht weil sie zum Altruismus erzogen oder zu Solidarität angehalten wurden, sondern weil sie von ihrem Wesen her danach streben, von Mitmenschen günstig beurteilt zu werden. *Erhard* stützt diese Überzeugung insbesondere auf die „Theorie der ethischen Gefühle" von *Adam Smith*, den Begründer des klassischen Wirtschaftsliberalismus und der Theorie der Marktwirtschaft.

Zum Wesen des Menschen gehören die Orientierung am Mitmenschen und die selbstverständliche Bereitschaft, Verantwortung für andere zu tragen. Aufgabe einer der Freiheit verpflichteten Ordnungspolitik im Sinne *Erhards* muss also sein, diese naturgegebene soziale Orientierung zu erhalten oder zu stärken und alles zu unterlassen, was sie stört. Eine nur auf die Funktionsfähigkeit der Marktmechanismen gerichtete Wirtschaftspolitik wäre nicht zureichend. Andererseits steht aber auch die traditionelle Sozialpolitik der Erfüllung dieser Aufgabe im Wege, denn ihr geht es explizit darum, die Verantwortung der einzelnen auf Kollektive zu übertragen.

Somit ist *Erhards* Soziale Marktwirtschaft ein neuer Weg.

Mit ihrer ethischen und anthropologischen Fundierung hebt sie sich von liberalen und neoliberale Positionen qualitativ ab. Genau betrachtet löst *Erhard* damit ein altes Dilemma, den – wie es neuerdings heißt – „Widerspruch von Marktfundamentalismus und moralischem Konservativismus" *(Anthony Giddens)*. Natürlich haben auch *Erhards* neoliberale Zeitgenossen die Grenzen marktwirtschaftlicher Politik und die Gefahren des Wirtschaftsliberalismus empfunden. Einige haben geradezu verzweifelt nach einer tieferen Fundierung marktwirtschaftlicher Politik gesucht. So hat beispielsweise *Wilhelm Röpke* gefordert, dass die Marktwirtschaft zwar „unverfälscht und unaufgeweicht" realisiert wird, dass aber dem „Individualprinzip im marktwirtschaftlichen Kern" ein „Sozial- und Humanitätsprinzip" stützend zur Seite gestellt wird. *Alexander Rüstow* hat sich bemüht, diese stützenden Maßnahmen näher zu charakterisieren. Er hat dafür den Begriff der „Vitalpolitik" vorgeschlagen und sie in vielen Schriften präzisiert. Selbst *Friedrich A. von Hayek*, der sich sein Leben lang für strenge Anwendung marktwirtschaftlicher Prinzipien ausgesprochen hat, hat im Alter bemerkt, dass der „wahre Individualismus" scheitern werde, wenn es nicht gelingt, die moderne, „große Gesellschaft" auf einen „Wertekonsens" zu verpflichten.

Erhard hat die gesellschaftspolitischen Bemühungen seiner neoliberalen Zeitgenossen mit Interesse verfolgt, aber sämtliche vorgetragenen Lösungen erschienen ihm nicht zureichend. Er hat darauf bestanden, dass gesellschaftspolitische Zielsetzungen konzeptionell in der Ordnungspolitik eingebettet sein müssen. Jede Art von ausgleichender oder korrigierender Politik sei verfehlt.

d) Soziale Marktwirtschaft als neue Konzeption für die Sozialpolitik

Als *Alfred Müller-Armack* in den Nachkriegsjahren den Begriff der Sozialen Marktwirtschaft ausarbeitete, schrieb er: „Theoretisch gesehen, könnte der Staat durch scharfe Erfassung aller höheren Einkommen eine Kaufkraftumleitung ins Werk setzen, die die denkbar stärkste Nivellierung zur Folge hätte... Auf jeden Fall ließe sich auf dem Wege einer solchen Einkommensumleitung jeder gewünschte soziale Ausgleich durchsetzen, ohne mit den Spielregeln des Marktes in Widerspruch zu geraten." *Erhard* hätte diese Aussage gewiss nicht unterschrieben. Theorien mögen sich so konstruieren lassen, dass „theoretisch gesehen" richtig erscheint, was im allgemeinen als falsch angesehen wird. Aber Tatsachen bleiben Tatsachen und lassen sich mit Theorien nicht aus der Welt schaffen. Tatsache ist, dass die Marktwirtschaft durch staatliche Umverteilungsmaßnahmen geschädigt wird. *Erhard* war diesbezüglich sehr deutlich: Eine „Wirtschaftsform mit regulativem Eingriff in die Verteilung" nannte er keineswegs Soziale Marktwirtschaft, sondern „staatliche Befehlswirtschaft", und die Vorstellung von einer „marktkonformen Korrektur von Marktergebnissen" erschien ihm so unmöglich wie eine Quadratur des Kreises.

Im modernen Staat beruht jede Wirtschaftsförderung und jede Unterstützungsleistung auf einer Umverteilung von Einkommen oder Vermögen. Der Staat besitzt nichts, aus dem er die Leistungen finanzieren kann, die er erbringt. Ob der Staat Subventionen oder Sozialleistungen gewährt: er muss einigen etwas nehmen, um es anderen geben zu können. Sozialpsychologische Überlegungen und Erfahrungen lehren: Wo staatliche Umverteilungen stattfinden, mindern sie die Leistungsanreize. Wer Anspruch auf Staatsleistungen hat, verschmäht sie nicht. Er krempelt die Ärmel nicht hoch, um fester zuzupacken, weil es ihm schlechter geht, sondern er füllt Antragsformulare aus und wartet auf Bescheide. Auch wem es besser geht, wer die Staatsleistungen nicht unbedingt benötigt, verzichtet nicht auf sie. Im Gegenteil: Wer nicht auf jeden Pfennig sehen muss, neigt dazu, einen Verband, eine Lobby, zur systematischen Wahrung und Durchsetzung seiner Ansprüche zu gründen oder zu unterstützen. Auf der anderen Seite wird auch der nicht leistungsbereiter, der von seinem Einkommen etwas abgeben muss. Er überlegt sich meist, ob und inwieweit sich seine Anstrengungen überhaupt lohnen, ob es nicht besser wäre, weniger oder anderes zu tun. Einige beginnen sogar, in verlustversprechende Projekte zu investieren, nur um den Umverteilungslasten auszuweichen. In allen diesen Fällen wird viel Leistungsvermögen auf unproduktive Verteilungsfragen konzentriert.

Umverteilungen mindern also die Leistungsbereitschaft von Belasteten und von Begünstigten. Sie stärken das Interesse an außermarktlichen Verteilungsvorgängen, aber nicht nur das: Die natürlichen sozialen Motive – die Bereitschaft, Leistungen für andere zu erbringen, und das Verlangen, deren Anerkennung zu finden – schwinden mit zunehmender Umverteilung. Stattdessen wird Neid zur entscheidenden Triebkraft. Mit der Umverteilung entsteht eine neue Mentalität. Jeder fürchtet, vom anderen ausgenutzt zu werden. So schaut jeder auf den anderen und verlangt, was dieser erhält – nicht, weil er Not leidet und Unterstützung benötigt, sondern aus Prinzip, weil das herrschende Konzept der „sozialen Gerechtigkeit" nicht verletzt werden darf: Man kann beanspruchen, was man beansprucht, und man muss beanspruchen, was beansprucht werden kann, weil der Anspruch sonst verfällt, während ihn andere nutzen. Keiner ist in der „neuen Gesellschaft" egoistisch. Keiner will egoistisch sein, aber jeder fühlt sich durch die herrschenden gesellschaftlichen Bedingungen zum Egoismus verdammt.

Nicht genug damit. Jede Umverteilung schafft einen Präzedenzfall. Ähnliche Fälle müssen ähnlich behandelt werden. So expandiert jedes Umverteilungssystem. Erst entsteht ein Sozial-, dann ein Wohlfahrtsstaat. Mit dem Fortschreiten dieser Entwicklung degeneriert die Marktwirtschaft. Damit vertieft sich die Kluft zwischen wachsenden Ansprüchen und sinkender Leistungsbereitschaft. Mit zunehmender Umverteilungslast wächst der Hang zu Steuerhinterziehung, Schwarzarbeit und Sozialmissbrauch. Und da an Unehrlichkeiten in der Wirtschaft immer mehrere beteiligt sind – zumindest einer, der eine Begünstigung feilhält, befürwortet oder beschafft, und einer, der sie einsteckt –, wächst mit zunehmender Umverteilung unweigerlich auch ein System von Schmiergeldzahlung, Bestechung und Korruption.

Alle bislang beschrittenen Wege der Sozialpolitik werfen Probleme auf: Eine nur auf marktwirtschaftliche Effizienz gerichtete Wirtschaftspolitik lässt soziale Fragen offen. Werden sie ignoriert, spaltet sich die Gesellschaft. Wird versucht, sie durch ergänzende sozialpolitische Maßnahmen zu lösen, werden die Kräfte geschädigt, die für die wirtschaftliche Leistungsfähigkeit unverzichtbar sind. Darüber hinaus werden die Tugenden ruiniert, die für gesellschaftliche Stabilität und Solidität bürgen.

e) Konsequenzen für die Wirtschaftspolitik
Erhards Soziale Marktwirtschaft verbindet die marktwirtschaftliche und die soziale Komponente in einer Synthese: *Erhards* Lösung besteht im wesentlichen in der Garantie einer Wirtschaftsordnung, in der jeder die Chance hat, seine Lebensumstände in eigener Verantwortung zu gestalten. Dabei lassen sich zwei Politikbereiche grundsätzlich unterscheiden:
• Niemand darf aus dem Wirtschaftsprozess ausgegrenzt werden. Prinzipiell muss jeder Zugang zur Produktion und zum Markt haben. Die Märkte müssen offen sein, und es darf keine dauerhafte oder lang anhaltende Arbeitslosigkeit geben, denn vom Markt Ausgeschlossenen und Arbeitslosen ist keine eigenständige Existenzsicherung möglich. Wenn in einer Gesellschaft durch abgeschlossene Märkte oder durch Arbeitslosigkeit Bedürftigkeit entsteht, sind das Situationen, aus denen sich die einzelnen nicht selbst befreien können. In diesen Fällen muss der Staat eingreifen. Er muss aus den Leistungen anderer umverteilen.

In dieser Sicht ist die Wettbewerbspolitik angesprochen. Sie hat dafür zu sorgen, dass die Märkte jederzeit und für jeden zugänglich sind. Darüber hinaus ist Vollbeschäftigung erforderlich. Die erforderliche Beschäftigungspolitik darf sich jedoch nicht auf staatliche Arbeitsbeschaffungsmaßnahmen stützen, denn damit wäre ja die Marktwirtschaft außer Kraft gesetzt. *Erhard* meint, dass in einer Marktwirtschaft Vollbeschäftigung gewährleistet ist, wenn jeder, der Arbeit sucht, dies tut, um ein Einkommen zu erzielen, mit dem er seine Bedürfnisse befriedigen kann. Durch Arbeit entstehen einerseits die benötigten Produkte, andererseits das Einkommen, um sie kaufen zu können. Gesamtwirtschaftlich würden sich also Angebot und Nachfrage genau entsprechen. Diese einfache Kreislaufbetrachtung ist im realen Wirtschaftsgeschehen durch Dispositionen im zeitlichen Ablauf, vor allem durch Sparen und Investieren, kompliziert und verzerrt. Aber prinzipiell gilt: Wenn genau in dem Ausmaß, in dem Bedürfnisse vorhanden sind, gearbeitet wird, werden alle Arbeit Suchenden beschäftigt. Eine Politik, die Vollbeschäftigung erreichen will, muss deshalb dafür sorgen, dass sich die wirtschaftlich relevanten Entscheidungen an den realen Größen von Angebot und Nachfrage orientieren, dass unwirtschaftliche Verhaltensweisen und Spekulation unterbleiben und die Wirtschaft flexibel auf die wirklich vorhandenen Bedürfnisse und die gegebenen technischen Möglichkeiten reagieren kann.

• Wenn prinzipiell jeder für sich selbst sorgen muss, sind offene Märkte und Vollbeschäftigung nicht ausreichend. Es muss darüber hinaus auch jedem möglich sein, für Zeiten, in denen er nichts erwerben kann, vorzusorgen, das heißt vor allem: die ersparten Einkommensteile müssen auf Dauer wertbeständig bleiben. Wenn der Geldwert nicht stabil bleibt, kann nicht längerfristig dispositioniert werden. In inflationären Zeiten fällt jede getroffene Vorsorge dem Geldwertschwund zum Opfer. Auch in diesem Falle müsste der Staat in die Bresche springen und für alle sorgen, die angesichts von Inflation Vorsorgemaßnahmen unterlassen oder deren Selbstvorsorge von der Inflation aufgezehrt wurde.

Auch im Hinblick auf diese Zielsetzung hat die Wettbewerbspolitik große Bedeutung. Auf Wettbewerbsmärkten sind die Möglichkeiten zu Preiserhöhungen eng begrenzt. Preissteigerungen müssen sich im Rahmen der vorgegebenen Kaufkraft bewegen, das heißt, entweder müssen sie von einer Senkung anderer Preise begleitet sein, so dass das Preisniveau stabil bleibt, oder es müssen Umsatzeinbußen hingenommen werden. Selbstverständlich kann und muss die Wettbewerbspolitik auch hier durch andere Politiken, zum Beispiel durch außenhandelspolitische Maßnahmen, unterstützt werden. Besonders wichtig sind in dieser Hinsicht aber kreditpolitische Maßnahmen, die einer zu großzügigen Kreditvergabe der Banken und einer zu üppigen Verschuldung der öffentlichen Hände vorbeugen.

2.6 Theorie und Wirklichkeit

Erhard hat seine Ordnungsvorstellungen nicht vollständig verwirklichen können. Er hat das noch 1965, kurz vor seinem Rücktritt aus der aktiven Politik, beklagt: „Die Soziale Marktwirtschaft ist noch nicht zu Ende geführt. Es gilt, auf ihrer Grundlage eine moderne freiheitliche Gesellschaftspolitik zu entwickeln." Gelegentlich musste er im Kampf um die Soziale Marktwirtschaft auch herbe Rückschläge hinnehmen, beispielsweise in Zusammenhang mit der Rentenreform 1957, als gegen sein Votum eine automatische „Dynamisierung der Renten" durchsetzt wurde, oder 1958, als die Ziele der Gemeinsamen Agrarpolitik im Rahmen der Europäischen Wirtschaftsgemeinschaft festgelegt wurden und der Landwirtschaft ein Status außerhalb der Marktwirtschaft garantiert wurde. Alles in allem entsprach also die Soziale Marktwirtschaft selbst in der von *Erhard* gestalteten ersten Phase zu keinem Zeitpunkt vollständig dem Idealbild der *Erhard*schen Sozialen Marktwirtschaft. Dennoch ist es *Erhard* gelungen, die Grundziele – Vollbeschäftigung, Preisstabilität und soziale Zufriedenheit – zu erreichen, die sich aus seiner Leitidee herleiten. Dabei muss vor allem hervorgehoben werden, dass er dies mit ordnungspolitischen Mitteln und nicht durch staatliche Interventionen oder Lenkungsmaßnahmen erreicht hat.

Die Märkte wurden durch Wettbewerbspolitik offen gehalten. Damit hatte prinzipiell jeder die Chance zu tun, was er als nützlich ansah, und zu erwerben, was er für nötig hielt. Die Arbeitslosigkeit verringerte sich in stetigen Schritten. Mitte der 50er Jahre war Vollbeschäftigung erreicht. Die Preise blieben stabil. Ausgeglichene öffentliche Haushalte und eine auf langfristigen Leistungsbilanzausgleich gerichtete Außenwirtschaftspolitik waren Aspekte einer umfassend verstandenen Stabilitätspolitik. Die hohen Raten des wirtschaftlichen Wachstums, die sich dabei einstellten, waren für *Erhard* Ergebnis der Entscheidungen freier Bürger, aber kein von der Wirtschaftspolitik angestrebtes und realisiertes Ziel.

3. Abkehr von Erhards Ordnungspolitik

1967 hat eine wirtschaftspolitische Wende stattgefunden. Das schwache Wirtschaftswachstum im Jahre 1966 und erste Anzeichen einer Krise im Ruhrkohlebergbau hatten die Bevölkerung beunruhigt. Das auf den wirtschaftspolitischen Erfolg gegründete Vertrauen in die von *Erhard* geprägte Wirtschaftspolitik war damit erschüttert. Die wirtschaftspolitische Wende, die 1967 zunächst von einer großen Koalition, seit 1969 von einer sozial-liberalen Regierung getragen wurde, hat nachhaltig mit *Erhards* Politik der Sozialen Marktwirtschaft gebrochen. Hervorzuheben sind vor allem vier prinzipielle, bis zur Gegenwart aufrecht erhaltene Abweichungen:

• *Erhards* Politikziele waren aus einer übergeordneten Leitidee abgeleitet und besaßen damit eine verbindliche Begründung. Den politischen Zielen in der zweiten Phase der Sozialen Marktwirtschaft fehlte diese Herleitung. Sie bestanden aus einem Katalog wünschenswerter Politikergebnisse. Im „Gesetz zur Förderung der Stabilität und des Wachstums der Wirtschaft" vom 8. Juni 1967 werden sie beschrieben als Maßnahmen, die „im Rahmen der marktwirtschaftlichen Ordnung gleichzeitig zur Stabilität des Preisniveaus, zu einem hohen Beschäftigungsstand und zu außenwirtschaftlichem Gleichgewicht bei stetigem und angemessenem Wirtschaftswachstum beitragen" sollen.

Einzelne Ziele dieses Katalogs sind generell oder in bestimmten Wirtschaftssituationen nicht miteinander kompatibel. Das bedeutet: Der Zielkatalog kann der Politik nicht unmittelbar als Direktive dienen, vielmehr müssen Prioritäten gesetzt und dabei muss zwangsläufig auf tagespolitische Erfordernisse Rücksicht genommen werden. So hieß es 1972 bei Steigerung des Preisindizes für die Lebenshaltung von 5,8 %: „Fünf Prozent Inflation sind besser als fünf Prozent Arbeitslosigkeit" *(Helmut Schmidt)*. Die Inflation beschleunigte sich; die Arbeitslosigkeit nahm zu. Der Begriff vom „magischen Viereck" wurde geprägt. Er suggerierte, dass die Vorgaben des Stabilitätsgesetzes nicht durch Politik, sondern allenfalls durch Magie erreichbar seien. Mit solchen Interpretationen geriet die Politik in die Nähe einer PR-Aktion, die der Öffentlichkeit nachzuweisen sucht, dass das Geleistete in jedem Fall zufriedenstellend ist, weil doch alles viel schlechter sein könnte.

• *Erhard* wollte Wirtschaftsfreiheit garantieren. Er achtete auf verantwortungsbewusste Entscheidungen der Wirtschaftenden sowie auf Leistungsgerechtigkeit; er hielt die Märkte offen und den Geldwert stabil. In schwächeren Wachstumsraten sah er kein Malheur – weder ein Markt- noch ein Politikversagen. Aus *Erhards* Sicht war die Aufnahme des Wachstumsziels in den Katalog wirtschaftspolitischer Ziele ein eklatanter Verstoß gegen die Leitidee freiheitlicher Wirtschaftspolitik und der Beginn einer verhängnisvollen Entwicklung.

Seit 1967 ist „stetiges und angemessenes Wirtschaftswachstum" bevorzugtes Ziel der Wirtschaftspolitik. Dabei zeigte sich schnell, dass der Versuch, den Wirtschaftsablauf zu verstetigen, unstetige wirtschaftspolitische Maßnahmen erfordert. 1967 wurden neben konjunkturbelebenden Gesetzen Programme zur Konjunkturbelebung beschlossen. Anderthalb Jahre später wurde die Konjunkturpolitik mit Haushaltssperren, Steuervorauszahlungen und Konjunkturausgleichsrücklagen in entgegengesetzter Richtung betrieben. Mit den anfänglich eingesetzten Mitteln wurden inflationäre Tendenzen herbeigeführt, später kam es zu strukturellen Verwerfungen und zu zunehmender Arbeitslosigkeit. *Erhard* erlebte die Anfänge dieser Entwicklung und kritisierte, dass mit dem „neuen Interventionismus" der Gedanke einer institutionell gesicherten Ordnung aufgegeben wurde, in der jeder damit rechnen kann, seine Existenz zu finden. Der Staat werde zunehmend intervenieren, dirigieren und regulieren, und es werde nicht bei der angekündigten

„Globalsteuerung" bleiben: „So fällt am Ende doch von der Obrigkeit her die Entscheidung, ob dieser oder jener Industriezweig preisgegeben werden müsse, weil für ihn in der Enge kein Raum mehr sei. Bei anderen Unternehmen wird man sagen, dass sie lebensfähig erhalten werden müssen, sei es durch steuerliche Vergünstigungen, sei es durch Abschreibungsvorteile dieser oder jener Art. Genau an dieser Stelle setzt mehr oder minder die Willkür ein".

• *Erhard* hat streng darauf geachtet, dass die politische Verantwortung des Staates nicht von Interessengruppen und ihren Forderungen untergraben wird, und erbittert gegen alles gekämpft, was diesen Grundsatz verletzen kann. Im Zuge der neuen Wirtschaftspolitik wurde dieses Prinzip aufgegeben. Durch das Stabilitätsgesetz wurde 1967 eine „Konzertierte Aktion" eingerichtet, die bei Gefährdung eines gesamtwirtschaftlichen Zieles ein gleichzeitiges aufeinander abgestimmtes Verhalten von Gebietskörperschaften, Gewerkschaften und Unternehmensverbänden erreichen sollte. Dieses korporativistische Element steht in krassem Widerspruch zu *Erhards* Auffassung von Ordnungspolitik, bei welcher der Staat – nur der Staat, und kein „runder Tisch" und kein „Bündnis" zwischen Politik und Wirtschaftsverbänden – ordnungspolitische Entscheidungen zu verantworten hat.

• Das zentrale Anliegen in *Erhards* Sozialer Marktwirtschaft war, Wirtschafts- und Sozialpolitik in einer Synthese zu verbinden, um die Folgen umverteilender Sozialpolitik – vor allem die Spaltung der Gesellschaft in Klassen und fortschreitenden moralischen Verfall – zu vermeiden. Dabei hatte er gegen starke Kräfte zu kämpfen, die in der alten sozialstaatlichen Tradition einen bewährten Weg zu sozialem Frieden sahen und sich durchaus noch zur *Bismarck*schen Motivation bekannten: „Mein Gedanke war es, die arbeitenden Klassen zu gewinnen – oder soll ich sagen: zu bestechen –, den Staat als soziale Einrichtung anzusehen, der ihretwegen besteht und für ihr Wohl sorgen möchte". *Erhards* Politik konnte diese sozialpolitische Tradition nicht ausschalten, aber sie immerhin eingrenzen, indem von der Wirtschaftspolitik her vieles für die soziale

Sicherheit getan und der Grundsatz bestätigt wurde: „Gute Wirtschaftspolitik ist die beste Sozialpolitik".

Die neue Wirtschaftspolitik entzog der Synthese von Wirtschafts- und Sozialpolitik die Grundlage, indem sich die Wirtschaftspolitik von sozialen Zielen emanzipierte und sich auf das Ökonomische, vor allem auf Wirtschaftswachstum und Konjunkturstabilisierung, konzentrierte. Es konnte nicht ausbleiben, dass sich dann auch die Sozialpolitik nach ihren spezifischen Gesichtspunkten entwickelte. In den ersten drei Jahren der sozial-liberalen Koalition wurde eine Flut neuer Sozialgesetze verabschiedet: 1969 ein Berufsbildungs- und ein Arbeitsförderungsgesetz, 1971 das Bundesausbildungsförderungsgesetz, 1972 das Rentenreformgesetz mit der Einführung der flexiblen Altersgrenze. Das Sozialbudget, das 1965 einen Umfang von 114 Milliarden DM hatte – das waren 23,2 Prozent des Bruttoinlandsprodukts – explodierte bis 1975 auf 348 Milliarden DM – auf 33,4 Prozent des Bruttoinlandsprodukts. Schon 1974 zeigten sich deutliche Finanzierungsengpässe, die bis heute in keinem Bereich der sozialen Sicherheit unter Kontrolle gebracht werden konnten.

4. Literatur

4.1 Schriften von Ludwig Erhard

Ludwig Erhard, Kriegsfinanzierung und Schuldenkonsolidierung – Faksimiledruck einer Denkschrift von 1943/44, Frankfurt 1977.

Ludwig Erhard, Deutschlands Rückkehr zum Weltmarkt, Düsseldorf 1953.

Ludwig Erhard, Wohlstand für alle, Düsseldorf 1957.

Ludwig Erhard, Deutsche Wirtschaftspolitik. Der Weg der Sozialen Marktwirtschaft, Düsseldorf/Wien 1962.

Ludwig Erhard, Gedanken aus fünf Jahrzehnten. Reden und Schriften, Düsseldorf/Wien/New York 1988.

4.2 Schriften über Ludwig Erhard

Rüdiger Altmann, Wirtschaftspolitik und Staatskunst. Wirkungen Ludwig Erhards, Bonn 1977.

Kurt Biedenkopf, Ludwig Erhard und die politischen Parteien, in: Ludwig-Erhard-Stiftung (Hrsg.), Ludwig Erhard und seine Politik, Stuttgart/New York 1985.

Karl Hohmann, Ludwig Erhard (1897–1977). Eine Biographie, Düsseldorf 1997.

Ulrich Völklein, Ludwig Erhard – Trümmer, Träume und ein Mann der Tat. Ein Portrait, Düsseldorf 1997.

Horst Friedrich Wünsche, Ausgangspunkte und Perspektiven ernsthafter Erhard-Forschung, in: Orientierungen zur Wirtschafts- und Gesellschaftspolitik, Heft 76 (2/1998).

4.3 Erhards Politik in der Wiederaufbauzeit

Gerold Ambrosius, Die Durchsetzung der Sozialen Marktwirtschaft in Westdeutschland 1945–1949, Stuttgart 1977.

Wolfgang Benz, Von der Besatzungsherrschaft zur Bundesrepublik. Stationen einer Staatsgründung 1946–1949, Frankfurt am Main 1985.

Hans-Günter Hockerts, Sozialpolitische Entscheidungen im Nachkriegsdeutschland. Alliierte und deutsche Sozialversicherungspolitik 1945 bis 1957, Stuttgart 1980.

Volkhard Laitenberger, Zur Programmatik und zur Politik Ludwig Erhards in der Vor- und Frühgeschichte der Bundesrepublik Deutschland, in: Orientierungen zur Wirtschafts- und Gesellschaftspolitik, Heft 3 (1/1980).

Ludwig-Erhard-Stiftung (Hrsg.), Die Korea-Krise als ordnungspolitische Herausforderung der deutschen Wirtschaftspolitik. Texte und Dokumente, Stuttgart/New York 1986.

Ludwig-Erhard-Stiftung (Hrsg.), Ludwig Erhard – Über Wachsen und Werden der Sozialen Marktwirtschaft. Eine Fotodokumentation, Düsseldorf 1996.

Wilhelm Röpke, Ist die deutsche Wirtschaftspolitik richtig? Analyse und Kritik, Stuttgart 1950.

Otto Schlecht, Das Bundesministerium für Wirtschaft und die deutsche Ordnungspolitik der Nachkriegszeit, in: Ordo. Jahrbuch für die Ordnung von Wirtschaft und Gesellschaft , Band 48 (1997).

Willi Schickling, Entscheidung in Frankfurt. Ludwig Erhards Durchbruch zur Freiheit, Stuttgart 1978.

Gerhard Stoltenberg, Wendepunkte. Stationen deutscher Politik 1947 bis 1990, Berlin 1997.

4.4 Fortentwicklungen der Sozialen Marktwirtschaft

Gerhard Fels, Angebotspolitik aus unserer Sicht, in: *Herbert Giersch* (Hrsg.), Wie es zu schaffen ist. Agenda für die deutsche Wirtschaftspolitik, Stuttgart 1983.

Karl Schiller, Wirtschaftspolitik, in: Handwörterbuch der Sozialwissenschaften, Band 12, Tübingen/Göttingen 1962.

Otto Schlecht, Grundlagen und Perspektiven der Sozialen Marktwirtschaft, Tübingen 1990.

Wolfgang Stützel, Sicherung der Sozialen Marktwirtschaft durch konsequente Ordnungspolitik, in: *Ludwig-Erhard-Stiftung* (Hrsg.), Fundamentalkorrektur statt Symptomtherapie, Stuttgart 1978.

Egon Tuchtfeldt, Soziale Marktwirtschaft und Globalsteuerung, in: *Ludwig-Erhard-Stiftung* (Hrsg.), Grundtexte zur Sozialen Marktwirtschaft, Band 1: Zeugnisse aus zweihundert Jahren ordnungspolitischer Diskussion, Stuttgart/New York 1981.

Christian Watrin, Selbstverantwortung statt wohlfahrtsstaatliche Betreuung, in: *Ludwig-Erhard-Stiftung* (Hrsg.), Die deutsche Wirtschaftspolitik 50 Jahre nach dem Leitsätzegesetz, Krefeld 1999.

4.5 Über Erhards Zeitgenossen und Wegbegleiter

Jan Hegner, Alexander Rüstow, Ordnungspolitische Konzeption und Einfluss auf das wirtschaftspolitische Leitbild der Nachkriegszeit in der Bundesrepublik Deutschland, Stuttgart 2000.

Daniel Koerfer, Kampf ums Kanzleramt. Erhard und Adenauer 1948–1963, Stuttgart 1987.

Andreas Metz, Die ungleichen Gründerväter. Adenauers und Erhards langer Weg an die Spitze der Bundesrepublik, Konstanz 1998.

Gerhard Stoltenberg, Ludwig Erhard und Karl Schiller, Gegensätze und Gemeinsamkeiten, in: *Ludwig Erhard* (1897–1977), Soziale Marktwirtschaft als historische Weichenstellung. Bewertungen und Ausblicke. Eine Festschrift zum hundertsten Geburtstag von Ludwig Erhard, Düsseldorf 1997.

Horst Friedrich Wünsche, Der Einfluss Oppenheimers auf Erhard und dessen Konzeption von der Sozialen Marktwirtschaft, in: *Volker Caspari/Bertram Schefold* (Hrsg.), Franz Oppenheimer und Adolph Lowe. Zwei Wissenschaftler der Frankfurter Universität, Marburg 1996.

Horst Friedrich Wünsche, Erhards Soziale Marktwirtschaft: von *Eucken* programmiert, von Müller-Armack inspiriert? In: Ludwig Erhard (1897–1977), Soziale Marktwirtschaft als historische Weichenstellung. Bewertungen und Ausblicke. Eine Festschrift zum hundertsten Geburtstag von Ludwig Erhard, Düsseldorf 1997.

Rückbesinnung auf die Leitgedanken der Sozialen Marktwirtschaft in den achtziger und neunziger Jahren

Bernd Hübinger

Einleitung

Der Beginn der achtziger Jahre stand unter den Auswirkungen der zweiten Ölpreiskrise. Die Bewältigung dieses externen Schocks gestaltete sich schwierig, da Staat und Wirtschaft durch die Fehler der vorangegangenen Politik deutlich an Handlungsspielraum verloren hatten. Der Staat hatte in zunehmender Weise interventionistisch in den Wirtschaftsprozess eingegriffen und damit die Marktmechanismen lahm gelegt. Die Folgen dieser Politik zeigten sich in besonders verhängnisvoller Weise bei der Zunahme der Staatsverschuldung. Das Finanzierungsdefizit, das im Jahr 1982 53 Milliarden DM betrug, lähmte die Regierungstätigkeit erheblich; allein die Zinslast der öffentlichen Haushalte belief sich auf 44 Milliarden DM. Die hohen Zinsverpflichtungen beschnitten die Reaktionsfähigkeit des Staates; die Schuldenaufnahme der öffentlichen Hände belastete den Kapitalmarkt und führte zu einem hohen Zinsniveau, das seinerseits wiederum die Investitionsbereitschaft der privaten Wirtschaft drosselte. Auf der Angebotsseite der Volkswirtschaft waren es die im internationalen Vergleich hohen Steuern und Abgaben, aber auch die zunehmende Regulierungsdichte, die eine rasche und effiziente Bewältigung der Krisenphänomene verhinderte.

Vor dem Hintergrund nationaler Stabilitätsprobleme, einer kräftigen geldpolitischen Restriktion und der Ölpreiskrise geriet die gesamtwirtschaftliche Entwicklung bereits 1980 in einen Abwärtstrend, der 1982 in eine schwere Rezession mündete. Ab 1980 überschritt die Staatsausgabenquote (kurz: Staatsquote) die 50-Prozent-Grenze und stieg bis 1983 kontinuierlich an. Hohe Inflationsraten, unsolide Staatsfinanzen und steigende Arbeitslosigkeit kennzeichneten die wirtschaftspolitische Lage am Ende der sozialliberalen Koalition. In der Bevölkerung machte sich Pessimismus breit, der auch die Wirtschaft erfasste und einen weiteren Rückgang der Investitionen zur Folge hatte.

1. Von der Wende zur Wiedervereinigung (1982/83–1990)

Als die Koalition aus Christdemokraten und Liberalen, die sich als Koalition der Mitte verstand, 1982 die Regierungsverantwortung übernahm, trat sie ein schweres Erbe an. In seiner Regierungserklärung vom 13. Oktober 1982 sprach *Helmut Kohl* von einem „historischen Neuanfang" und stellte insbesondere die Wirtschaftspolitik unter eine neue ordnungspolitische Devise: „Weg von mehr Staat, hin zu mehr Markt; weg von kollektiven Lasten, hin zur persönlichen Leistung; weg von verkrusteten Strukturen, hin zu mehr Beweglichkeit, Eigeninitiative und verstärkter Wettbewerbsfähigkeit". Ziel war es, den bewährten Prinzipien der Sozialen Marktwirtschaft wieder Geltung zu verschaffen und dadurch an die beachtlichen Erfolge der Wirtschaftspolitik in den Gründungsjahren der Bundesrepublik Deutschland anzuknüpfen.

Von Anfang an machte die neue Regierung deutlich, dass sie die Gesundung der Wirtschaft in erster Linie durch eine Verbesserung der Rahmenbedingungen für die Anbieter von Gütern und Dienstleistungen erreichen wollte. Keinesfalls sollte die experimentelle Wirtschaftspolitik der sozialliberalen Vorgänger fortgeführt werden, die sich am keynesianischen Denkmodell orientiert und der Stärkung der Nachfrage den Vorrang eingeräumt hatte. Die Regierung *Kohl* lehnte diese Art staatsinterventionistischer Politik schon im Grundsatz ab, und zwar sowohl wegen der Unvereinbarkeit dieser Politik mit dem Freiheitsgedanken und dem Eigenverantwortungsgebot der Sozialen Marktwirtschaft als auch aufgrund der erwiesenen Ineffizienz interventionistischer Einflussnahmen des Staates auf die Wirtschaft. Aus dieser Überzeugung heraus wandte sich die Koalition der Mitte unmittelbar nach Regierungsantritt einer angebotsorientierten Politik zu.

Angebotsorientierte Wirtschaftspolitik beruht auf dem Gedanken, dass die Ressourcen einer Volkswirtschaft am besten dadurch erschlossen und genutzt werden, dass private Initiative zum Zuge kommt. Konkret bedeutet das, dass Warenhersteller und Dienstleister neue, bessere und nach Möglichkeit auch billigere Produkte auf den Märkten anbieten. Hierdurch wird die Nachfrage belebt und das Wirtschaftswachstum angeregt, was wiederum Grundvoraussetzungen dafür ist, dass Menschen Beschäftigung finden und zu Einkommen und Wohlstand kommen.

Die Rolle des Staates ist nach dieser Konzeption weitgehend darauf beschränkt, Rahmenbedingungen zu setzen (und für ihre Einhaltung zu sorgen), die den Bedürfnissen der Unternehmen Rechnung tragen und ein investitionsfreundliches Klima schaffen. Solche Rahmenbedingungen kann aber nur eine konstante, das heißt, eine verlässliche und auf Dauer angelegte Wirtschaftspolitik setzen. Gelingt das, nimmt in aller Regel das Investitionsvolumen zu und mit ihm – wenn auch zeitlich versetzt – die (heute zumeist qualifizierte) Beschäftigung.

Die neue Regierung beabsichtigte nicht, mit ihrer Angebotspolitik punktuelle Korrekturen durchzuführen und nur die Symptome wirtschaftspolitischer Defizite und Fehlentwicklungen zu kurieren; geplant war vielmehr ein grundlegender und langfristig angelegter Kurswechsel, der zu einer Erneuerung der Sozialen Marktwirtschaft führen sollte. Als Kernstücke der umfassenden Reform wurden die Sanierung der Staatsfinanzen und die dauerhafte Reduzierung der Staatsquote betrachtet. Durch eine Verminderung des Finanzierungsdefizits sollte der Staat wieder mehr Handlungsfreiheit gewinnen. Die Rückführung der Staatsquote durch eine spürbare Senkung der Steuern und Abgaben war als Anreiz zu mehr Eigeninitiative gedacht, deren Wiederbelebung angesichts des von den sozialliberalen Regierungen kräftig geförderten wohlfahrtsstaatlichen Anspruchsdenkens dringend geboten war.

Zum Konzept des Wandels gehörte auch die stärkere Betonung des Prinzips der Subsidiarität, das in der Phase der sozialliberalen Regierung immer mehr vom Prinzip der Solidarität in den Hintergrund gedrängt worden war und nicht mehr als dessen eigentliche Voraussetzung begriffen wurde. Die Risiken des täglichen Lebens sollten stärker durch eigene Vorsorge statt durch die erdrückende Fürsorge eines bevormundenden Wohlfahrtsstaats aufgefangen werden. Hierdurch sollte es zu einer deutlichen Entlastung der angespannten Systeme der sozialen Sicherung kommen.

Auch in der Geldpolitik vollzog sich ein Wandel: In der keynesianisch geprägten Ära der sozialliberalen Koalition kam der Geldpolitik[1], für die die Deutsche Bundesbank verantwortlich zeichnete, eine eher untergeordnete Rolle zu, die sich im Wesentlichen darin erschöpfte, über eine „Politik des billigen Geldes" die hohen Staatsausgaben (mit) zu finanzieren. Aufgrund des steigenden Inflationsdrucks änderte die Deutsche Bundesbank ihre Strategie zu Anfang der achtziger Jahre und verschrieb sich nun einem „monetaristischen" Stabilitätskurs, an dem sie auch nach dem politischen Führungswechsel strikt festhielt. Ihre Aufgabe bestand nun darin, das Geldmengenwachstum am Wirtschaftswachstum auszurichten und dadurch dem Ziel der Preisniveaustabilität, an dem ja auch der neuen Bundesregierung gelegen war, Rechnung zu tragen. In diesem Zusammenhang appellierten auch Bundesregierung, Wirtschaftsweise und Währungshüter an die Tarifparteien, durch moderate Lohnerhöhungen zu einer Korrektur des Kostenniveaus beizutragen und dadurch die Wettbewerbsfähigkeit der deutschen Wirtschaft auf den Weltmärkten zu sichern bzw. zu verbessern.

---

[1] Gesamtheit aller Maßnahmen, mit denen die Zentralbank eines Landes die Geld- und Kreditversorgung der Wirtschaft regelt und dadurch wirtschaftspolitische Ziele verfolgt).

Im Jahreswirtschaftsbericht 1984 fasste die Bundesregierung die Grundsätze ihrer auf Verstetigung und Angebotsorientierung angelegten Wirtschaftspolitik zusammen:

- ordnungspolitische Neubesinnung auf die Grundsätze der Sozialen Marktwirtschaft, insbesondere verläßliche und widerspruchsfreie wirtschaftspolitische Rahmenbedingungen, Stärkung der Leistungs- und Risikobereitschaft, Sicherung des Wettbewerbs und Verringerung bürokratischer Hemmnisse;
- Wiederherstellung der finanzpolitischen Handlungsfähigkeit des Staates, Konsolidierung der öffentlichen Finanzen, Rückführung des Staatsanteils, qualitative Verbesserung der Ausgabenstruktur und eine leistungsfreundlichere Besteuerung;
- eine Sozialpolitik, die sich von den Grundsätzen sozialer Gerechtigkeit, Solidarität und Subsidiarität leiten läßt und die Finanzierbarkeit der sozialen Sicherungssysteme dauerhaft gewährleistet sowie
- intensives Bemühen um europäische und weltwirtschaftliche Konzentrierung und Kooperation zur Verbesserung der Rahmenbedingungen für eine Ausweitung des Welthandels und die Bekämpfung der Arbeitslosigkeit.

1.1 Finanzpolitik

Noch unter der sozialliberalen Koalition hatte ein Umsteuern in der Finanzpolitik begonnen. Mit der „Operation '82" waren massive Einschnitte in die Ausgabenstrukturen beschlossen worden. So enthielten die Haushaltspläne für 1982 Ausgabenkürzungen in einem Umfang von rund zehn Prozent, die sich aus dem Abbau der Kokskohlebeihilfen, Einsparungen im öffentlichen Dienst, Einschränkungen der Leistungen nach dem Arbeitsförderungsgesetz, Kürzungen beim Kindergeld sowie beim Abbau von Steuervergünstigungen zusammensetzten. In zwei Nachtragshaushalten für das Jahr 1982 kam es zu Leistungskürzungen bei der Renten- und Krankenversicherung sowie zu Beitragserhöhungen in der Arbeitslosenversicherung. Alle diese Maßnahmen waren von der Not diktiert und vorwiegend auf schnelle Wirkung angelegt; ein konsistentes Konzept lag ihnen nicht zugrunde.

Der Bruch der sozialliberalen Koalitionsregierung hatte – neben der Kontroverse über die Nachrüstung – seine weitere Ursache in der Wirtschaftspolitik. Die konjunkturpolitisch motivierten Ausgaben hatten zu einer Staatsverschuldung geführt, die die Inflation anheizte und Deutschlands wirtschaftliche Führungsrolle in Europa ernsthaft zu gefährden begann. In dieser Situation verfasste der Bundesminister für Wirtschaft, *Otto Graf Lambsdorff*, auf Weisung von Bundeskanzler *Helmut Schmidt* ein Papier, das die wesentlichen Zielvorstellungen in Bezug auf die künftige Wirtschaftspolitik darlegte. Das „Konzept für eine Politik zur Überwindung der Wachstumsschwäche und zur Bekämpfung der Arbeitslosigkeit" empfahl unmissverständlich die sofortige Abkehr von der bisherigen nachfrageorientierten Politik zugunsten einer Politik, die den Wachstumsprozess förderte und über eine „breitangelegte private Investitionstätigkeit" für mehr Beschäftigung sorgte. *Helmut Schmidt* lehnte die Vorschläge als „sachlich falsch und unausgegoren" ab und leitete damit das Ende der Zusammenarbeit mit den Liberalen ein.

Die wirtschaftspolitischen Aktivitäten der neuen Bundesregierung richteten sich auf die Förderung von, wie *Helmut Kohl* in seiner Regierungserklärung vom 4. Mai 1983 verkündet hatte, „Wachstum in Stabilität" und lagen zunächst eindeutig bei der Haushaltspolitik. Finanzminister *Gerhard Stoltenberg* begann unverzüglich damit, die Ausgabenexpansion unter Kontrolle zu bringen, so dass bereits 1984 die Nettokreditaufnahme des Bundes deutlich unter 30 Milliarden gedrückt werden konnte; auch die Staatsquote, die 1982 noch bei 52,2 Prozent gelegen hatte, sank aufgrund des rigorosen Spar- und Privatisierungskurses schon 1984 auf 50 Prozent und erreichte 1989 gar einen Tiefstand von 47,3 Prozent. Das Ziel der Rückkehr zur Solidität und seine entschlossene Umsetzung entsprachen der Grundidee der Sozialen Marktwirtschaft: Die Rolle des Staates soll sich danach grundsätzlich darauf beschränken, verläßliche ökonomische und rechtliche Rahmenbedingungen zu setzen, die zu nachhaltiger wirtschaftlicher Tätigkeit ermunterten. Nur im Ausnahmefall wie z.B. bei Marktversagen sind staatliche Eingriffe in Wirtschaftsprozesse gerechtfertigt, und auch nur dann, wenn sie die Prinzipien der Verhältnismäßigkeit und der Marktkonformität beachten.

Im Zuge der Haushaltssanierung, die als Grundvoraussetzung für eine Rückkehr zur Sozialen Marktwirtschaft angesehen wurde, erstellte die neue Bundesregierung auch ein „Gesamtkonzept für die Privatisierungs- und Beteiligungspolitik des Bundes". Es ging darum, das in Jahrzehnten entstandene Konglomerat direkter und indirekter Unternehmensbeteiligungen des Bundes aufzulösen bzw. zu verringern. Gemäß diesem Konzept zog sich der Bund bis zum Ende der achtziger Jahre aus verschiedenen Unternehmen zurück oder reduzierte seine Anteile an ihnen deutlich: So wurden die Energiekonzerne VIAG und VEBA, die Salzgitter AG und die Deutsche Industrieanlagengesellschaft völlig privatisiert; der Bund veräußerte seinen zwanzigprozentigen Anteil an der Volkswagen AG und verringerte seine Beteiligungen an der Deutschen Verkehrskreditbank und der Industrieverwaltungsgesellschaft. Zwei Drittel der Finanzierungserlöse, rund sechs Milliarden DM, wurden zur Sanierung des Bundeshaushalts herangezogen.

Auch in der Steuerpolitik erfolgte ein deutlicher Richtungswechsel. Von Anfang an verfolgte die Regierung Kohl das Ziel, die private Investitionstätigkeit zu beleben und Anreize für innovatives unternehmerisches Handeln zu setzen. So erfolgte bereits 1982/83 eine Senkung der betrieblichen Vermögens- und Ertragssteuer, Sonderabschreibungen für mittelständische Betriebe sowie für Investitionen in den Bereichen Forschung und Entwicklung rundeten den fiskalischen Maßnahmekatalog zur Stärkung von Leistungsbereitschaft und Wettbewerbsfähigkeit ab. Im Zuge der zunächst zweistufigen Steuerreform (1986 und 1988) wurden der Höchstbetrag bei der Einkommensteuer von 56 Prozent auf 53 Prozent, bei der Körperschaftsteuer von 53 Prozent auf 50 Prozent und der Satz für die untere Proportionalstufe (Eingangssteuersatz) von 22 Prozent auf 19 Prozent gesenkt, was insgesamt zu einer Nettoentlastung der Steuerzahler von ca. 21 Milliarden DM führte. Da gleichzeitig der Grund- und Kinderfreibetrag angehoben wurde, kamen insbesondere Familien in den Genuss der Steuerreform[2]. 1988 wurden in erster Linie durch die Reform der Tarife die Grenzbelastungen für die große Mehrzahl der Steuerzahler reduziert; die Entlastungen der zweiten Reformstufe beliefen sich auf über 30 Milliarden DM.

Dass die Koalitionsregierung auch die soziale Komponente der Sozialen Marktwirtschaft ernst nahm, zeigte sich bei der Begünstigung der Kapitalbeteiligungen von Arbeitnehmern am Produktivvermögen, einem „Uranliegen" der geistigen Väter der Sozialen Marktwirtschaft. Die Idee der Beteiligung am Produktivkapital, die wesentlich auf die katholische Soziallehre zurückging, konkretisierte sich im sogenannten Investivlohn. Hierbei handelt es sich um einen zusätzlich zum Lohn gewährten Lohnanteil, der dem Arbeitnehmer aber nicht bar ausbezahlt, sondern für eine bestimmte Mindestzeit vermögenswirksam angelegt wird. Die Zahlung erfolgt aufgrund tariflicher Vereinbarung oder gesetzlicher Regelung. Das Ziel dieses Konzepts des „Sparens ohne Konsumverzicht" (*Oswald v. Nell-Breuning*) besteht darin, die Sparfähigkeit des einzelnen Arbeitnehmers zu stärken und damit die Sparquote insgesamt anzuheben. Bereits in den frühen sechziger Jahren wurde mit dem Ersten Vermögensbildungsgesetz der erste Schritt zur Verwirklichung dieses Konzepts getan. In den Jahren 1965 (Zweites Vermögensbildungsgesetz) und 1970 (Drittes Vermögensbildungsgesetz) erfolgten weitere Schritte, die dazu führten, dass immer größere Teile der arbeitenden Bevölkerung am volkswirtschaftlichen Vermögenszuwachs beteiligt wurden.

---

[2] Erhöhung des Kinderfreibetrages von 432 DM auf 2.484 DM; Wegfall der Kinderadditive bei den Sondervermögenshöchstbeträgen; Kindergeldzuschlag von bis zu 45 DM monatlich, wenn der steuerliche Freibetrag nicht oder nicht voll genutzt werden kann; Anhebung des Grundfreibetrags von 4.212 DM für Ledige und 8.424 DM für Verheiratete auf 4.536 DM bzw. 9.072 DM.

Mit der Weiterentwicklung des Beteiligungsgedankens im Vierten Vermögensbildungsgesetz (sog. 936-DM-Gesetz von 1984) und Fünften Vermögensbildungsgesetz (1987) schuf die Bundesregierung die Möglichkeit, dass auch den kleineren und mittleren Unternehmen die von ihnen zu erbringenden zusätzlichen Lohnteile (Investivlöhne) als Finanzierungsmittel zur Verfügung stehen. Die Aufstockung des Förderungsbetrages auf jährlich 936 DM und die Erweiterung des Anlagekataloges, insbesondere auf die stille Gesellschaft, stellte die Weichen für die Rückleitung investiver Lohnteile in die sie erbringenden Unternehmen. Auch die Handlungsmöglichkeiten der Tarifpartner und Unternehmen im Bereich der Vermögenspolitik wurden erheblich verbessert. Das Fünfte Vermögensbildungsgesetz erweiterte und erleichterte die Möglichkeiten der Arbeitnehmer zur Kapitalbeteiligung. Die Maßnahmen im einzelnen: Erhöhung des Lohnsteuer-Freibetrages für Vermögensbeteiligungen nach § 19 a Einkommenssteuergesetz; Zulassung von Beteiligungssondervermögen im Investmentgesetz, die außer Wertpapieren auch stille Beteiligungen an nicht börsennotierten Unternehmen aufnehmen können; Erwerb von Vermögensbeteiligungen und einfachere Förderungsvorschriften, wonach die Arbeitnehmer mit vermögenswirksamen Leistungen verbriefte Vermögensbeteiligungen unmittelbar vom Arbeitgeber erwerben können, ohne dass ein Vertrag mit Dritten (Kreditinstitut) erforderlich ist.

Aus finanzpolitischer Sicht waren die Jahre von der Wende bis zur Wiedervereinigung überaus erfolgreich: Das strukturelle Defizit begann bereits 1982 zu schrumpfen und konnte bis 1989 vollständig abgebaut werden, die Staatsausgabenquote sank in beachtlichem Maß von 52,2 Prozent auf 47,3 Prozent. Allerdings konnte die Abgabenquote in der Spanne von 1982 bis 1989 nur geringfügig gesenkt werden, da die verringerte Steuerlast durch den Anstieg der Sozialabgaben kompensiert wurde. Obwohl es nicht zu einer Radikalkur kam, war doch allen klar geworden, dass die politischen Akteure in Bonn mit Augenmaß und Weitsicht einen Kurswechsel eingeleitet hatten, von dem Signalwirkung ausging.

Dass der Kurs der Regierung *Kohl* auch außerhalb der Grenzen Deutschlands Anerkennung fand, beweist eine Äußerung des Internationalen Währungsfonds, der in der neuen deutschen Haushaltspolitik eine „optimale Kombination von konsequent betriebener fiskalischer Konsolidierungspolitik, flexibler Geldpolitik und systematischer Strukturanpassung" sah.

Begleitet und unterstützt wurden die Bemühungen der Bundesregierung durch die Geldpolitik der Deutschen Bundesbank, die sich von 1980 bis 1985 energisch der Stabilität des Preisniveaus widmete. Von einem Höchststand der Teuerungsrate im Oktober 1981 mit 7,5 Prozent sank sie kontinuierlich und erreichte im Jahresdurchschnitt 1986 sogar den Wert von –0,2 Prozent. Die wiedergewonnene gegenseitige Ergänzung von Fiskalpolitik und monetärer Politik fand im In- und Ausland lobende Beachtung und begann, Investoren, die das wirtschaftlich eher unstete Deutschland der sozialliberalen Ära weitgehend gemieden hatten, zu ermutigen, sich wieder zu engagieren.

1.2 Soziale Sicherung

Die Bemühungen um die Konsolidierung des Haushalts und die Förderung der privaten Investitionstätigkeit waren von Erfolg gekrönt. Die Kehrtwende bei den Systemen der sozialen Sicherung gelang jedoch nicht in gleichermaßen überzeugender Weise. Alle Maßnahmen, die die Bundesregierung in der Zeit von 1982/83 bis 1989 in den Bereichen der Kranken- und Rentenversicherung durchführte, waren von drängendem Handlungsbedarf bestimmt, der seine Ursprünge zum Teil in den Versäumnissen der Vorgängerregierungen hatte und kaum Zeit für längerfristig wirkende, grundlegende Systemkorrekturen ließ. Zu den wesentlichen Einschnitten in die sozialen Leistungsgesetze gehörten die Erhöhung der Selbstbeteiligung bei Krankenhausaufenthalten und die Einführung eines Krankenversicherungsbeitrags für Rentner; zu einer Reform der Sozialhilfe, die nicht nur nach Meinung des Bundesfinanzministers eine stärkere Beachtung des Lohnabstandsgebots hätte beinhalten müssen, kam es durch den Widerstand der Minister *Norbert Blüm* und *Heiner Geißler* nicht. Die Bevölkerung akzeptierte die Kürzungen im sozialen Sektor weitgehend, weil viele erkannt hatten, dass hinter der großzügigen Verteilung sozialer Wohltaten, wie sie die Regierung *Schmidt* betrieben hatte, primär wahltaktische Motive standen und die Ausdehnung des Sozialbudgets in letzter Konsequenz doch nur über Steuer- und Beitragserhöhungen zu finanzieren war.

Schon bei den Koalitionsverhandlungen hatten die Sozialausschüsse der CDU die „fehlende soziale Ausgewogenheit" der Koalitionsvereinbarung zwischen CDU/CSU und FDP kritisiert. In den Forderungen des Arbeitnehmerflügels der CDU spiegelte sich die Sorge wider, dass ein zu forsch eingeschlagener Konsolidierungskurs das Netz sozialer Sicherung gravierend beschädigen könnte. Die Furcht, die neue Regierung ignoriere weitgehend die Interessen der Arbeitnehmerschaft, erwies sich jedoch schnell als unbegründet. So wurden die Sozialleistungen keineswegs so vollständig und konsequent auf ihre tatsächliche Notwendigkeit hin untersucht und gekürzt, wie es „neoliberale" Theoretiker und die großen Wirtschaftsverbände forderten – im Gegenteil: Die Wiedereinführung des Kindergeldes für Jugendliche ohne Ausbildungsplatz bis zum 21. Lebensjahr (1984), die Umstellung des Mutterschaftsurlaubs auf Erziehungsgeld (1985, 1989) und die Verlängerung der Höchstdauer für den Bezug von Arbeitslosengeld (1986, 1987) zeigten, dass die neue Bundesregierung keinen sozialen Kahlschlag durchführen, sondern mit Augenmaß neue sozialpolitische Schwerpunkte setzen wollte.

Dass dem Bundesminister der Finanzen, *Gerhard Stoltenberg*, die Kürzungen im Bereich Soziales nicht weit genug gingen und neue Vorschläge zum Ausbau der sozialen Sicherung seine ordnungspolitische Skepsis hervorriefen, belegt ein Zitat aus seiner Rückschau „Wendepunkte". Hier heißt es mit Blick auf die Forderung des Bundesministers für Arbeit und Soziales, *Norbert Blüm*, ein Erziehungsjahr im Rentenrecht einzuführen: „Was mich belastete, war die Weichenstellung, die bereits mit dem *Blüm*schen Ausgangsmodell vorgenommen wurde. Wenn jetzt wieder eine expansive Sozialpolitik gleichermaßen für jung und alt eingeleitet werden sollte, wurden die wichtigsten Ziele der Koalition, die konsequente Rückführung der Staatsquote, der Steuer- und Abgabenlast und damit die nachhaltige Stärkung von arbeitsplatzschaffenden privaten Investitionen, wesentlich schwerer erreichbar. Noch hatten wir den aufgrund der demographischen Entwicklung erforderlichen Umbau der Sozialsysteme kaum begonnen, und auch deshalb gab der umstrittene Beschluss ein falsches Signal."

Dass die Lage in der Sozialversicherung tatsächlich äußerst angespannt war, bestätigt ein Blick auf die Entwicklungen in der Renten- und Krankenversicherung.

In der Rentenversicherung verschlechterte sich die Finanzlage gegen Mitte der achtziger Jahre drastisch. Die anhaltende Massenarbeitslosigkeit und die mit ihr verbundenen Einkommensausfälle sowie die wachsende Zahl der Rentner bei gleichzeitig sinkenden Geburtenziffern machten Maßnahmen zur Konsolidierung der Rentenfinanzen unausweichlich; wobei sie immer mehr den Charakter einer Rettungsaktion des Systems der gesetzlichen Altersversorgung annahmen.

Da sich die Rentenreform im bestehenden System vollziehen sollte und von Anfang an ein parteiübergreifender Konsens gesucht wurde, dem auch Gewerkschaften und Arbeitgeber zuzustimmen bereit waren, verliefen die Verhandlungen zwischen den Regierungsparteien und der SPD relativ konfliktfrei. Das von einem gemeinsamen Gremium erarbeitete Konzept zur Sanierung der Rentenfinanzen sah eine schrittweise Anhebung der Beiträge, die Anpassung der Renten an die Nettolöhne und -gehälter, eine Erhöhung des Bundeszuschusses sowie eine schrittweise Heraufsetzung der Altersregelarbeitszeit vor.

Dieses Konzept bildete die Grundlage für den Regierungsentwurf, der am 9. November 1989 mit breiter parlamentarischer Zustimmung Gesetz wurde. Die Kernpunkte der Reform bestanden in der Orientierung der jährlichen Rentenanpassung an den Nettoeinkommenszuwächsen sowie eine schrittweise Absenkung der Vorruhestandsgrenze. Auch die Erhöhung des Bundeszuschusses von 17 Prozent der Ausgaben auf 19 Prozent zählte zu den Sicherungsmaßnahmen. Die Heraufsetzung der Altersgrenze wurde mit Rücksicht auf die Opposition auf das Jahr 2001 verschoben und sollte erst bis 2006 bzw. 2012 vollzogen sein.

Ordnungspolitisch betrachtet war diese Reform nicht der große Durchbruch, da sie das System der gesetzlichen Alterssicherung in Deutschland nicht wirklich „zukunftsfest" machte. Dazu hätte es einer stärkeren Berücksichtigung der privaten Altersvorsorge bedurft. Immerhin gelang es, mit der Rentenreform die bedrohlichen Finanzprobleme zumindest mittelfristig in den Griff zu bekommen. Insbesondere die Umstellung der Rentenanpassung von „brutto auf netto" war ein gravierender Reformschritt in Richtung auf eine spürbare Entlastung der Ausgabenseite der Gesetzlichen Rentenversicherung. Zu beanstanden ist an diesem Reformwerk lediglich die Vorruhestandsregelung. Denn mit der Einführung des Vorruhestands (Gesetz zur Erleichterung des Übergangs vom Arbeitsleben in den Ruhestand) wurde für Arbeitnehmer die Möglichkeit eröffnet, mit Vollendung des 57. Lebensjahres in den Ruhestand zu gehen. Hierdurch entstanden für Arbeitgeber und Arbeitnehmer Anreize, betriebliche Strukturprobleme auf Kosten der Sozialversicherung zu lösen und damit auf die Allgemeinheit abzuwälzen.

Obwohl die Rentenreform von 1989 der ungünstigen demographischen Entwicklung erstmals Rechnung trug, war doch allen Beteiligten – Regierung wie Opposition – klar, dass schon bald weitere Schritte erforderlich sein würden, um einen erneuten Anstieg der Beiträge zu vermeiden.

Auch das Gesundheitswesen in der Bundesrepublik Deutschland bedurfte der Reform. Von 1960 bis 1989 waren die Ausgaben in der Gesetzlichen Krankenversicherung um das Vierzehnfache gestiegen, die Einkommen der Versicherten hatten aber nur um das Fünffache zugenommen. Gegen Mitte der achtziger Jahre begannen die Beiträge wieder zu steigen: von 1984 bis 1987 von 5,7 Prozent auf 6 Prozent des Bruttosozialprodukts. Die Gründe für den dramatischen Anstieg der Kosten im Gesundheitswesen lagen – hier gab es eine Parallele zur Gesetzlichen Rentenversicherung – in der wachsenden Zahl alter Menschen, aber auch in der uneingeschränkten Kassenzulassung für Ärzte und Zahnärzte sowie in der nicht marktwirtschaftlich geregelten Honorierungspraxis der Ärzte und Krankenhäuser.

Da ein Ende dieser ungünstigen Entwicklung nicht abzusehen war und die Wettbewerbsfähigkeit deutscher Unternehmen, die ja die Beiträge hälftig zu tragen hatten, Schaden zu nehmen drohte, sahen die Koalitionspartner politischen Handlungsbedarf. Selbstbeteiligungen und Leistungskürzungen sollten zur kurzfristigen Konsolidierung der Versicherungskassen beitragen, doch waren beide Maßnahmen in den Augen der Bundesregierung mehr: Die Doppelstrategie galt als der richtige Weg zur Effizienzsteigerung im marktfernen und daher unwirtschaftlich arbeitenden gesetzlichen Krankenversicherungswesen. 1983 wurde mit dem Haushaltsbegleitgesetz mit der Umsetzung der Leitidee von mehr Markt und Effizienz begonnen. Die Einführung einer indikationsbezogenen Negativliste für Arzneimittel, die Erhöhung von Zuzahlungen für alle übrigen Medikamente und Kuren sowie die Einführung einer Selbstbeteiligung für Krankenhausaufenthalte markierten den Richtungswechsel in eine marktwirtschaftlichere und eigenverantwortlichere Gesundheitspolitik.

Im Dezember des folgenden Jahres wurde die Gesundheitsreform durch das Krankenhaus-Neuordnungsgesetz fortgeschrieben. Dieses Gesetz zeichnete sich durch eine moderate Stärkung der Selbstverwaltung aus, indem es größere Kompetenzen an die Selbstverwaltungsorgane übertrug und typische Formen der Interessenvertretung schuf (Kollektivverträge zwischen zentralisierten Zwangsverbänden von Krankenkassen und Leistungsanbietern unter staatlicher Aufsicht). Wichtigste Maßnahmen in diesem Stadium der Gesundheitsreform war zum einen die verbesserte Beteiligung der Krankenkassen und Krankenhausträger an der Gestaltung der Pflegesätze, zum anderen die Einräumung der Möglichkeit für Krankenhäuser, Gewinne und Verluste zu erwirtschaften. Die duale Krankenhausfinanzierung, also die Begleichung der Investitionen aus öffentlichen Mitteln und der Betriebs- und Behandlungskosten aus Pflegesätzen, blieb aber bestehen. Durch diese Maßnahmen sollte das Grundproblem des deutschen Gesundheitswesens, der Mangel an Anreizen für eine effiziente Leistungserbringung und eine sparsame Inanspruchnahme von Gesundheitsleistungen, zumindest teilweise behoben werden. Die Signalwirkung, die von der Krankenhausneuordnung ausging, war beachtlich, ihre ordnungspolitische Bedeutung hingegen begrenzt, da weitere Schritte folgen mussten. Dies geschah Anfang 1989 mit dem Gesundheitsreformgesetz.

Ähnlich wie die Reform der Gesetzlichen Rentenversicherung stellte die umfassende Neuordnung des Gesundheitswesens einen Kompromiss zwischen den höchst unterschiedlichen Interessenlagen der Beteiligten dar. So wurden Festbeträge für Arznei-, Hilfs- und Heilmittel eingeführt, die Zuschüsse bei Badekuren und Fahrtkosten gekürzt, die vertrauensärztlichen Dienste gestärkt und die Selbstbeteiligung insbesondere bei den Kosten für Zahnersatz erweitert. Die Maßnahmen im einzelnen:

- Einführung bzw. Erhöhung der Zuzahlungen bei Heilmitteln (10 Prozent), Krankenhausaufenthalten (10 DM/Tag), Zahnersatz (50 Prozent bei Bonusregelungen für regelmäßige Kontrolluntersuchungen) und bei kieferorthopädischer Behandlung (20 Prozent) verbunden mit der Möglichkeit von Zuzahlungsbefreiungen für Härtefälle;
- Einführung von Festbeträgen für Arzneimittelgruppen. Wirkstoffidentische oder wirkstoffähnliche Arzneimittelgruppen werden zu Gruppen zusammengefaßt und von den Kassen ein fester Maximalpreis festgelegt. Mögliche Differenzen zu höheren Preisen (z. B. für „Markenarzneimittel") hatte der Patient selbst zu tragen. Für Arzneimittel ohne Festbetragsregelung wurde eine prozentuale Selbstbeteiligung von 15 Prozent (max. 15 DM) eingeführt;
- Einführung einer Negativliste unwirtschaftlicher oder medizinisch wenig sinnvoller Arzneimittel, die von den Kassen nicht länger bezahlt werden mussten;

• Einschränkung des Kreises der pflichtversicherten Personen (Arbeiter oberhalb der Versicherungspflichtgrenze, Studenten nach dem 14. Fachsemester oder dem 30. Lebensjahr, bestimmte Gruppen von Selbständigen).

Diese Einschnitte, die wiederum die Voraussetzung für die Zustimmung des liberalen Koalitionspartners waren, wurden von der gesamten CDU als richtig und notwendig erachtet. Hierbei spielte der Aspekt, die Pflege in der Familie gegenüber der externen Pflege in Heimen zu fördern, eine wichtige Rolle. Auch die Sozialausschüsse der CDU/CSU trugen die Entscheidung mit, wobei sie sich erfolgreich dafür einsetzten, die Hälfte der Einsparungen – man erwartete einen Betrag in Höhe von 14 Milliarden DM – für Einrichtungen der Prävention sowie für Leistungen der häuslichen Pflege (als Alternative zu einer gesetzlichen Pflegeversicherung) zu verwenden. Aufgrund des Widerstandes der Länderregierungen, die entschlossen an ihren Kompetenzen für das Krankenhauswesen festhielten, blieben die Krankenhäuser als einer der Hauptverursacher von Kosten von jeglichen Eingriffen mit kostendämpfender Zielsetzung verschont.

In kritischer Gesamtschau lässt sich feststellen, dass die Reform des Gesundheitswesens nur wenig an den Grundstrukturen des bestehenden Systems änderte. Sie privatisierte Randteile des Krankheitsrisikos und sozialisierte das Risiko der Pflegebedürftigkeit ebenfalls nur teilweise. Die Festlegung der Preise bestimmter verschreibungspflichtiger Medikamente war marktwirtschaftlich betrachtet sogar kontraproduktiv. Da das Reformwerk weder kostensenkenden Wettbewerb förderte noch hinreichende Anreize für eine angemessene Selbstbeteiligung bot, kam es im Endergebnis nicht über eine temporäre Entlastung bei den Ausgaben hinaus. Auch hier deutete sich schon früh die Notwendigkeit einer Reform der Reform an.

1.3 Beschäftigungspolitik

In der Beschäftigungspolitik distanzierte sich die Koalition der Mitte von keynesianisch geprägten Arbeitsbeschaffungsmodellen und sonstigen populistisch motivierten Eingriffen in den Arbeitsmarkt; sie setzte statt dessen auf ein durch günstige ökonomische Rahmenbedingungen angeregtes Wirtschaftswachstum. Die Erfolge bei der Konsolidierung des Bundeshaushalts, der erklärte und zumindest teilweise vollzogene Rückzug des Staates aus Wirtschaftsprozessen sowie die energische Lichtung des Wildwuchses bei Gesetzen und Verordnungen schufen eine Atmosphäre des Vertrauens in die neue Wirtschaftspolitik, die ihren deutlichsten Niederschlag in einem ungebrochenen Anstieg der Anlageinvestitionen fand. In ihrer Folge nahm die Beschäftigung von 1982 bis 1989 zu: Die Statistik verzeichnet für 1982 26,7 Millionen Erwerbstätige, für das Jahr 1989 27,3 Millionen, was einer beachtlichen Steigerung von 2,4 Prozent entspricht.

Der aufwärtsgerichtete Trend der Beschäftigung wurde allerdings durch die Entwicklung der Arbeitslosigkeit in den achtziger Jahren relativiert. Gab es im Jahr 1982 noch 1,8 Millionen Arbeitslose, so lag die Ziffer in den folgenden Jahren bis 1989 immer über zwei Millionen, wobei die Zweieinhalb-Millionen-Marke jedoch nie überschritten wurde. Weniger dramatisch stellt sich die Entwicklung dar, wenn man die Arbeitslosenquote (Arbeitslose in Relation zu den abhängig beschäftigten Zivilpersonen) betrachtet: Betrug die Quote 1982 7,5 Prozent, so lag sie 1989 mit 7,9 Prozent nur geringfügig höher. Dennoch: Was Bedenken aufkommen ließ, war die Tatsache, dass die Arbeitslosigkeit auf relativ hohem Niveau verharrte und, wenn auch nicht dramatisch, weiter wuchs. *Ein* Grund für dieses Phänomen lag im deutlichen Anstieg der demographischen Entwicklung, der mehr junge Menschen auf den Arbeitsmarkt drängen ließ. Diese Entwicklung versuchte die Bundesregierung mit einer umfassenden Lehrstelleninitiative und der Einführung einer komplexen Vorruhestandsregelung für ältere Arbeitnehmer in den Griff zu bekommen; beide Maßnahmen sollten jungen Leuten wieder berufliche Perspektiven eröffnen und die Bedrohung zunehmender Jugendarbeitslosigkeit abwenden. Eine weitere Ursache für die hartnäckig hohe Arbeitslosigkeit war in den strukturellen Verfestigungen des Arbeitsmarktes zu suchen. Während es für qualifizierte Arbeitskräfte auf Grund der günstigen wirtschaftlichen Entwicklung Vollbeschäftigung, zum Teil sogar Überbeschäftigung gab, hatten es die Nicht- oder Minderqualifizierten, aber auch Arbeitnehmer, deren Erwerbsbiographie bereits Perioden der Arbeitslosigkeit aufwies, äußerst schwer, in Arbeit zu kommen.

Nach Einschätzung der Regierung *Kohl* lag eine wichtige Ursache für die hartnäckige Arbeitslosigkeit in der Starrheit der institutionellen Rahmenbedingungen auf dem Arbeitsmarkt. Diese Sicht wurde durch Vergleiche mit dem Ausland, insbesondere mit den angelsächsischen Ländern, bestätigt, wo eine durchgreifende Deregulierung der Arbeitsmärkte zu deutlichen Verbesserungen bei der Schaffung neuer Arbeitsplätze geführt hatte. Schon in den Regierungserklärungen von 1982 und 1983 hatte die christdemokratisch-liberale Koalition drei Reformschwerpunkte benannt:

- die Benachteiligung von Teilzeitarbeit und Arbeitsplatzteilung beseitigen,
- die Arbeitsmarktchancen für Frauen durch eine stärkere Beachtung der Gleichstellung der Geschlechter erhöhen (später kamen Sonderprogramme zur Wiedereingliederung von Frauen nach der Familienphase hinzu)
- den Übergang vom Arbeitsleben in den Ruhestand erleichtern.

Darüber hinaus sollte auch die Beendigung von Arbeitsverhältnissen generell erleichtert werden, da die Bundesregierung den Kündigungsschutz in Deutschland als überzogen betrachtete – eine Einschätzung, die von den Arbeitgebern uneingeschränkt geteilt, von den Gewerkschaften hingegen als Einstieg in die Praxis des „Heuerns und Feuerns" kritisiert wurde. Den beste-

henden Kündigungsschutz als eines der größten Einstellungs-
hindernisse einzuschränken galt der Regierung *Kohl* als not-
wendiger Beitrag zur Förderung der Beschäftigung.

Neben dem Aufbrechen arbeitsrechtlicher Verkrustungen
setzte die christdemokratisch-liberale Koalition verstärkt auf
eine aktive Arbeitsmarktpolitik, mittels derer insbesondere
Langzeitarbeitslose wieder in Lohn und Brot gebracht werden
sollten. Als wichtigste Maßnahmen in den achtziger Jahren
sind zu nennen:

- Das Beschäftigungsförderungsgesetz von 1985 gestattete die
  Befristung von Arbeitsverträgen auf bis zu 18 Monate, wobei
  keine sachlichen Gründe für die Befristung angegeben zu
  werden brauchten. Das Gesetz verbesserte auch die arbeits-
  rechtlichen Bedingungen für spezifische Formen der Teilzeitarbeit wie Arbeit auf Abruf und Job-Sharing; es wurde
  1989 bis 1995 verlängert.
- Die Arbeitsbeschaffungsmaßnahmen (ABM) wurden erheblich ausgeweitet. Ihr Anteil an den Gesamtausgaben der
  Bundesanstalt für Arbeit betrug 1982 2,9 Prozent; im Jahr
  1989 hatten sie sich mehr als verdreifacht.
- Am 1. Juli 1989 trat ein Sonderprogramm zur Beschäftigung
  von Langzeitarbeitslosen in Kraft. Danach erhielten Unternehmer Lohnkostenzuschüsse bis zu 80 Prozent des Lohnes,
  wenn sie Langzeitarbeitslose einstellten. Die Höhe der Zuschüsse bestimmte sich nach der Dauer der vorangegangenen Arbeitslosigkeit. In diesem Zusammenhang ist eine weitere Innovation zu nennen: die Förderung der Existenzgrün-
  dung von Arbeitslosen.

Dass die arbeitsmarktrelevanten Maßnahmen der Bundesregierung nicht ohne Wirkung blieben, belegt die Tatsache, dass
von 1983 bis 1989 rund 1,2 Millionen Arbeitsplätze neu geschaffen wurden und die Zahl der Erwerbstätigen am Ende der
achtziger Jahre in Deutschland so hoch war wie nie zuvor.
Hierzu trugen freilich neue Formen der Arbeit wie Teilzeitbe-
schäftigung, Zeitverträge, Leiharbeit und quasi-selbständige

Tätigkeiten insbesondere im Bereich der Dienstleistungen wesentlich bei. Wenn mit dieser Entwicklung auch fast alle Merkmale der klassischen Normalarbeitsverhältnisse (Vollzeit-Arbeit, Unbefristetheit des Arbeitsvertrages, Sozialversicherungspflichtigkeit, lebenslange Dauer des Arbeitsverhältnisses etc.) auf den Prüfstand gestellt wurden, so gelang es doch, durch die Flexibilisierung von Arbeitsbegriff, Arbeitsrecht und Arbeitsgesellschaft die Voraussetzungen für einen modernen Arbeitsmarkt zu schaffen, der sich den Anforderungen des technischen Fortschritts und der Globalisierung anpassen konnte.

Im Rahmen der Beschäftigungspolitik ist auch die Auseinandersetzung um den § 116 Arbeitsförderungsgesetz (AFG) zu sehen. In ihrem Kampf um die Durchsetzung der 35-Stunden-Woche (und eine Lohnerhöhung von 3,5 Prozent) begannen die Gewerkschaften im Mai 1984 einen siebenwöchigen Streik, der insbesondere die Zulieferbetriebe der Industrie traf. Mit diesen Schwerpunktstreiks sollte die ohne größere Lagerhaltung arbeitende Industrie lahm gelegt werden. Als die Bundesanstalt für Arbeit den von den Ausständen nur indirekt betroffenen Arbeitnehmern die Zahlung von Kurzarbeitergeld verweigerte zogen diese vor die Sozialgerichte. Die Rechtsprechung bestätigte den Anspruch der Arbeitnehmer und verurteilte die Bundesanstalt für Arbeit zur Zahlung. Rechtsgrundlage für die Urteile war § 116 AFG.

Gegen den heftigen Widerstand der Gewerkschaften und der SPD setzte die Regierungskoalition daraufhin eine Änderung des § 116 AFG durch. Der eingefügte Absatz 3 [3] unter-

---

[3] **§ 116 (3) AFG**: Ist der Arbeitnehmer durch einen inländischen Arbeitskampf, an dem er nicht beteiligt ist, arbeitslos geworden, so ruht der Anspruch auf Arbeitslosengeld bis zur Beendigung des Arbeitskampfes nur, wenn der Betrieb, in dem der Arbeitslose zuletzt beschäftigt war,

  1. dem räumlichen und fachlichen Geltungsbereich des umkämpften Tarifvertrages zuzuordnen ist oder

  2. nicht dem räumlichen, aber dem fachlichen Geltungsbereich des umkämpften Tarifvertrages zuzuordnen ist und im räumlichen

band die Zahlung von Arbeitslosengeld für jene Fälle, in denen Arbeitnehmer durch einen Arbeitskampf arbeitslos wurden, ohne selbst an diesem beteiligt zu sein. Mit der neuen Regelung gelang es der Bundesregierung, den Zugriff privater Interessensvertretungen (hier die Gewerkschaften) auf öffentliche Finanzen zu unterbinden. Sie sah darin auch eine Art indirekter Arbeitsförderung, da fortan die Gelder, die der direkten Arbeitsförderung dienen sollten, nicht mehr durch Zahlungen im Zusammenhang mit der Durchsetzung einseitiger Interessen geschmälert werden konnten. Dass die gesetzgeberische Maßnahme der Bundesregierung rechtens war, bestätigte das Bundesverfassungsgericht, indem es eine Verfassungsbeschwerde der IG Metall gegen die Änderung des § 116 AFG zurückwies.

1.4 Umweltpolitik

Als die Koalition der Mitte 1982/83 die Regierungsverantwortung übernahm, war Umweltschutz ein Thema von hoher Aktualität und gesellschaftlicher Brisanz. In der sozialliberalen Ära hatte es mit dem Bundesimmissionsschutzgesetz nur kleine Schritte in Richtung auf eine Umweltschutzgesetzgebung gege-

---

Geltungsbereich des Tarifvertrages, dem der Betrieb zuzuordnen ist,

a) eine Forderung erhoben worden ist, die einer Hauptforderung des Arbeitskampfes nach Art und Umfang gleich ist, ohne mit ihr übereinstimmen zu müssen, und

b) das Arbeitskampfergebnis aller Voraussicht nach in dem räumlichen Geltungsbereich des nicht umkämpften Tarifvertrages im wesentlichen übernommen wird.

Eine Forderung ist erhoben, wenn sie von der zur Entscheidung berufenen Stelle beschlossen worden ist oder auf Grund des Verhaltens der Tarifvertragsparteien im Zusammenhang mit dem angestrebten Abschluss des Tarifvertrages als beschlossen anzusehen ist. Der Anspruch auf Arbeitslosengeld ruht nach Satz 1 nur, wenn die umkämpften oder geforderten Arbeitsbedingungen nach Abschluss eines entsprechenden Tarifvertrages für den Arbeitnehmer gelten oder auf ihn angewendet würden.

ben. Doch wie die anhaltenden Diskussionen und zum Teil heftigen Reaktionen in der Bevölkerung zeigten, wurde die Umweltschutzpolitik der Regierung *Schmidt* als unzureichend und nicht effizient angesehen. So hatte es zwar als Reaktion auf die Ölpreisschocks eine verstärkte staatliche Steuerung auf den Feldern der Energieeinsparung und des Fernwärmeausbaus gegeben, der Schutz für Gewässer, Boden und Luft war jedoch noch lückenhaft, so dass die Industrie diese Ressourcen weitgehend als „freie" Güter betrachtete und entsprechend verschwenderisch mit ihnen umging. Ebenso fehlte auf Bundesebene ein eigenständiges Ressort, das sich um Umweltschutzbelange kümmerte.

Der neuen Bundesregierung stellte sich die Aufgabe, den Umweltschutz umfassender und nachhaltiger zu gestalten. Im Wesentlichen kam es ihr darauf an, allen Umweltnutzern – Konsumenten wie Produzenten – klarzumachen, dass die natürlichen Lebensgrundlagen begrenzt sind und ihre Nutzung folglich nicht länger gratis sein kann. Die Inanspruchnahme natürlicher Ressourcen sollte nach Ausmaß und Intensität „bepreist" werden. Umweltgerechte Preise sollten künftig die Knappheit des Gutes „Umwelt" widerspiegeln und dadurch zu einer Reduzierung des Umweltverbrauchs führen.

Wie auf allen wirtschaftspolitischen Feldern ließ sich die Bundesregierung auch beim Umweltschutz von den Prinzipien der Sozialen Marktwirtschaft leiten. Schon den Vätern der Sozialen Marktwirtschaft war die Erhaltung der natürlichen Lebensgrundlagen ein wichtiges Anliegen gewesen. Nach dem verlorenen Weltkrieg und zu Beginn des Kalten Krieges kam dem raschen wirtschaftlichen Aufbau in Deutschland entscheidende Bedeutung zu. Dennoch erkannten die Verfechter der Sozialen Marktwirtschaft deutlich die Gefahr, die den kommenden Generationen durch den rücksichtslosen Verbrauch von Boden, Wasser und Luft drohte. Aus dieser Erkenntnis und der christlichen Überzeugung heraus, die Schöpfung zu bewahren, mahnte *Müller-Armack* schon 1959:

„Es ist unsere Aufgabe, die Menschen, die jetzt besser versorgt sind und größere Freizeit haben, in die richtige Umwelt zu stellen. Der unstreitig besseren Versorgung steht zweifellos eine unverkennbare Gefährdung des Lebensraumes des Einzelnen gegenüber. Hier sollten neue Wege eingeschlagen werden, um zu verhindern, dass etwa der moderne Verkehr und die moderne Industrie die Umwelt des Menschen durchfluten und zerstören. [...] Hier in der Gestaltung der menschlichen Umwelt, in der Gestaltung der Beziehung von Stadt und Land, von Wohngemeinde und City, in der Gestaltung der Verkehrswege und der Fußgängerwege, in der Gestaltung der Beziehung des Menschen zur Natur liegt eine große Aufgabe noch vor uns. Nach der Lösung der versorgungspolitischen Aufgabe werden einer Politik der Sozialen Marktwirtschaft nicht weniger wirtschafts- und gesellschaftspolitische Aufgaben erwachsen.

Wir stehen nunmehr vor einer zweiten Phase in der Konzeption der Sozialen Marktwirtschaft: Es kommt eine neue Schicht von Fragen, die eine Lösung erheischen, in Sicht. Nicht die materielle Güterversorgung als vielmehr die sinnvolle und lebensgemäße Gestaltung der gesellschaftlichen und natürlichen Umwelt, die noch nicht ihren neuen Stil erhalten hat, dürfte dabei im Vordergrunde stehen. Nach der Erprobung eines Jahrzehntes sollten wir uns nicht mit unbestreitbaren Erfolgen zufrieden geben, sondern die Soziale Marktwirtschaft mit neuen Ansätzen in eine neue zweite Phase hinüberführen. Die Aufgaben, die vor uns stehen, sind nicht geringer als die, die erfolgreich bewältigt werden konnten."

Getreu ihrem Motto, der Sozialen Marktwirtschaft wieder mehr Geltung zu verschaffen, versuchte die Regierung *Kohl*, den Umweltschutz marktwirtschaftlicher zu organisieren. Dieser Ansatz entsprach den wiederholten Empfehlungen des Sachverständigenrates und versprach eine bessere Zusammenarbeit mit den Unternehmen, waren diese doch eher über ein marktwirtschaftliches Anreizsystem und Selbstverpflichtungen zu einer Änderung von umweltbeeinträchtigenden Tätigkeiten zu bewegen als durch gesetzliche Zwänge und Sanktionen. Im Jahreswirtschaftsbericht von 1985 bekannte sich die Bundesregierung unmissverständlich zur marktwirtschaftlichen Ausrichtung ihrer Umweltschutzpolitik:

„Die Bundesregierung ist – ebenso wie der Sachverständigenrat – der Auffassung, dass die umweltpolitischen Probleme durch eine konsequent marktwirtschaftliche Umweltpolitik auf Dauer am wirksamsten zu lösen sind. Umweltfeindliche Produktionsverfahren dürfen sich nicht lohnen. Umweltfreundliches Verhalten muss sich auch wirtschaftlich auszahlen. Umwelt ist ein knappes Gut und darf in der Sozialen Marktwirtschaft auch daher nicht zum Nulltarif in Anspruch genommen werden".

Im Gesamtergebnis blieb der Einsatz marktwirtschaftlicher Instrumente im Umweltschutz aber weit hinter den Erwartungen zurück, insbesondere bei einem Vergleich mit den Vereinigten Staaten, in denen bereits das Glockenprinzip[4] angewandt und Handel mit sogenannten Umweltzertifikaten[5] getrieben wurde. In Deutschland konnte man sich zu solchen Maßnahmen, die es ermöglichen, über Produktpreise die Kosten für Umweltverbrauch zu benennen und damit konsequent den Markt zur Lösung von Umweltproblemen zu nutzen, nicht durchringen. In erster Linie wurden flankierende fiskalische

---

[4] Beim Glockenprinzip wird über eine begrenzte Anzahl von luftverschmutzenden Unternehmen eine imaginäre Glocke gestülpt. Die Luftbelastung in dieser Glocke wird gemessen und als Ausgangspunkt für die gewünschte Reduzierung der Belastung genommen. Ein neuer Grenzwert und eine Frist, innerhalb derer der Grenzwert zu erreichen ist, werden staatlich festgesetzt. Es bleibt nun den einzelnen Unternehmen unter der Glocke überlassen, wie sie die Grenzwert-Vorgabe erfüllen. Verhandlungen und Absprachen, Kooperationen mit anderen Unternehmen oder auch Zahlungen für Umweltverbrauch sind dabei legitime marktwirtschaftliche Aktivitäten.

[5] Bei der Zertifikatslösung wird den Unternehmen ein verbrieftes Recht auf eine bestimmte, ständig sinkende Menge an Umweltnutzung zugestanden. Die Zertifikate, die auf bestimmte „Verschmutzungseinheiten" lauten, sind frei handelbar. Das Modell läuft über mehrere Jahre, in denen die Luftbelastung zurückgeht. Die Gesamtmengen der Luftbelastung dürfen in keinem Jahr überschritten werden.

Hilfen für Unternehmen in Form von Krediten, Sonderabschreibungen und Zuschüssen gewährt. Dies geschah in der Absicht, dem produzierenden Gewerbe und der Industrie als den Hauptverursachern von Umweltschäden Anreize für den Umstieg auf umweltschonendere Produktionsweisen zu bieten, beinhaltete jedoch die Gefahr einer verdeckten Subventionierung, die wiederum zu Preisverzerrungen führen konnte und damit den Marktmechanismus auszuhebeln drohte. Die Politik der Anreize zur freiwilligen Verbesserung umweltschädlicher Produktionsmethoden, insbesondere der Reduzierung schädlicher Emissionen in Luft und Wasser wurde von der Industrie durchweg positiv aufgenommen und mit einer Fülle von Selbstverpflichtungen konstruktiv beantwortet.

Im Gegensatz zu den eher schwachen Bemühungen, den Umweltschutz marktwirtschaftlich(er) zu organisieren, waren die vielfältigen Aktivitäten der Bundesregierung bei der Fortentwicklung der gesetzlichen Rahmenordnung durchaus beachtlich und zumeist von Erfolg gekrönt. Die weitere Ausgestaltung des Umweltordnungsrechts geschah aus der Überzeugung heraus, dass der Schutz der Umwelt zu den herausragenden Feldern und Aufgaben der Wirtschaftspolitik gehört und daher ordnungspolitisch angemessen eingebettet werden muss. Ordnungspolitik, wie sie die Regierung *Kohl* in der Tradition *Ludwig Erhards* verstand, bestand in der nachhaltigen Gestaltung der Wirtschaftsverfassung, also jenem Teil der nationalen Rechtsordnung, der die grundlegende Organisation der Volkswirtschaft regelt und Art, Umfang und Verteilung ökonomischer Entscheidungskompetenzen bestimmt. Beim Ausbau des Ordnungsrahmens für den Umweltschutz hatten Bundeskanzler und Wirtschaftsminister auch die Mahnungen des Sachverständigenrates im Ohr, dass ein erhöhtes staatliches Engagement im Umweltschutz eindeutiger gesetzlicher Vorgaben und verschärfter Kontrolle bedürfe – dies insbesondere im Bereich der Gefahrenabwehr. Die Fülle umweltschützender Maßnahmen mit Gesetzes- oder Verordnungscharakter der Jahre 1983 bis 1989 beweist, dass die Bundesregierung den Hauptakzent ihrer konkreten Umweltpolitik auf das Ordnungsrecht und dessen Perfektionierung legte. Die Darstellung des knappen Guts „Umwelt" durch Marktpreise galt zwar weiterhin als wünschenswertes Ziel, die Nutzung marktwirtschaftlicher Hebel als wirkungsvolle Methode für mehr Umweltschutz, doch kam beiden im Vergleich mit der Ausweitung des ordnungspolitischen Instrumentariums nur ergänzende Bedeutung zu.

Zu den herausragenden umweltpolitischen Schutzmaßnahmen, die zwischen der Wende 1983 und der deutschen Wiedervereinigung zu einem drastischen Rückgang der Schadstoffe in der Luft führten, zählten die Großfeuerungsanlagenverordnung, die Technische Anweisung zur Reinhaltung der Luft (TA-Luft) von 1986, die Einführung schadstoffarmer Kraftfahrzeuge (geregelter Drei-Wege-Katalysator) und bleifreien Benzins. Der relativ rasche und nachhaltige Erfolg des Umweltkonzepts für reine Luft ging unter anderem auch darauf zurück, dass die Regierung durch die Kreditanstalt für Wiederaufbau zinsgünstige Kredite für Umweltschutzinvestitionen in Höhe von 3,5 Milliarden DM bereitstellte. Neben diese spektakulären Maßnahmen traten solche, die von der Öffentlichkeit weniger beachtet wurden, so zum Beispiel die Novelle zum Wasserhaushaltsgesetz, zum Abwasserabgabengesetz und zum Waschmittelgesetz. In der Abfallwirtschaft wurden mit Novellen zum Abfallbeseitigungsgesetz neue Akzente gesetzt: Anreize zur Abfallvermeidung und ein Abfallverwertungsgebot hatten zum Ziel, die bisherige Praxis der undifferenzierten Abfallentsorgung durch ein ökologisch verträglicheres Verfahren abzulösen.

Zu den Grundlinien der neuen Umweltschutzpolitik gehörte konsequenterweise auch die Betonung des Verursacherprinzips: Hiernach soll derjenige, der die natürliche Umwelt in Anspruch nimmt – sei es als Produzent, sei es als Verbraucher –, für die von ihm verursachten Schäden verantwortlich gemacht und in Regress genommen werden. Dass der Verursacher der Schäden die Kosten ihrer Beseitigung trägt und nicht die Allgemeinheit, ließ sich unmittelbar aus den Prinzipien der Sozialen Marktwirtschaft herleiten. Bis dahin war es verbreitete Praxis, die Kostenlast von den Schadensverursachern auf die Steuerzahler abzuwälzen. Umweltbelastende Betriebe brauchten die Kosten ihrer Umweltbeanspruchung nicht zu berücksichtigen und setzten folglich die Preise umweltintensiver Produkte viel zu niedrig an; einen Druck zur Kostenminimierung im Umweltbereich gab es nicht, so dass eine übermäßige Belastung der natürlichen Lebensgrundlagen die Regel war. Mit der zunehmenden Verankerung des Verursacherprinzips in staatlichen Normen begannen die Unternehmen, den jetzt teurer werdenden Verbrauch von Umwelt in ihren Kostenrechnungen zu berücksichtigen und neben verbesserten Methoden der Schadensbeseitigung verstärkt auf neue Technologien der Schadensvermeidung zu setzen.

In der öffentlichen Diskussion der achtziger Jahre war oft das Argument zu hören, dass Wirtschaftswachstum auf Kosten der Umwelt gehe und langfristig die natürliche Lebensbasis zerstöre. Nicht wenige folgerten daraus, dass Wirtschaftswachstum mit Umweltschutz unvereinbar sei. Dieser Ansicht trat die Bundesregierung entschlossen entgegen. Ihre Argumentation beruhte auf der Erkenntnis, dass es gerade in Ländern mit niedrigem Produktionsniveau und schwachem Wachstum, so zum Beispiel in den Entwicklungsländern oder in den jungen Industrieländern, gravierende Umweltprobleme gibt. Länder mit einem hohen Wirtschaftswachstum und fortschrittlichen Produktionsmethoden hätten sowohl bei der Schadensvermeidung als auch bei der Schadensbeseitigung klare Vorteile gegenüber wirtschaftlich stagnierenden Volkswirtschaften. Auch könne die Bevölkerung in wirtschaftlich prosperierenden Ländern die Kosten einer ökologischen Umstrukturierung der Volkswirtschaft besser tragen als Menschen in Staaten, in denen die Wirtschaft stagniert oder gar verfällt. Unterstützt durch den Sachverständigenrat verwies die Bundesregierung immer wieder darauf, dass ein niedriges Produktionsniveau und eine stagnierende Wirtschaft keineswegs vor Umweltbelastungen und Ressourcenraubbau schützen, sondern im Gegenteil den ökologisch orientierten Umbau der deutschen Volkswirtschaft behindern, statt ihn zu fördern.

In klarer Gegenposition zu den wachstumsfeindlichen

Standpunkten, wie sie von den Grünen, aber auch von Teilen der Sozialdemokratie vertreten wurden, trat die Bundesregierung in den achtziger Jahren für ein qualifiziertes, das heißt umweltgerechtes Wirtschaftswachstum ein. Wirtschaftswachstum wurde also grundsätzlich bejaht, jedoch nur insoweit, als es mit der Erhaltung und Schonung der natürlichen Lebens- und Produktionsgrundlagen vereinbar war. Ein solches „angemessenes" Wachstum in Verbindung mit ethisch vertretbaren Fortschritten in Wissenschaft und Technik galt als Grundvoraussetzung für eine erfolgreiche Umweltschutzpolitik auf hohem Niveau. Im Jahreswirtschaftsbericht von 1988 begründete die Bundesregierung ihre Haltung: „Zu Recht betont der Sachverständigenrat, dass Umweltschutz durch Wachstumsverzicht nicht erleichtert wird. Gerade in einer wachsenden Wirtschaft setzen sich umweltschonende Verfahren und Produkte leichter am Markt durch; die vorhandenen Anlagen werden rascher durch neue ersetzt, die in der Regel energiesparender und umweltschonender sind."

Weniger erfolgreich als bei der Realisierung ihrer umweltpolitischen Vorstellungen im Inland war die Bundesregierung beim Versuch, dem Umweltschutz in der Europäischen Gemeinschaft mehr Gewicht zu verleihen. Aus zwei Gründen drängte sie bei Verhandlungen mit ihren Partnern aus der Europäischen Gemeinschaft auf weitere Fortschritte im Umweltschutz, insbesondere auf eine gemeinsam abgestimmte Umweltpolitik: Zum einen machte es nach Auffassung der Bundesregierung keinen Sinn, Anstrengungen gegen zunehmende Umweltverschmutzung im nationalen Alleingang zu unternehmen, wenn viele Umweltbelastungen über Luft und Wasserstraßen nach Deutschland gelangten und damit mühsam erreichte inländische Erfolge in Frage stellten. Zum anderen ergäben sich als Folge hoher Umweltauflagen einseitige finanzielle Mehrbelastungen für die deutsche Wirtschaft, die sich beim Absatz international handelbarer Produkte in empfindlichen Wettbewerbsnachteilen gegenüber der europäischen Konkurrenz niederschlügen. Wegen des erheblichen Gefälles bei Umweltstandards in den Staaten der Europäischen Ge-

meinschaft und der unterschiedlichen Gewichtung umweltpolitischer Belange durch die Bevölkerungen und Regierungen
sah sich die Bundesregierung bei ihren umweltpolitischen Vor-
stößen auf europäischem Parkett mit heftigem Widerstand
konfrontiert.

Aufgrund dieser Erfahrung entschloss sich die Regierung
Kohl gegenüber den EG-Partnern zu einer Strategie, die einerseits am vergleichsweise hohen Umweltschutzniveau Deutschlands festhielt, andererseits hartnäckig für eine schrittweise
Anpassung (Harmonisierung) des europäischen Umweltschutzes an die Standards der im Umweltschutz führenden
EG-Länder warb. Bei der Verfolgung dieser Politik vertraute die
Bundesregierung auf den allmählichen Sinneswandel der Bevölkerungen in den Mitgliedstaaten. Allerdings ließ sie sich
nicht dazu hinreißen, kostspielige Alleingänge durchzuführen
oder um jeden Preis eine Vorreiterrolle wahrzunehmen. Im
europäischen wie im internationalen Vergleich lag die Bundesrepublik Deutschland mit ihren umweltschützenden Maßnahmen stets an der Spitze. Bei überzogenen und einseitigen umweltpolitischen Entscheidungen bestand jedoch die Gefahr, das
für die ökologische Umstrukturierung der Wirtschaft so wichtige Wirtschaftswachstum nachhaltig zu stören. Von daher
mahnte die Bundesregierung auf europäischem wie auf internationalem Parkett eine global abgestimmte Umweltschutzpolitik an, betrieb aber im Inland den Umweltschutz mit Augenmaß für das ökonomisch Machbare.

Eines der umstrittensten Felder innerhalb der Umweltpolitik
war aufgrund der Atomstromdebatte die Energiepolitik. Das
Pro und Contra um die Nutzung von Kernenergie in den achtziger Jahren gemahnte in Ausmaß und Schärfe teilweise an die
Glaubenskriege vergangener Zeiten und nahm bisweilen bür-
gerkriegsähnliche Formen an. Die gewaltsamen Auseinandersetzungen um Kernkraftwerke, Aufbereitungsanlagen und
Atommülltransporte entwickelten sich zu einem permanenten
gesellschaftlichen Unruheherd. Die Position der Bundesregierung war dabei stets eindeutig: Aus ökonomischen wie ökologischen Gründen befürwortete sie die Nutzung der Kernener-

gie uneingeschränkt. Um die Energieversorgung der Bundesrepublik Deutschland sicherzustellen, setzte sie auf einen Energiemix aus Kernenergie, Stein- und Braunkohle sowie Rohöl. Auf die Kernenergie wollte sie nicht verzichten, weil Kernenergie relativ billigen Strom liefert, im Gegensatz zu Kohlekraftwerken klimafreundlich ist und die Abhängigkeit von Rohöllieferungen aus dem Ausland reduziert. Als einer der ersten Politiker überhaupt wies *Helmut Kohl* auf die überragende Bedeutung des Klimaschutzes hin; er tat dies in seiner Regierungserklärung von 1987 „Die Schöpfung bewahren, die Zukunft gewinnen": „In zunehmendem Maße beunruhigend sind globale Gefährdungen unserer Erdatmosphäre. So droht durch den sogenannten Treibhauseffekt eine gravierende Klimaveränderung. Hier gilt es die Forschung voranzutreiben, weltweit die Energieerzeugung durch fossile Brennstoffe zumindest nicht auszuweiten sowie der extensiven Rodung tropischer Regenwälder entgegenzuwirken ..."

Hinzu kam, dass die Kernenergietechnologie in Deutschland zur Weltspitze gehörte und einen entsprechend hohen Stellenwert bei den Exporten einnahm: „Die Nutzung der Kernkraft ist notwendig, um eine Stromerzeugung zu international wettbewerbsfähigen Preisen zu erhalten. Ein Verzicht ist gegenwärtig und auf absehbare Zeit nicht vertretbar, weil bessere Alternativen im Hinblick auf Versorgungssicherheit, Umweltfreundlichkeit und Preisgünstigkeit derzeit nicht erkennbar sind. Die Bemühungen um eine nachhaltige Erhöhung des Anteils regenerativer Energiequellen, die die konventionellen Energien in Zukunft ergänzen sollen, werden mit Nachdruck weitergeführt" (Jahreswirtschaftsbericht 1987). So hielt die Bundesregierung am Konzept des Energiemix, dem – nicht zuletzt wegen der fortgesetzten Subventionierung der einheimischen Steinkohle – auch weite Teile der SPD zustimmten, fest.

Ein Vergleich mit den siebziger Jahren, aber auch mit anderen industrialisierten Ländern zeigt, dass der Umweltschutz in Deutschland in den Jahren 1983 bis 1990 beachtliche Fortschritte machte. Tatsache ist, dass die Regierung *Kohl* schon bei ihrem Amtsantritt dem Schutz und der Schonung der

natürlichen Lebensgrundlagen große Bedeutung beimaß –
sichtbares Zeichen hierfür war die Einrichtung eines Bundes-
umweltministeriums unter *Walter Wallmann* – und bis zur
Wiedervereinigung ein Umweltschutzprogramm realisierte, das
ordnungspolitisch Maßstäbe setzte, indem es die verkündeten
Ziele ohne negative Nebenwirkungen (weitgehend) erreichte
und die private Initiative in die Umweltpolitik einband. Die
Bundesregierung betrat hierbei, wie auch der Sachverständigenrat hervorhob, wirtschaftspolitisches, technologisches und
ökologisches Neuland, was die Entscheidungsfindung nicht erleichterte. Alles in allem erzielte sie mit ihrer Kombination aus
marktwirtschaftlichen Anreizen, direkter Technologieförde-
rung und gesetzlichen Ge- und Verboten nicht nur einen drastischen Rückgang bestimmter Umweltbelastungen, sondern
schuf auch ein Instrumentarium, das sich bei der Bewältigung
der immensen ökologischen Aufgaben, die sich nach der Wiedervereinigung stellten, bewähren sollte.

1.5 Fazit

Betrachtet man die Wirtschafts- und Finanzpolitik in der Zeitspanne vom Regierungswechsel 1982/83 bis zum Beginn der
Wiedervereinigung vom Standpunkt des Desasters aus, das die
keynesianische Experimentalpolitik der sozialliberalen Koalition hinterlassen hatte, so ergibt sich ein überzeugendes Bild.
Nimmt man hingegen die – bei realistischer Betrachtung –
überzogene Hoffnung einer radikalen und vollständigen Rückkehr zu den Grundsätzen der Sozialen Marktwirtschaft zum
Maßstab, so wird man auch Schatten erkennen. Wie dem auch
sei: Unbestreitbar wurden bemerkenswerte Erfolge bei der –
dringend erforderlichen – Konsolidierung der öffentlichen
Haushalte erzielt. Die kontinuierliche Rückführung der Staatsquote in Verbindung mit einer engagierten Privatisierung ver-
größerten den Spielraum sowohl für politische Entscheidungen
als auch für unternehmerisches Engagement und setzten damit
ein positives Signal für mehr Eigeninitiative. Ein stabiles Preisniveau, investitionsfreundliche Zinsen und eine Lohnpolitik,

die die Anspruchsspirale der vorhergehenden Jahre zumindest nicht fortsetzte, verbesserten die Angebotsbedingungen spürbar und verringerten den Abstand zwischen dem viel beschworenen Leitbild der Sozialen Marktwirtschaft und der wirtschaftspolitischen Wirklichkeit.

Um dieser Politik Nachhaltigkeit zu verleihen, wäre es nötig gewesen, die Abgabenlast – und zwar sowohl für die Nachfrageseite als auch für die Seite der Produzenten – konsequent weiter zu reduzieren. Auch der in Gang gekommene Abbau der Regulierungsdichte, der zu den Hauptzielen der Bundesregierung gehört hatte, hätte weiter vorangetrieben werden müssen. Beides gelang nicht im wünschenswerten Ausmaß. Der Grund hierfür lag aber weniger in der mangelnden Entschlossenheit der Bundesregierung als vielmehr im gut organisierten Widerstand der Interessengruppen, die sich der vielfältigen Einfluss- und Einspruchsmöglichkeiten fleißig bedienten.

2. Von der Wiedervereinigung zur rot-grünen Koalition (1990–1998)

In den Jahren ab 1990 liefen in Deutschland drei Prozesse gleichzeitig ab: das Zusammenwachsen von Ost- und Westdeutschland, die Fortsetzung der europäischen Integration und der durch die Globalisierung hervorgerufene Strukturwandel. Dabei kam der Vollendung der deutsch-deutschen Integration aus wirtschaftlichen und gesellschaftlichen Gründen klare Priorität vor der Bewältigung der beiden anderen Entwicklungen zu. Während es nach der Wiedervereinigung im Wesentlichen darum ging, eine seit vierzig Jahren bestehende Zentralverwaltungswirtschaft in eine moderne, an rechtsstaatlichen Prinzipien und internationalen Maßstäben orientierte Marktwirtschaft zu überführen, stand auf europäischer Ebene die Vertiefung und Erweiterung der Europäischen Union auf dem Plan; die Globalisierung wiederum erzeugte einen Anpassungsdruck, der ganz Deutschland erfasste. Alle drei Entwicklungen gestalteten sich schwierig und stellten die Bundesregierung vor große Probleme. Die Wiedervereinigung, und das heißt: die Integration von mehr als 15 Millionen Ostdeutschen in das politische, wirtschaftliche und gesellschaftliche System der Bundesrepublik Deutschland war dabei sicherlich die dringlichste und gleichzeitig schwierigste Aufgabe.

Der Hauptgrund für die Schwierigkeiten lag in den vielen Fehleinschätzungen der gesamtwirtschaftlichen Situation des wiedervereinigten Deutschland zu Anfang der neunziger Jahre. Hier irrte nicht nur die Bundesregierung sondern auch die Mehrheit der Wirtschaftsexperten:

- Aufgrund der Analyse der fünf führenden Wirtschaftsforschungsinstitute, die für die Jahre 1990 und 1991 ein Wirtschaftswachstum von 3,75 Prozent bzw. fast 4 Prozent prognostiziert hatten, sowie den Versprechungen der deutschen Privatwirtschaft, in großem Stil in den neuen Bundesländern zu investieren, ging die Bundesregierung berechtigterweise davon aus, dass genügend finanzielle Reserven zur Verfügung ständen, um die Lasten der Wiedervereinigung zu tragen. Aus ihrer Sicht würde der sich abzeichnende Vereinigungsboom zur Reduzierung der Arbeitslosigkeit führen und gleichzeitig die Lösung der Hauptaufgaben: Anpassung der Renten, Einführung der D-Mark, Modernisierung der maroden Infrastruktur, Beseitigung der enormen Umweltschäden erleichtern.
- Ebenfalls falsch bewertet wurden die Leistungsfähigkeit der DDR-Wirtschaft und die Höhe ihres Anlagevermögens. Als Folge dieser Fehleinschätzungen wurde das Ausmaß der Finanzhilfen für den Aufbau der neuen Bundesländer viel zu gering angesetzt. Ein Beispiel: Noch 1989 hatte der letzte Ministerpräsident der DDR, *Hans Modrow*, das Anlagevermögen der DDR auf 1500 Milliarden DM veranschlagt, sein Nachfolger *Lothar de Maizière* korrigierte bereits Anfang 1990 die Schätzung auf 800 Milliarden DM; im Oktober 1990 nahm *Carsten Rohwedder* als Leiter der Treuhand-Anstalt eine erneute Korrektur vor, die nun das Anlagevermögen auf 500 Milliarden DM bezifferte. Bereits im Frühjahr

1991 ging der Treuhand-Chef nur noch von einem Gleichstand der Aktivposten und Verbindlichkeiten aus. In der Schlussbilanz, die *Birgit Breuel* als Nachfolgerin *Rohwedders* im Herbst 1992 vorlegte, ergab sich gar ein Minus von 420 Milliarden DM!

- Der weitgehend kreditfinanzierte Vereinigungsboom verstellte die Sicht auf die ökonomischen Gegebenheiten in den neuen Bundesländern und die aus ihnen resultierende Notwendigkeit einer nachhaltigen Verbesserung der Angebotsbedingungen. Während die staatlichen Transfers richtigerweise in den Aufbau der maroden Infrastruktur gingen, wurden die in privater Hand befindlichen Mittel fast ausschließlich zur Befriedigung einer gigantischen Nachfrage nach konsumtiven Gütern verwendet.

- Auch die Entwicklung der Löhne in den neuen Bundesländern verlief anders als erwartet und trug ihren Teil zu falschen Einschätzungen bei: Nach der Einführung der Tarifautonomie in Ostdeutschland sollte sich die massive Kampagne der Gewerkschaften, die Löhne in Ostdeutschland rasch und vollständig dem westdeutschen Lohnniveau anzugleichen, als schwere Hypothek für den Aufbau der neuen Bundesländer erweisen. Die Forderung war deshalb so problematisch, weil sie auf die weitaus ungünstigere Produktivitätssituation der ostdeutschen Wirtschaft keine Rücksicht nahm und ihre Wettbewerbsfähigkeit dadurch auf Dauer schwächte. Die Forderung umzusetzen bedeutete, den einzigen komparativen Vorteil aus der Hand zu geben, über den die neuen Bundesländer verfügten: die niedrigen Löhne. Die Folge war, dass sich die Beschäftigungslage im Osten dramatisch verschlechterte. Aber auch in den alten Bundesländern traten im Zuge der Verschärfung des internationalen Wettbewerbs strukturelle Mängel zu Tage, die durch den Vereinigungsboom zeitweise kaschiert worden waren.

Die Bundesregierung unternahm große Anstrengungen, um diese Mängel ordnungspolitisch zu korrigieren und neuen Fehlentwicklungen vorzubeugen; aber es gelang nicht überall und gelegentlich auch nur ansatzweise, die mit der Wende 1982/83 eingeleitete Rückbesinnung auf die Prinzipien der Sozialen Marktwirtschaft in der wirtschaftspolitischen Praxis des jetzt wieder vereinten Deutschland konsequent um- und fortzusetzen. Der marktwirtschaftlichem Verständnis nur schwer zugängliche Grund hierfür liegt in einem prinzipiellen Widerspruch: Man kann beim Aufbau einer marktwirtschaftlichen Ordnung nur äußerst eingeschränkt auf Marktkräfte setzen. Diese Marktkräfte müsse sich ja erst entwickeln. Ihre Entwicklung erfordert Zeit und kann auf lenkende Staatseingriffe nicht verzichten. Auch *Ludwig Erhard* hat 1948 Deutschland keinen „Sprung in das kalte Wasser der Marktwirtschaft" verordnet, sondern den Startschuss zum Aufbau der *Sozialen* Marktwirtschaft gegeben, die er dann in jahrelanger ordnungspolitischer Arbeit fortgeführt hat. Die Wirtschaftspolitik nach Herstellung der deutschen Einheit ist in keinem Teilbereich einem marktwirtschaftlichen Dogmatismus verfallen, sondern der Verantwortung gerecht geworden, die mit dem Bekenntnis zur Sozialen Marktwirtschaft verbunden ist.

2.1 Finanzpolitik

Den Auftakt in der Finanzpolitik machte 1990 die dritte Stufe der Einkommensteuerreform. Sie senkte den Spitzensteuersatz und den Körperschaftssteuersatz für einbehaltene Gewinne und beseitigte die überproportionale Belastung des durchschnittlichen Steuerzahlers im Einkommensteuerbereich. Dieses Maßnahmen waren unter ordnungspolitischen Gesichtspunkten wichtig, führten jedoch zu Steuerausfällen in Höhe von ca. 35 Milliarden DM. Da im selben Jahr im Rahmen der Wirtschafts-, Währungs- und Sozialunion zwischen der Bundesrepublik Deutschland und der DDR umfangreiche Finanztransfers anliefen, wurden nicht weniger als drei Nachtragshaushalte erforderlich.

Als *ein* Beispiel für finanzielle Hilfsmaßnahmen, die aufgrund des ungeheuren politischen Drucks der Umbruchsituation notwendig wurden, sei auf ein Projekt hingewiesen, das gemeinsam von Bund und Ländern durchgeführt wurde: Noch vor dem In-Kraft-Treten der Wirtschafts-, Währungs- und Sozialunion einigten sich die Bundesregierung und die elf westdeutschen Ländern darauf, einen „Fonds Deutsche Einheit" zu gründen, aus dem bis Ende 1994 insgesamt 155 Milliarden DM als Wiederaufbauhilfe für Ostdeutschland bereitgestellt werden sollten; den Löwenanteil dieser Soforthilfe trug der Bund. Auch die Umstellung von DDR-Mark auf D-Mark verstärkte den Kostenschub erheblich, doch auch hier handelte es sich um eine Maßnahme, die angesichts der politischen Entwicklung, und zwar sowohl auf Regierungsebene als auch auf der Ebene der Bürgerinnen und Bürger der DDR („Kommt die D-Mark, bleiben wir, kommt sie nicht, gehen wir zu ihr!"), unumgänglich und unaufschiebbar war.

Aufgrund dieser Belastungen überschritt die Nettoneuverschuldung des Bundes, die noch im Jahr 1989 bei Null gelegen hatte, im Jahr 1990 die 75-Milliarden-DM-Grenze (= 3,1 Prozent des nominalen Bruttosozialprodukts). Dieser quantitative Sprung in der Finanzpolitik beunruhigte zunächst jedoch kaum jemanden. Bundesregierung und auch große Teile der Wirtschaft gingen davon aus, dass zur Modernisierung der Wirtschaft sowie zum Aufbau der Infrastruktur in den neuen Bundesländern zwar Kapital nötig war; man nahm aber an, dass es sich dabei nur um eine Anschubfinanzierung handelte, die den Staatshaushalt in erträglichen und überschaubaren Grenzen belasten würde. Die Mittel wurden zunächst auf zwei Wegen beschafft:

- durch verstärkte Schuldenaufnahme in Form diverser Nebenhaushalte des Staates sowie durch eine vorläufige Suspendierung des horizontalen Finanzausgleichs;
- durch Steuererhöhungen. So wurde für den „Aufbau Ost" ein Solidaritätszuschlag in Höhe von 7,5 Prozent der Einkommensteuerschuld eingeführt (zunächst befristet vom 1. Juli 1991 bis zum 31. Juni 1992). Daneben wurden die Mineralölsteuer, die Tabak- und die Versicherungssteuer angehoben.

Zur Tilgung der für den „Aufbau Ost" aufgenommenen Schulden wurde im März 1993 das „Föderale Konsolidierungsprogramm" beschlossen. Mit diesem Programm, kurz „Solidarpakt" genannt, legten die Vertreter von Bund, Ländern und Parteien den Rahmen für die weitere Finanzierung der deutschen Einheit ab 1995 fest. Zu den wichtigsten Maßnahmen zählten:

- Einführung eines Solidaritätszuschlags von 7,5 Prozent auf die Lohn- und Einkommensteuer.
- Neuordnung des Länderfinanzausgleichs: Von den alten zu den neuen Bundesländern fließen ab 1995 rund 56 Milliarden DM (Bund: 51 Milliarden DM, Länder: knapp 5 Milliarden DM). Der Mehrwertsteueranteil der Bundesländer wird zu Lasten des Bundes von 37 Prozent auf 44 Prozent erhöht.
- Aufstockung der Hilfen für den ostdeutschen Wohnungsbau. Das Programmvolumen der Kreditanstalt für Wiederaufbau wird von 30 auf 60 Milliarden DM erhöht. Die Altschulden der ostdeutschen Wohnungsbaugesellschaften übernimmt der Bund fast vollständig.
- Der Fonds Deutsche Einheit erhält 1993 einen Zuschuss von 3,7 Milliarden DM. Um industrielle Kerne zu erhalten und ökologische Altlasten zu beseitigen, wird der Kreditrahmen der Treuhandanstalt erweitert.
- Für Arbeitsbeschaffungsmaßnahmen werden 1993 zusätzlich zwei Milliarden DM zur Verfügung gestellt. Sozialleistungen in Form von Arbeitslosengeld, Sozialhilfe oder auch Mitteln im Rahmen des BaföG werden nicht beschnitten.

Diese Beschlüsse und die Zunahme der Gesamtverschuldung des Bundes machten es möglich, mit dem „Aufbau Ost" zu beginnen und ihn in Gang zu halten. Die Hilfen summierten sich von 1990 bis 2000 auf deutlich über eine Billion DM netto.

Die gewaltigen finanzpolitischen Anstrengungen waren ordnungspolitisch gerechtfertigt, ja geboten, da sie die Basis schufen, ohne die eine Volkswirtschaft nicht auskommen kann: die Infrastruktur. Dennoch gelang es bis 1998 nicht, in Ostdeutschland einen sich selbst tragenden Wirtschaftsaufschwung mit befriedigender Beschäftigungssituation zu initiieren. Um die Effizienz der Transfermittel zu steigern, erhielt die Förderung der neuen Bundesländer im Sommer 1997 eine neue Struktur: Die Förderprogramme wurden gebündelt und gleichzeitig reduziert, strukturerhaltende Maßnahmen erfuhren deutliche Einschränkungen.

Verschiedene Privatisierungen, die im Zuge der angebotsorientierten Politik durchgeführt wurden, brachten Entlastungen auf der Ausgabenseite und halfen dadurch, politischen Spielraum zurückzugewinnen:

- Am 1. Januar 1994 entstand aus der Deutschen Bundesbahn und der Reichsbahn der ehemaligen DDR die Deutsche Bahn AG. Durch die Umwandlung in eine Kapitalgesellschaft, allerdings unter Zusage öffentlicher Finanzhilfen, sollte ein wettbewerbsfähiges und marktwirtschaftlich operierendes Unternehmen geschaffen werden. Die Privatisierung ist steckengeblieben. Noch heute ist die Bundesrepublik Deutschland alleiniger Aktionär der Deutschen Bahn AG.
- Zum Jahresende 1997 wurde das Bundesministerium für Post und Telekommunikation aufgelöst; die Deutsche Bundespost wurde in drei selbständige Bereiche aufgeteilt: Postdienst, Bankgeschäft und Telekommunikation. Die Telekommunikation übernahm die Deutsche Telekom AG – zunächst als Monopolunternehmen. Seit dem 1. Januar 1998 sind private Wettbewerber auf dem Telekommunikationsmarkt in der Bundesrepublik Deutschland zugelassen.
- Auch weniger spektakuläre Objekte wurden privatisiert: die Deutsche Pfandbrief- und Hypothekenbank AG, die Rhein-Main-Donau AG, die Saarbergwerke AG sowie umfangreiche Liegenschaften. Die Bundesländer trennten sich von Aktienbesitz, Werftenbeteiligungen, Wirtschaftsförderungsgesellschaften sowie Banken- und Versicherungsanteilen.

Neben der Entlastung der öffentlichen Haushalte waren Privatisierungen aber auch aus grundsätzlichen wirtschaftspolitischen Erwägungen eine notwendige Maßnahme: Eine Marktwirtschaft zeichnet sich durch privatwirtschaftlich betriebene Unternehmen aus; Staatsbetriebe, wie sie z.B. in „etatistischen" Marktwirtschaften (Frankreich) vorkommen und in sozialistischen Volkswirtschaften gar dominieren, sind ihr in aller Regel fremd. Privatisierungsmaßnahmen sind aber auch hoch komplex. Vor allem dürfen sie nicht nur formaler Natur sein. So ist z.B. ein bloßer Wechsel der Rechtsform unzureichend, weil er unter ökonomischen Gesichtspunkten, insbesondere im Hinblick auf die Entstehung und Förderung wettbewerblicher Strukturen, meist unerheblich ist. Vor diesem Hintergrund kam der Privatisierung sowohl in den alten Bundesländern, in denen die staatlichen Unternehmen nicht gerade zu den effizientesten zählten, als auch in den neuen Bundesländern, in denen es im Sinne eines marktwirtschaftlichen Neuanfangs die Reste der staatlichen Kommandowirtschaft zu beseitigen galt, überragende Bedeutung zu.

2.2 Soziale Sicherung

Rentenversicherung
Die finanziellen Schwierigkeiten, die sich in der Rentenversicherung Mitte der achtziger Jahre eingestellt hatten, nahmen nach 1990 zu. Hatten bis dahin eine steigende Lebenserwartung bei gleichzeitig sinkenden Geburtenzahlen, zunehmende Arbeitslosigkeit und die großzügigen Möglichkeiten der Frühverrentung zur prekären finanziellen Entwicklung beigetragen, so verschärfte sich die Lage nun durch die Wiedervereinigung. Die Rentner der ehemaligen DDR wurden im Zeichen einer deutsch-deutschen Solidarität so gestellt, als ob sie in das westdeutsche Rentenversicherungssystem eingezahlt und ihre Einkommen vor der Wiedervereinigung denen in Westdeutschland entsprochen hätten. Eine andere Entscheidung hätte es im Rahmen einer Sozialen Marktwirtschaft nicht geben können, denn ohne diese Angleichung hätten die Ostrentner zumeist mit der Sozialhilfe vorlieb nehmen müssen.
Um den weiteren Anstieg des Bundeszuschusses zu stoppen

und die künftigen Lasten für Beitragszahler in einem erträglichen Rahmen zu halten, beschloss die Regierung *Kohl* zwei Rentenreformgesetze, die 1992 und 1999 in Kraft traten; hinzu kam 1996 das Wachstums- und Beschäftigungsförderungsgesetz. Mit diesen Maßnahmen sollte die Rentenversicherung an die gewandelten demographischen Bedingungen angepasst und zukunftssicher gemacht werden. Die Änderungen bestanden im wesentlichen in vier Punkten:

Mit dem Rentenreformgesetz von 1992 wurden die Rentenanpassung, der Bundeszuschuss und der Beitragssatz neu geordnet:

- Die bis dato geltende Koppelung der Rentenanpassung an die Entwicklung der Bruttolöhne hatte wegen der gestiegenen Sozialversicherungsbeiträge und Steuern dazu geführt, dass die Renten schneller wuchsen als die verfügbaren Einkommen. Die neue Rentenformel sah eine jährliche Anhebung der Renten entsprechend der Entwicklung der Nettolöhne vor.
- Der Bundeszuschuss wurde aufgestockt und modifiziert: Seit 1992 orientiert er sich nicht mehr nur an der Entwicklung der Bruttolöhne, sondern wird auch bei einem Anstieg des Beitragssatzes erhöht.

Daneben wurden Leistungskürzungen beschlossen. Das Gesetz sah vor, die Altersgrenzen bei den Altersrenten für langjährig Versicherte, für Frauen und für Arbeitslose ab dem Jahr 2001 schrittweise auf 65 Jahre anzuheben. Ein vorzeitiger Bezug dieser Renten sollte nach Ablauf einer Übergangsfrist nur noch unter Inkaufnahme von Abschlägen möglich sein. Durch das Wirtschaftsförderungsgesetz (WFG) von 1996 wurden die Anhebung dieser Altersgrenzen auf das Jahr 2000 vorgezogen und die Übergangsfristen deutlich verkürzt.

Das zentrale Element des Rentenreformgesetzes, das 1999 in Kraft trat, ist der Einbau eines „demographischen Faktors" in die Rentenformel, der die gestiegene Lebenserwartung bei gleichzeitig sinkenden Geburtenziffern berücksichtigt und die jährliche Rentenanpassung geringer ausfallen lässt. Das Nettorentenniveau sollte dadurch bis zum Jahr 2030 von 70 auf 64 Prozent abgesenkt werden. Andere Leistungseinschränkungen betrafen die Berufs- und Erwerbsunfähigkeitsrenten und die Anhebung der Altersgrenze bei der Altersrente für Schwerbehinderte. Diese Regelungen wurden von der neuen Bundesregierung ausgesetzt. Die Erhöhung des Bundeszuschusses, finanziert durch eine Anhebung der Mehrwertsteuer von 15 auf 16 Prozent, wurde hingegen beibehalten.

Krankenversicherung

Nach den Reformen in den achtziger Jahren schien die Lage für die Krankenversicherung Anfang der neunziger Jahre günstig zu sein. Doch schon bald stiegen die Beiträge erneut. Das am 9. Dezember 1992 mit den Stimmen der Opposition verabschiedete „Gesetz zur Sicherung und Strukturverbesserung der Gesetzlichen Krankenversicherung" sollte die Gesetzliche Krankenversicherung im folgenden Jahr um knapp elf Milliarden DM entlasten und ein weiteres Ansteigen der Beiträge verhindern. Das sogenannte Gesundheitsstrukturgesetz beinhaltete eine Reihe zum Teil einschneidender Maßnahmen:

- Die Einführung einer Positivliste für erstattungsfähige Arzneimittel, bei deren Erstellung die Verbände mitwirken sollten;
- Organisationsreform der Krankenkassen durch Einführung kassenartenübergreifender Risikostrukturausgleiche, Ersetzung der bisherigen ehrenamtlichen Kassengeschäftsführung durch einen hauptamtlichen Vorstand, Ausbau der Möglichkeiten zur Krankenkassenwahl durch zwangsweise Öffnung aller Ersatzkassen und freiwillige Öffnung anderer Kassen für alle Versicherten;
- Grundlohnanbindung auf regionaler Ebene bei den Kosten für die ärztliche und zahnärztliche Versorgung sowie bei den Krankenhauskosten (ausgenommen waren tarifvertragliche Regelungen), den Kosten für stationäre Kuren und den Verwaltungsausgaben der Krankenkassen;

• Reform der Krankenhausfinanzierung durch schrittweisen Ersatz des Selbstkostendeckungsprinzips durch Fallpauschalen und Sonderentgelte.

Erwähnenswert ist, dass mit der Begrenzung des Wachstums der Gesamtvergütungen niedergelassener Ärzte auf die Wachstumsrate der beitragspflichtigen Einnahmen der Krankenkassenmitglieder erstmalig eine bis dahin privilegierte Gruppe wesentlich an den Einsparungen beteiligt wurde.

Obwohl die mit dem Gesundheitsstrukturgesetz verbundenen Einsparungen die Leistungserbringer mit 8,2 Milliarden DM belasteten und den Versicherten eine Erhöhung der Beiträge um 2,5 Milliarden DM aufbürdeten, wollte sich der Erfolg einer *nachhaltigen* Kostenreduzierung nicht einstellen. Mit den Kostendämpfungsgesetzen der Jahre 1993 und 1997 versuchte die Bundesregierung deshalb, die weiter expandierenden Kosten im Gesundheitswesen einzudämmen. Während in den alten Bundesländern noch im Jahr 1982 die Leistungsausgaben bei 93 Milliarden DM gelegen hatten, waren sie 1998 auf knapp 195 Milliarden angestiegen. Dies hatte zur Konsequenz, dass der durchschnittliche Beitragssatz in den 16 Jahren der christdemokratisch-liberalen Koalition von 12 auf 13,5 Prozent angehoben werden musste (alte Bundesländer).

Im September 1996 brachte die Bundesregierung ein weiteres Sparpaket auf den Weg, das Leistungskürzungen der Kassen (beim Zahnersatz jüngerer Versicherter, bei Brillen, Kuren, der Gesundheitsförderung und dem Krankengeld) und erhöhte Zuzahlungen bei Arzneimitteln beinhaltete. Ferner wurde mit dem Beitragsentlastungsgesetz in die Beitragssatzautonomie der gesetzlichen Krankenkassen eingegriffen, indem ihnen gesetzlich vorgeschrieben wurde, ihre Beitragssätze zum 1. Januar 1997 um 0,4 Prozent zu senken. Im selben Jahr verabschiedete die Regierung *Kohl* mit dem Ersten und Zweiten Neuordnungsgesetz jene Teile der sogenannten dritten Reformstufe, zu denen die Zustimmung des mittlerweile von den Oppositionsparteien dominierten Bundesrat nicht erforderlich war. Der Kern der Neuordnung bestand in einer für alle Kassen verbindlichen Anhebung der Eigenbeteiligungen um fünf DM bzw. fünf Prozent; gemildert wurde diese Maßnahme jedoch durch Überforderungsklauseln, die die Zuzahlungen bei maximal zwei Prozent des Bruttoeinkommens begrenzten, bei chronisch Kranken galt die Grenze von einem Prozent. Um eine größere Differenzierung des Leistungsangebots der gesetzlichen Krankenkassen zu erreichen, wurde ihnen freigestellt eigene Leistungsprofile zu erstellen; bis dahin waren knapp 95 Prozent der Leistungen gesetzlich vorgeschrieben.

In ordnungspolitischer Sicht ist hervorzuheben, dass mit den Neuordnungsgesetzen zur Gesetzlichen Krankenversicherung Elemente der privatwirtschaftlichen Versicherung eingeführt wurden. So erhielten die Verbände der Krankenkassen und die Leistungserbringer jetzt das Recht, das Versorgungsniveau selbst zu bestimmen und ihren Leistungskatalog über das gesetzliche Maß hinaus zu erweitern. Um das Kostenbewusstsein zu schärfen und die Möglichkeiten der Eigenkontrolle zu verbessern, wurde auch die Kostentransparenz erhöht. Hierzu sollte die Wahlmöglichkeit zwischen dem Sachleistungs- und dem Kostenerstattungsprinzip einen Beitrag leisten. Im Zuge der Reform wurden auch die Zuzahlungen deutlich angehoben, wobei aber eine regelmäßige Anpassung an die prozentuale Entwicklung der Durchschnittsentgelte der Sozialversicherten vorgesehen war. Im Hinblick auf die beabsichtigte Kostenstabilisierung zeigten die Reformprojekte eine ebenso rasche wie kurzfristige Wirkung: Während die Kassen noch in der ersten Hälfte 1997 ein Defizit von vier Milliarden DM auswiesen, konnten sie am Ende des Jahres auf einen Gesamtüberschuss von einer Milliarde DM verweisen. Doch bereits im ersten Quartal 1998 gerieten die Kassen mit 584 Millionen DM wieder in die Verlustzone.

Die Reform des Gesundheitswesens der neunziger Jahre stellt einen Mix aus dirigistischen Maßnahmen (Budgetierungen, Zulassungsbeschränkungen für Ärzte, Festbeträge für Arzneimittel, gesetzlich verordnete Beitragssatzsenkung etc.) und

liberalen Elementen (größere Kostentransparenz, mehr Selbstbeteiligung der Patienten, größere Leistungsdifferenzierung
und mehr Wettbewerb der Krankenkassen) dar. Mit den inter-
ventionistischen Maßnahmen, die angesichts des drohenden
Finanzkollapses des gesetzlichen Krankenversicherungswesens
ordnungspolitisch vertretbar waren, hoffte man, den Anstieg
der Kosten rasch zu bremsen und kurzfristig sogar Kosten-
senkungen herbeizuführen. Diese Ziele wurden, wenn auch
nur für kurze Zeit, erreicht. Die Einführung marktwirtschaftlicher Elemente, die ethisch mit der Stärkung des Subsidiaritäts-
prinzips begründet wurde, sollte der *Nachhaltigkeit* der finanziellen Konsolidierung der Gesetzlichen Krankenversicherung
dienen und damit ihre Funktionsfähigkeit dauerhaft gewährleisten. Dieser Teil der Reform hat die erwünschten Ergebnisse
bisher nicht erbracht. Zur Eindämmung der kostentreibenden
Strukturen im Gesundheitswesen hätte es weiterer Schritte wie
z. B. der deutlichen Reduzierung der Ausgaben für pharmazeu-
tische Produkte, der Neuordnung des Verhältnisses zwischen
medizinischen und nicht-medizinischen Leistungen, der Einführung von Wahlmöglichkeiten über mögliche Selbstbeteiligungen etc bedurft.

Pflegeversicherung

Am 1. Januar 1995 wurde ein weiterer Baustein in das Ge-
bäude der Sozialversicherung eingefügt: die Pflegeversicherung.
Sie erfasste nahezu die gesamte Bevölkerung der Bundesrepublik Deutschland und sicherte sie in Form einer Pflichtversi-
cherung gegen das Risiko ab, pflegebedürftig zu werden.

Die Gründe, die für die Einführung einer solchen Versicherung sprachen, waren vielfältig und nicht zu widerlegen: So
haben seit den sechziger Jahren Pflegefähigkeit und Pflege-
bereitschaft in den Familien kontinuierlich abgenommen, da
immer mehr Frauen berufstätig wurden und der Zwang zur
Mobilität in vielen Berufssparten zunahm. In diesem Zusammenhang ist auch zu sehen, dass es in Deutschland immer weniger Großfamilien gibt, dafür aber die Zahl der Kleinfamilien,
der Alleinerziehenden und vor allem der Single-Haushalte un-

aufhaltsam wächst. Mit der finanziellen Privilegierung der heimischen Pflege, d. h. der Pflege vornehmlich durch Angehörige, gegenüber der Pflege in Heimen sollte die Familie gestärkt und der Trend zu immer kleineren sozialen Einheiten zumindest verlangsamt werden. Ein weiteres Argument für die Pflegeversicherung, vielleicht das gewichtigste, war der demographische Wandel, der sich neben dem starken Rückgang der Geburtenzahlen auch in einer steigenden Lebenserwartung manifestierte. Mit der Pflegeversicherung wollte man der größeren Anfälligkeit für langandauernde bzw. unheilbare Krankheiten im Alter begegnen. Des weiteren sollte der Zustand beseitigt werden, dass 60 Prozent der 1,6 Millionen Pflegebedürftigen in Deutschland auf Sozialhilfe angewiesen sind. Über die Parteigrenzen hinweg bestand daher ein breiter Konsens, dieses zusätzliche Element in die Sozialversicherung aufzunehmen.

Kritik entzündete sich deshalb auch nicht an der Idee der Pflegeversicherung selbst, wohl aber an ihrer Ausgestaltung. Da die Pflegeversicherung nach dem Umlageverfahren finanziert wird, steht sie – wenn auch noch nicht unmittelbar – vor denselben demographisch bedingten Finanzierungsproblemen wie die Gesetzliche Rentenversicherung. Befürchtet wird vor allem, dass diese Versicherungssparte mittelfristig ins Defizit gerät. In den nächsten vier Jahrzehnten wird sich der Anteil der 65-Jährigen und älteren gegenüber dem der 20- bis 64-Jährigen etwa verdoppeln, so dass Erhöhungen des Versicherungsbeitrags (zur Zeit 1,7 Prozent) unvermeidlich sein werden. Mit einer Erhöhung der Beiträge drohen aber negative Auswirkungen auf Wettbewerbsfähigkeit und Beschäftigung: Da die Beiträge zur Pflegeversicherung hälftig von den Arbeitgebern gezahlt werden, schlägt der Versicherungsbeitrag unmittelbar auf die – im internationalen Vergleich ohnehin schon hohen – Lohnnebenkosten durch. Um im verschärften Preiswettbewerb zu bestehen, werden die Unternehmen gezwungenermaßen weiterhin auf Personalabbau und personal*extensive* Produktion setzen statt zusätzliche Arbeitsplätze zu schaffen.

Ordnungspolitisch betrachtet ergibt sich eine zwiespältige Beurteilung: Die Erweiterung der Sozialversicherung durch die

Pflegeversicherung ist uneingeschränkt zu begrüßen, ihre Ausgestaltung als umlagefinanziertes System birgt jedoch erhebliche Risiken und ist mit den Grundsätzen der Subsidiarität und Nachhaltigkeit kaum in Einklang zu bringen.

2.3 Beschäftigungspolitik

In den neunziger Jahren blieb die Arbeitslosigkeit ein brisantes Thema. Während sie in der Periode von 1982 bis 1989 noch bei durchschnittlich 2,15 Millionen gelegen hatte, stieg sie in der Phase von 1990 bis 1997 auf durchschnittlich 3,52 Millionen an; im Jahr 1998 waren gut 4,2 Millionen Menschen ohne Arbeit (2,8 Millionen in West- und 1,4 Millionen in Ostdeutschland). Während die Arbeitslosigkeit im Gebiet der alten Bundesrepublik Deutschland langsam aber kontinuierlich wuchs, explodierte sie förmlich im Osten. Die Gründe für diese unerfreuliche Entwicklung lagen in Westdeutschland in der Fortsetzung des zum Teil tiefgreifenden Umgestaltungsprozesses, der durch die Globalisierung ausgelöst und angetrieben wurde, in Ostdeutschland in der Umstellung der ehemaligen Staatsbetriebe auf marktwirtschaftliche Strukturen und Arbeitsweisen. Hinzu kam, dass in den neuen Bundesländern nach der Einführung der D-Mark die osteuropäischen Märkte wegbrachen, da es den früheren RGW-Partnern an Devisen für die in D-Mark zu bezahlenden ostdeutschen Produkte mangelte.

Vor diesem Hintergrund setzte die Bundesregierung ihren Kurs der ordnungspolitischen „Entrümpelung" des Arbeitsmarktes fort:

- 1994 wurde das Alleinvermittlungsrecht der Bundesanstalt für Arbeit aufgehoben und privaten Unternehmen die Möglichkeit eröffnet, gewerbliche Arbeitsvermittlung zu betreiben.
- Mit dem 1994 in Kraft getretenen Arbeitszeitgesetz wurde die Grundlage für eine flexiblere und individuellere Arbeitszeitregelung geschaffen.
- Zum 1. Oktober 1996 wurde die gesetzlich vorgeschriebene

Lohnfortzahlung im Krankheitsfall von 100 auf 80 Prozent gesenkt. Hierbei war es jedoch den Tarifparteien anheim gestellt, die Absenkung um 20 Prozent durch vertragliche Vereinbarung aufzuheben und zur hundertprozentigen Lohnfortzahlung zurückzukehren.

* Mit der Änderung des Ladenschlussgesetzes zum 1. November 1996 wurde die maximale wöchentliche Öffnungszeit der Geschäfte von 68,5 auf 80 Stunden erhöht.

Diese ordnungspolitischen Korrekturen hatten Signalwirkung und nahezu exemplarischen Charakter: Sie zeugten von der Entschlossenheit der Regierung *Kohl*, die politisch-gesetzlichen Rahmenbedingungen des Arbeitsmarktes den Erfordernissen einer zusammenwachsenden Weltwirtschaft anzupassen. Ergänzt wurden die Maßnahmen durch ein eindrucksvolles Instrumentarium unmittelbar wirkender arbeitsmarktpolitischer Maßnahmen: Neben saisonalen Hilfsmaßnahmen wie Schlechtwettergeld und konjunkturellen Anpassungsmaßnahmen wurden ab 1991 Mittel in Milliardenhöhe für Umschulungen, Arbeitsbeschaffungsmaßnahmen, Konkursausfallgeld und Vorruhestandsgeld bereitgestellt. In diesem Zusammenhang sind auch der ab 1993 eingeführte „Lohnkostenzuschuss Ost" zu erwähnen, der Zahlungen in Höhe des Arbeitslosen- und Arbeitslosenhilfegelds für Arbeiten in den Bereichen Umweltschutz, soziale Dienste und Jugendhilfe bis hin zur Förderung des Breitensports ermöglichte. Diese beachtlichen Leistungen hatten eine positive Wirkung auf Ausbildung und Beschäftigung, verfolgten dabei gleichzeitig das Ziel, die marode Infrastruktur in Ostdeutschland zu verbessern.

Die Reformmaßnahmen waren ordnungspolitisch richtig und trugen zu einer Flexibilisierung des Arbeitsmarktes bei. Sie wirkten auf Investoren ermutigend und halfen, neue, allerdings meist qualifizierte, Arbeitsplätze in sechsstelliger Größenordnung zu schaffen. Unter dem Strich wurde die Politik der Deregulierung, die die Bundesregierung entschlossen gegen mannigfache Widerstände der etablierten Interessengruppen durchsetzte, aber nicht mit dem erhofften Rückgang der Arbeitslosigkeit belohnt. In der Endphase der Ära der christ-demokratisch-liberalen Koalition hatte sich die Arbeitslosigkeit auf einem Niveau von über vier Millionen Erwerbslosen einge-richtet, auf dem sie hartnäckig und ohne größere Schwankun-gen verharrte. Die Hauptursache hierfür lag in dem tiefgreifen-den Strukturwandel, den die Internationalisierung der Wirt-schaft ausgelöst hatte und der sich auf ganz Deutschland, also nicht nur auf die neuen Bundesländer, auswirkte. In seinem Gefolge kam es in den Unternehmen zu Prozessinnovationen und Rationalisierungen, denen nicht nur gering oder nichtqua-lifizierte Arbeitnehmer zum Opfer fielen. Besonders schmerz-haft stellte sich der Anpassungsprozess in personalintensiven Branchen wie zum Beispiel dem Bergbau und der Schwerindu-strie (Stahlerzeugung, Werften etc.) dar.

Kritikwürdig ist in diesem Zusammenhang, dass die Politik der Deregulierung unter dem Druck der Probleme, die in ein-zelnen Wirtschaftsbereichen auftraten, nicht immer konse-quent durchgehalten wurde. Ein Beispiel: Großes Aufsehen er-regte das Entsendegesetz aus dem Jahr 1996, mit dem die deut-sche Arbeitnehmerschaft im Baugewerbe geschützt werden sollte, indem es ausländischen Arbeitnehmern unmöglich ge-macht wurde, zu einem niedrigeren als dem deutschen Tarif-lohn zu arbeiten. Hohe Preise im Baugewerbe, illegale Beschäf-tigung ausländischer Arbeiter und zunehmende Schwarzarbeit waren und sind die Folge dieses, dem sozialen Wohl nur scheinbar dienenden Gesetzes. Aus der Sicht der Sozialen Marktwirtschaft handelt es sich hierbei um einen staatlichen Eingriff mit protektionistischer Wirkung, der sowohl gegen das Wettbewerbsprinzip als auch gegen die Forderung nach offe-nen Märkten verstößt.

2.4 Umweltpolitik

Die Umweltpolitik der Regierung *Kohl* in den Jahren 1990 bis einschließlich 1998 war durch drei Schwerpunkte gekenn-zeichnet: dem weiteren Ausbau des umweltpolitischen Instru-mentariums, der grundlegenden Sanierung der neuen Bundesländer und einer verstärkten internationalen Zusammenarbeit. Strategie und Ziel ihrer Umweltpolitik umschrieb die Bundesregierung im Jahreswirtschaftsbericht 1992 so: „Die Bedingungen für die Nutzung von Umweltressourcen sind so zu setzen, dass ihre Inanspruchnahme für die Unternehmen eine betriebswirtschaftliche Kostenkomponente und für die Konsumenten eine ausgabenwirksame Preiskomponente wird. Dann liegt der sparsame Umgang mit diesen Ressourcen im Eigeninteresse aller am Wirtschaftsgeschehen Beteiligten; Umwelt ist künftig ebenso bedeutend wie die klassischen Produktionsfaktoren Arbeit, Kapital und Boden."

In der knappen Dekade bis Herbst 1998 bewältigte die Koalition der Mitte in der Umweltpolitik ein beachtliches Pensum. Bereits zu Anfang der neunziger Jahre verabschiedete die Bundesregierung eine Novelle zum Umweltstatistikgesetz, die die Erstellung einer ökologischen Gesamtrechnung zum Ziel hatte. Auch wenn dieses Projekt aus inhaltlichen und methodologischen Gründen auf die Kritik des Sachverständigenrates stieß, trug es doch zu einer größeren Transparenz im Umweltbereich bei und schärfte das Bewusstsein wirtschaftlicher wie politischer Entscheidungsträger gegenüber den Kosten des Umweltverbrauchs. Dass Umweltschutz für den Mittelstand nicht nur Belastung, sondern auch Chance bedeuten kann, sollte durch die Arbeit einer Umweltstiftung unterstrichen werden. Aus dem Erlös der Privatisierung der Salzgitter AG errichtete die Bundesregierung im Juli 1990 die Deutsche Bundesstiftung Umwelt, die die Aufgabe hatte, umwelt- und gesundheitsfreundliche Produkte und Produktionsverfahren zu entwickeln und die Ergebnisse ihrer Forschungen mittelständischen Unternehmen zur Verfügung zu stellen. Sie stellte hierfür ein Grundkapital von 2,5 Milliarden DM zu Verfügung, aus dessen Zinserträgen sich die neue Umweltinstitution finanzierte.

Aus der fast unübersehbaren Fülle umweltpolitischer Gesetze und Verordnungen, die die christdemokratisch-liberale Koalition in den neunziger Jahren erließ (das Umweltgutachten des Rates von Sachverständigen für Umweltfragen 1994 bietet hilfreiche Übersichten für die Jahre 1987 bis 1993), ragen einige heraus, die nicht nur Produktionsabläufe veränderten, sondern auch das Verhalten der Verbraucher nachhaltig beeinflussten: die Einführung des Umweltzeichens zur Kennzeichnung umweltschonender Produkte, die Novellierung der Verpackungsverordnung mit dem Ziel, mittelständischen Wettbewerb in der Entsorgungswirtschaft zu fördern, die Fortführung des CO_2-Minderungsprogramms sowie die Verabschiedung der Batterieverordnung, die die Rücknahme gebrauchter Batterien und Akkus durch die Hersteller regelte, und die Altautoverordnung, die – in Abstimmung mit der Automobilindustrie und der Verwertungswirtschaft – das Recycling im Automobilsektor auf eine breitere Basis stellte.

Im Bereich der Energieversorgung hielt die Regierung *Kohl* am Energiemix-Konzept der achtziger Jahre (Mineralöl, Erdgas, Kernenergie, Stein- und Braunkohle aus heimischer Produktion, erneuerbare Energien) und insbesondere an der Entscheidung, nicht auf den Anteil der Kernenergie am Gesamtangebot zu verzichten, unbeirrt fest. Zukunftsweisend und in Einklang mit der eindeutig wettbewerblichen Ausrichtung der Sozialen Marktwirtschaft sind die – am Ende erfolgreichen – Bemühungen der Bundesregierung zu sehen, durch eine Novellierung des Energiewirtschaftsgesetzes und des Energiekartellgesetzes nicht nur den heimischen Strommarkt zu deregulieren, sondern auch die leitungsgebundenen Energien Strom und Gas dem Wettbewerb zu öffnen. Hierdurch wurden die Positionen der Verbraucher gegenüber den (regional) monopolartig agierenden Anbietern deutlich gestärkt und verbessert.

Obwohl sich die Bundesregierung dem Gedanken des Umweltschutzes verpflichtet fühlte und dieser Verpflichtung mit zahlreichen gesetzgeberischen Maßnahmen nachkam, lehnte sie den „ökologischen Umbau" des Steuersystems aus rechtlichen und wirtschaftlichen Bedenken ab. Nach Auffassung der Regierung – und übrigens auch der überwiegenden Mehrheit der Rechts- und Wirtschaftsexperten – hat das Steuersystem der Beschaffung von Finanzmitteln zur Erfüllung der Staatsaufgaben zu dienen und sich dabei nach den ehernen Grundsätzen der Besteuerung nach der Leistungsfähigkeit sowie der Steuergerechtigkeit zu richten – eine Orientierung, die im Fall einer ökologischen Umgestaltung nicht mehr gegeben wäre. Außerdem hatte die Bundesregierung immer wieder erklärt, sie erachte die Steuerlastquote als zu hoch und werde alles daran setzen, sie zu senken. Lediglich in Bereichen mit gravierender Umweltbelastung wollte sie mit Abgaben eine für den Umweltschutz positive Lenkungswirkung erzielen; dies galt insbesondere im Hinblick auf den Klimaschutz und die Abfallentsorgung. So sollte zur Klimaverbesserung beispielsweise die steuerliche Privilegierung schadstoffarmer Kraftfahrzeuge gegenüber Fahrzeugen ohne Katalysator beitragen, die bereits Ende der achtziger Jahre eingeführt wurde; sie war als konsequente Ergänzung der Zulassungsverbote von Neuwagen ohne Katalysator (1988 für Fahrzeuge über zwei Liter Hubraum, 1989 für solche unter zwei Liter) gedacht.

Hinsichtlich der in den neunziger Jahren immer wieder diskutierten Besteuerung von Energie und der Einführung einer (aufkommensneutralen) Energiesteuer blieb die Regierung *Kohl* ihrer grundsätzlichen Linie treu: Eine Besteuerung des Energieverbrauchs kam allenfalls im Rahmen einer europaweit harmonisierten Energiebesteuerung in Frage. Ein erster Schritt in diese Richtung wurde mit der Unterzeichnung der Europäischen Energiecharta 1994 in Lissabon unternommen, die den Grundstein für eine gesamteuropäische Energiegemeinschaft bildete.

Die größte umweltpolitische Aufgabe, die sich der Regierung *Kohl* in ihrer gesamten Amtszeit stellte, war die ökologische Grundsanierung Ostdeutschlands. Die Schädigung der natürlichen Lebensgrundlagen hatte in vierzig Jahren sozialistischer Miss- und Mangelwirtschaft ein katastrophales Ausmaß und eine lebensbedrohliche Intensität erreicht, so dass der Sachverständigenrat urteilte: „Die Umweltbelastung in der ehemaligen DDR ist auch im Weltmaßstab beispiellos." Hierzu zwei Beispiele: Noch kurz vor dem Zusammenbruch des Regimes wurde in der DDR mit über 5 Millionen Tonnen die fünffache Menge an Schwefeldioxid wie in der Bundesrepublik ausgestoßen. Der hohe Grad der Gewässerverschmutzung lässt sich unter anderem aus der Tatsache ablesen, dass mehr als die

Hälfte der Fließgewässer nicht mehr zur Trinkwassergewinnung herangezogen werden konnte.

Für den wahrhaft beispiellosen Raubbau an den ökologischen Ressourcen in der DDR gab es eine ganze Reihe von Gründen: So stand die kurzfristige Planerfüllung stets im Vordergrund, Investitionen in umweltverträgliche Produktionsanlagen und Infrastrukturen galten gemeinhin als Luxus und unterblieben folglich. Hinzu kam eine Rohstoffpolitik, die seit der Gründung der DDR auf Autarkie ausgerichtet war und dieses Ziel ohne jede Rücksicht auf Menschen und Umwelt verfolgte. Auch die rigorosen Produktionsvorgaben durch die Sowjetunion trugen nicht unerheblich dazu bei, dass gerade die Schwerindustrie der DDR Umweltschutzinteressen konsequent missachtete.

Unmittelbar nach der Wiedervereinigung standen neben den drängenden Aufgaben der Sicherstellung der Trinkwasser- und der Energieversorgung die Besorgung der Modernisierung des Anlagenbestandes und der Sanierung der Wohnungen an. Der immense Finanzbedarf, den die Grundsanierung der neuen Bundesländer erforderte, erklärt sich aber nur zum Teil aus den Modernisierungsanstrengungen. Eine – ökologisch wie finanziell – völlig unberechenbare Größe stellten die Altlasten dar. Ihrer kostspieligen Beseitigung kam deshalb eine so große Bedeutung zu, weil sie die Grundvoraussetzung für Investitionen war, ohne die es keinen wirtschaftlichen Aufbau und keine ökologische Einheit Deutschlands geben konnte. Um die immensen Aufgaben zu bewältigen, sorgten Bund und Länder für direkte Finanz- und Know-how-Transfers und passten, zumindest teilweise, die Umweltschutzgesetzgebung den ostdeutschen Bedürfnissen an. So bot zum Beispiel das Umweltrahmengesetz von 1992 den neuen Bundesländern die Möglichkeit, Unternehmen und die Treuhandanstalt von der Verantwortung für Altlasten freizustellen. Diese Maßnahme war eine wichtige Voraussetzung, um die Privatisierung in den neuen Bundesländern zu fördern und die Investitionstätigkeit zu beleben – Ziele, die ordnungspolitisch die Durchbrechung des Haftungsprinzips rechtfertigten.

So erfreulich (und nötig) die rasche Verbesserung der natürlichen Lebensbedingungen in den neuen Bundesländern war (zu der freilich auch die Schließung vieler maroder Betriebsstätten beitrug), zur Herstellung der ökologischen Einheit Deutschlands bedurfte es doch auch der Verankerung des Umweltschutzgedankens in den Köpfen und Herzen der Menschen. Hierzu gehörte zunächst die Vermittlung der Erkenntnis, dass eine Kombination aus marktwirtschaftlicher Selbststeuerung und staatlicher Ordnungspolitik am besten geeignet ist, modernen und effizienten Umweltschutz zu gewährleisten. So musste den neuen Mitbürgerinnen und Mitbürgern neben dem Verursacher- und Vorsorgeprinzip allgemein auch kostenbewusstes Wirtschaften, das ja wesentlich auf Ressourcenschonung und Schadensvermeidung basiert, nahe gebracht werden. Die Bundesregierung wie auch die Landesregierungen starteten hierzu Informationskampagnen, die sich auch auf das neu gestaltete Bildungs- und Ausbildungswesen erstreckten. Bisher nicht gekannte Berufe und Tätigkeiten im Umweltschutz konnten – nicht zuletzt in Umschulungsverfahren – erlernt werden. Das wachsende Wissen um die Bedeutung reiner Luft, sauberen Wassers und giftfreier Böden in Verbindung mit den spürbaren Verbesserungen der Lebensqualität führte dazu, dass die Bevölkerung der ehemaligen DDR allmählich ein Bewusstsein für Umweltfragen entwickelte. Dies wiederum war die Grundvoraussetzung für die Herstellung der ökologischen Einheit beider Teile Deutschlands.

Die Entscheidung, keine Energie-/CO_2-Steuer im nationalen Alleingang einzuführen, zeigt, dass die Bundesregierung eine effiziente Umweltpolitik nur im Rahmen einer intensiven europäischen und internationalen Zusammenarbeit für möglich und sinnvoll hielt. Aus ihrer Sicht konnten grenzüberschreitende Umweltbelastungen wie Treibhausgase, Gewässerverschmutzungen, die Vergiftung und Überfischung der Weltmeere nur im Zusammenwirken der globalen Staatengemeinschaft wirksam und nachhaltig eingedämmt bzw. reduziert werden.

Durch Mitarbeit in internationalen Gremien, aber auch in direkter partnerschaftlicher Zusammenarbeit versuchte die

Bundesregierung, ökologischen Interessen mehr Gewicht zukommen zu lassen bzw. Partner für Umweltgefährdungen zu sensibilisieren. So trat der Bundesminister für Umweltschutz, *Klaus Töpfer*, schon Anfang der neunziger Jahre in der Europäischen Gemeinschaft erfolgreich für eine Verschärfung des 1987 verabschiedeten Montrealer Protokolls durch FCKW-Minderung ein. Neben dem Schutz der Ozonschicht und des Klimas hatte für die Bundesrepublik Deutschland die Umsetzung der 1992 in Rio beschlossenen Konventionen zur Bewahrung der biologischen Vielfalt herausragende Bedeutung. Zur Erhaltung der Tropenwald-Ökosysteme und der Forstentwicklung in Drittweltländern gab die Bundesregierung in den neunziger Jahren jährlich zwischen 250 und 300 Millionen DM aus. Bei den Ländern Mittelosteuropas bestand der deutsche Beitrag sowohl in finanziellen Direkthilfen als auch in Technologietransfers. Ein besonders dringliches Ziel war es, die lebensbedrohenden maroden Kernkraftwerke zu sanieren und damit Katastrophen wie in Tschernobyl zu verhindern.

Dass die Bundesregierung bereit war, sich auch international im Umweltschutz zu engagieren und völkerrechtliche Verpflichtungen einzugehen, zeigt die Teilnahme an der Konferenz der Vereinten Nationen für Umwelt und Zusammenarbeit in Rio de Janeiro im Juni 1992. Gemeinsam mit über 150 weiteren Staaten unterzeichnete die Regierung Kohl neben der – nicht rechtlich bindenden – „Deklaration von Rio" und der „Agenda 21" auch die rechtlich bindenden Konventionen zu Artenschutz, Waldschutz und Klimaschutz. Bei der Klimaschutzkonvention ging es vor allem um die Stabilisierung und die spätere Senkung der Emission von Treibhausgasen. Die unterzeichnenden Staaten verpflichteten sich in rechtsverbindlicher Weise, auf eine deutliche Reduzierung der von ihnen produzierten Treibhausgase hinzuarbeiten und die Emissionen weltweit auf den Stand von 1990 zurückzuführen. Auf der Druck der USA wurden jedoch keine verbindlichen Angaben über den zeitlichen Rahmen der Begrenzungen in das Dokument übernommen. Die Konvention trat am 21. März 1994 in Kraft. In seiner Rede vor den UNCED-Delegierten bekannte sich *Helmut Kohl* ausdrücklich zu den Zielen der Konferenz: „Diese Konferenz hat gute Fortschritte gebracht. Wir haben einen Prozess neuer weltweiter Partnerschaft in Gang gebracht. Die Agenda 21, die Rio-Deklaration und die Erklärung zu den Wäldern sind eine tragfähige Grundlage für weitere konkrete Maßnahmen. Die Konvention zur Artenvielfalt und die Klimaschutzkonvention werden zu einem wirksameren globalen Schutz der Umwelt beitragen. Deshalb werde ich beide Konventionen hier unterzeichnen. In den kommenden Jahren müssen weitere Schritte zur Reduzierung der Treibhausgase folgen. Deutschland hat als erstes großes Industrieland für das Jahr 2005 das Ziel einer Reduzierung der CO_2-Emissionen um 25 bis 30 Prozent beschlossen. Wir sehen dies als Signal für ein gemeinsames Vorgehen aller Industriestaaten ...“

Dass die Regierung *Kohl* ihre umweltpolitischen Ziele auf internationaler und globaler Ebene auch nach 1994 erfolgreich weiterverfolgte, zeigt der Amsterdamer Vertrag und das Kyotoer Protokoll von 1997. Es war wesentlich den Bemühungen der Bundesregierung zu verdanken, dass die Europäische Union 1997 das Leitbild nachhaltigen Umweltschutzes verbindlich für sich annahm. Aus der Erkenntnis heraus, dass die natürlichen Lebensgrundlagen ein begrenzender Faktor für andere Ziele und Maßnahmen sind, verpflichtete sich die Europäische Union, Umweltinteressen in allen anderen Gemeinschaftspolitiken gebührend zu berücksichtigen. Auch die dritte Vertragsstaatenkonferenz der Klimarahmenkonvention in Kyoto erbrachte Fortschritte im Umweltschutz. Hier einigten sich die Teilnehmer zum ersten Mal rechtsverbindlich auf eine Reduzierung der sechs wichtigsten Treibhausgase. Die Industrieländer verpflichteten sich, ihre Treibhausgase um insgesamt 5,2 Prozent zu verringern, wobei unterschiedliche Reduktionsziele zugelassen wurden: die Europäische Union und die meisten Staaten Mittel- und Osteuropas sagten eine Verminderung um acht Prozent zu, die USA um sieben Prozent, Japan und Kanada um sechs Prozent. Russland beschränkte sich darauf, seine Emissionen nicht auszuweiten. Die Ziele, so das Protokoll, müssen im Zeitraum 2008 bis 2012 erreicht sein.

Als die Koalition der Mitte im Herbst 1998 abtrat, konnte sie in der Umweltpolitik eine beachtliche Bilanz vorlegen. Die Bundesregierung hatte den Umweltschutz mit einer Kombination aus ordnungspolitischen Maßnahmen und marktwirtschaftlichen Anreizen von bescheidenen Anfängen konsequent ausgebaut und Deutschland sowohl innerhalb Europas als auch weltweit eine Spitzenposition verschafft. All dies geschah mit Augenmaß und Rücksicht auf das ökonomisch Machbare. Im europäischen wie im internationalen Rahmen bemühte sich die Regierung *Kohl,* zum Teil gegen heftigste Widerstände, dem Thema Umweltschutz mehr Geltung zu verschaffen. Wenn auch das eine oder andere Projekt wie zum Beispiel die Erstellung eines Umweltgesetzbuches nicht Realität wurden, so gelang es doch in den Jahren von 1983 bis zum Regierungswechsel 1998, ein umweltschutzpolitisches Fundament zu legen, auf dem die nachfolgende Regierung auf- und weiterbauen konnte.

2.5 Europäischer Binnenmarkt und gemeinsame Währung

Eines der Hauptziele christdemokratisch-liberaler Regierungspolitik war es, die europäische Integration voranzutreiben. Mit der Vertiefung und Erweiterung der Europäischen Gemeinschaft sollten der Einigungsprozess konsequent fortgeführt und seine bisherigen Ergebnisse unumkehrbar gemacht werden. Die Aufnahme neuer Mitglieder – 1986 Spanien und Portugal, 1995 Österreich, Schweden und Finnland – vergrößerte die Europäische Union erheblich. Mit fünf weiteren mittel- und osteuropäischen Staaten (Polen, Tschechische Republik, Ungarn, Slowenien und Estland) verhandelte die Europäische Union konkret über die Aufnahme; darüber hinaus wurden Kontakte zu weiteren Beitrittskandidaten geknüpft. Der in Aussicht gestellte Beitritt für jene Länder, die sich gerade aus der Umklammerung des Kommunismus befreit hatten, beschleunigte dort den Demokratisierungsprozess und unterstützte die Etablierung rechtsstaatlicher und marktwirtschaftlicher Strukturen.

Mit der Unterzeichnung der Einheitlichen Europäischen Akte (EEA) 1986 gelang ein entscheidender Schritt in Richtung auf die Vertiefung der Europäischen Gemeinschaft. Die Mitgliedstaaten vereinbarten in diesem Dokument die Vollendung des Europäischen Binnenmarktes. Das wesentliche Ergebnis der EEA bestand in der Einführung von vier Grundfreiheiten: freier Güter-, Personen-, Dienstleistungs- und Kapitalverkehr. Die Europäische Einheitliche Akte erweiterte die Entscheidungs- und Handlungsfreiheit sowohl auf Seiten der Anbieter als auch für die Nachfrager und eröffnete einem durch die Europäische Kommission scharf überwachten Wettbewerb ein größeres Feld.

Nach der Einführung der vier Freiheiten im Europäischen Binnenmarkt verloren die nationalen Währungen sowohl ökonomisch als auch politisch ihren Sinn, sie stellten nur noch Hindernisse auf dem Weg zur Vollendung des Binnenmarktes dar. Sollten dessen Vorteile vollständig ausgeschöpft werden, ging dies nicht ohne währungspolitische Einheit. Diese Erkenntnis in Verbindung mit der Absicht, das Gemeinschaftsrecht zu reformieren, führte zum Vertragswerk von Maastricht. In ihm wurden drei Säulen der europäischen Zusammenarbeit festgeschrieben: die Europäische Wirtschafts- und Währungsunion, eine gemeinsame Außen- und Sicherheitspolitik und die Kooperation bei der Innen- und Rechtspolitik.

Ein politisches und diplomatisches Meisterstück gelang der Regierung *Kohl*, indem sie die Regierungen der Partnerländer davon überzeugen konnte, die neu zu schaffende Europäische Zentralbank als Hüterin der Geld- und Währungspolitik weitgehend nach dem Vorbild der Deutschen Bundesbank zu gestalten und damit von mittelbaren wie unmittelbaren Einflüssen der Politik freizuhalten. Auf Initiative des deutschen Finanzministers *Theo Waigel* beschlossen die EU-Länder Ende 1996, den Stabilitäts- und Wachstumspakt. Er sollte langfristig die Unterstützung der europäischen Geldpolitik durch die nationalen Finanzpolitiken sicherstellen und vor allem das Verfahren bei Verstößen gegen nationale Haushaltsdisziplin straffen und effizienter machen.

Von den Reformanstrengungen unzureichend erfasst wurden die Gemeinsame Agrarpolitik und das System der Außenzölle der EU. Trotz einiger ernsthafter Ansätze zur Reform wie zum Beispiel der Agrarleitlinie von 1988 werden in beiden Fällen noch immer Wettbewerb und eine auf Angebot und Nachfrage basierende Preisbildung behindert, ja verhindert – mit unerwünschten Folgen wie Überproduktion (Fleischberge, Weinseen, Butterhalden etc.) und hohen Kosten, die der EU-Steuerzahler tragen muss. Angesichts der bevorstehenden Osterweiterung und der Verantwortung der Europäischen Union gegenüber Entwicklungs- und Schwellenländern, die ihre Produkte zu fairen Bedingungen, das heißt: zu Weltmarktpreisen, auf dem europäischen Markt anbieten wollen, sind strukturelle Reformen, die vor allem eine drastische Senkung der Agrarausgaben bewirken, sowie eine Liberalisierung des Zollsystems unumgänglich. Auch hier kann das Konzept der Sozialen Marktwirtschaft mit seinen klaren Forderungen nach freiem Marktzugang, hoher Markttransparenz und effizientem Wettbewerb Orientierung bieten.

Eine gemeinsame Initiative von *Helmut Kohl* und *François Mitterand* führte schließlich zum Vertrag von Maastricht. Dessen Kernstück, die gemeinsame Währung, später Euro genannt, verfolgte im Wesentlichen drei Ziele:

- die stärkere Einbindung des wiedervereinten Deutschland in gemeinsame politische Strukturen Europas,
- die Vollendung des Europäischen Binnenmarktes sowie
- die Intensivierung der Zusammenarbeit der Teilnehmerländer im Bereich der Wirtschafts- und Finanzpolitik.

Obwohl das Projekt des Euro erst mit der Einführung der Euro-Münzen und -banknoten abgeschlossen ist, galt es doch schon bei der Unterzeichnung des Maastrichter Vertragwerks als Meilenstein auf dem Weg zur europäischen Einheit: Zum einen, weil die gemeinsame Währung die ökonomischen Beziehungen innerhalb der Europäischen Wirtschafts- und Währungsunion durch Vereinfachung und Kostenersparnis belebt, zum anderen, weil der Euro – zumindest in langfristiger Perspektive – für die Mitgliedstaaten des Währungsverbundes eine Lockerung ihrer Abhängigkeit von der Welthandelswährung US-Dollar bedeutet. Dass die politischen „Vorschusslorbeeren" berechtigt waren, bewies die überraschend schnelle Kehrtwende zu mehr Haushaltsdisziplin, was sich in einem zum Teil drastischen Rückgang sowohl der Nettoneuverschuldung als auch der Gesamtschuldenstände der öffentlichen Hände in allen Mitgliedsländern der Europäischen Union manifestierte.

Mit dem Vertrag von Amsterdam 1997 fällt das dritte große Reformpaket zur Überarbeitung der europäischen Gemeinschaftsverträge (nach der Einheitlichen Europäischen Akte und dem Vertrag von Maastricht) in die Regierungszeit der christdemokratisch-liberalen Koalition. Bereits 1991 hatten die Staats- und Regierungschefs beschlossen, zur Nachbesserung des unter erheblichem Zeitdruck zu Stande gekommenen Maastrichter Vertragswerks eine Nachfolgekonferenz einzuberufen. Dies geschah 1996 mit der Turiner EU-Regierungskonferenz, die zum Vertrag von Amsterdam führte. Im Wesentlichen ging es darum, angesichts der sich abzeichnenden Osterweiterung der Europäischen Union die Handlungsfähigkeit der EU-Organe zu stärken und die Formen der Zusammenarbeit effizienter zu gestalten. Im Zentrum der Reformanstrengungen standen weniger wirtschafts- und finanzpolitische Fragen als vielmehr die Vergemeinschaftung der Innen- und Rechtspolitik, die – behutsame – Ausweitung einer gemeinsamen Außen- und Sicherheitspolitik (GASP) sowie punktuelle institutionelle Reformen (z.B. Stärkung des Kommissionspräsidenten, Ausdehnung der Zuständigkeitsbereiche für den Europäischen Gerichtshof, den Ausschuss der Regionen, den Wirtschafts- und Sozialausschuss etc.).

In wirtschaftspolitischer Hinsicht bestätigte der Amsterdamer Vertrag das Projekt der gemeinsamen Währung in vollem Umfang. Dies bedeutete, dass nicht nur am Zeitplan für die Einführung des Euro festgehalten wurde, sondern dass auch der auf deutsches Drängen in den Vertrag von Maastricht

(Artikel 104 c) aufgenommene „Stabilitätspakt" Fortbestand hatte. Der Stabilitätspakt verpflichtet alle Teilnehmer an der Währungsunion zu dauerhafter Haushaltsdisziplin, Kontrolle der Staatsverschuldung und der Inflation. Die Übernahme dieser Vorschrift in das neue Vertragswerk (Art. 104) war keine Selbstverständlichkeit, sondern gestaltete sich äußerst schwierig. Die aus den Wahlen im Mai/Juni 1997 hervorgegangene neue französische Regierung hatte im Wahlkampf das Versprechen gegeben, die Währungsstabilität durch eine soziale Komponente auszutarieren und für die Einführung einer eigenständigen EU-Beschäftigungspolitik zu sorgen. Dies bedeutete konkret, dass die Regierung *Lionel Jospin* die Übernahme des Stabilitätspaktes in den Vertrag von Amsterdam mit der Einführung eines Beschäftigungspaktes, dem ein eigenes Kapitel gewidmet werden sollte, in Form eines Junktims verknüpfte.

Widerstand gegen dieses Vorhaben kam in erster Linie von der Bundesregierung. Sie befürchtete, dass eine von der Europäischen Union im Sinne Frankreichs betriebene zentralistische Beschäftigungspolitik nicht nur extrem kostspielig, sondern auch höchst ineffizient sein würde. In Deutschland waren die keynesianischen Experimente und ihre schädlichen Auswirkungen auf Wachstum und Wettbewerbsfähigkeit der westdeutschen Volkswirtschaft in der Ära der sozialliberalen Koalition noch in guter Erinnerung. Die Regierung *Kohl*, die ja auch angetreten war, um den Grundsätzen der Sozialen Marktwirtschaft im Rahmen der Europäischen Union mehr Geltung zu verschaffen, erkannte in dem französischen Vorstoß die Gefahr eines Rückfalls in sozialistische Interventionspraktiken der siebziger Jahre. Sie hatten den Strukturwandel in der Bundesrepublik nicht gefördert, sondern erheblich behindert; ihre Nutzlosigkeit bei der nachhaltigen Bekämpfung der Arbeitslosigkeit war theoretisch und empirisch nachgewiesen. Nun drohten erneut Verstöße gegen Kernprinzipien der Sozialen Marktwirtschaft, für die bereits *Ludwig Erhard* gestritten hatte: die generelle Zurückhaltung des Staates aus dem Wirtschaftsgeschehen sowie – bei unvermeidbaren Eingriffen – die Angemessenheit und Marktkonformität staatlicher Interventionen.

Um das gesamte Vertragsprojekt jedoch nicht in Frage zu stellen, einigten sich – nach zum Teil heftigen Auseinandersetzungen – die französische und die deutsche Regierung auf einem Sondergipfel darauf, eine eigenständige europäische Beschäftigungspolitik in den Vertrag von Amsterdam aufzunehmen, wobei die deutsche Seite allerdings darauf bestand, den Text so zu gestalten, dass eine Steigerung der Ausgaben für die Europäische Union ausgeschlossen war. So wurde zwar dem französischen Wunsch nach Festschreibung einer europäischen Beschäftigungspolitik pro forma entsprochen, aufgrund fehlender finanzieller Ausstattung blieb dieser Politikbereich jedoch substanzlos; Ziele, Aufgaben und Maßnahmen der Beschäftigungspolitik liegen auch weiterhin im nationalen Ermessen.

2.6 Fazit

Die 16 Jahre der Ära *Kohl* waren von drei großen Herausforderungen bestimmt: Zunächst ging es um die Sanierung der Erblast der sozialliberalen Koalition, danach galt es – unter hohem politischen Druck – die Hinterlassenschaft des bankrotten DDR-Regimes zu beseitigen, und schließlich sollte der Prozess der europäischen Einigung weiter voran gebracht werden. Im Ergebnis bleibt festzuhalten: Alle drei großen Aufgaben wurden offensiv angegangen und in beachtlicher Weise bewältigt. Nicht ohne Grund interessierten sich die Länder Mittelosteuropas, die sich von Bevormundung und Ineffizienz sozialistischer Planwirtschaft befreit hatten, für das Konzept der Sozialen Marktwirtschaft und seine politische Umsetzung in der angespannten Situation der deutschen Wiedervereinigung.

Die drei Kardinalaufgaben wurden begleitet von zum Teil äußerst schwierigen Reformanstrengungen in den Bereichen Steuern, Rente und Gesundheit. Während bei den Steuern durch eine deutliche Entlastung nahezu aller Steuerzahler respektable Erfolge erzielt wurden, kam man bei der Sicherung der Renten und des Gesundheitswesens nicht über kurzfristige Konsolidierungsergebnisse hinaus. Eine entschlossenere Durchsetzung marktwirtschaftlicher Strukturen, insbesondere die

Zurückdrängung von Einzelinteressen und die Beschneidung ungerechtfertigter Besitzstände, hätte sicherlich nachhaltig positivere Ergebnisse gezeitigt.

Der Kurs einer angebotsorientierten Politik, der nach 1983 eingeschlagen und konsequent gehalten wurde, wurde von der Mehrheit der Bevölkerung bis weit in die neunziger Jahre akzeptiert und aktiv unterstützt. Wie Repräsentativumfragen belegen, begann in der zweiten Hälfte der neunziger Jahre das Vertrauen der Bürgerinnen und Bürger in die Kompetenz der Regierung *Kohl*, die drängenden ökonomischen Probleme zu lösen, zu schwinden. Hierzu trug der Eindruck eines immer größer werdenden Entscheidungsstaus bei, der für die anhaltend hohe Arbeitslosigkeit und die finanzpolitischen Schwierigkeiten verantwortlich gemacht wurde. Dass für diesen Stau die wahltaktisch motivierte Blockadepolitik der Opposition, deren Zustimmung mittlerweile für die meisten Reformgesetze im Bundesrat benötigt wurde, ursächlich war, wurde in der Öffentlichkeit zwar erkannt, doch resultierte hieraus keine Imageverbesserung der Regierungskoalition. Hinzu kam, dass die in der Euphorie der Wiedervereinigung von Bundeskanzler *Kohl* abgegebene Prognose, es werde schon bald „blühende Landschaften" in Ostdeutschland geben, weder qualitativ noch zeitlich eintraf und der Bundesregierung von daher ein gravierendes Glaubwürdigkeitsproblem bescherte. Zum Regierungswechsel im September 1998 trug aber weniger der unterstellte Kompetenzverlust der Regierung *Kohl* auf dem Gebiet der Wirtschaftspolitik bei als vielmehr der nahezu atmosphärisch spürbare Wunsch nach politischer Veränderung.

3. Nach dem Wechsel: die Startphase rot-grüner Wirtschaftspolitik (Herbst 1998 bis Herbst 2001)

3.1 Wirtschaftspolitik auf Erhards Spuren?

Schon im Wahlkampf 1998 spielte der Kanzlerkandidat der SPD, *Gerhard Schröder*, immer wieder auf die Soziale Marktwirtschaft an und forderte ihre Erneuerung nach 16 Jahren angeblicher Stagnation. Mit seinem wiederholten Bekenntnis zu *Erhards* Erfolgsmodell wollte er die „neue Mitte" erobern und sich so eine bürgerliche Mehrheit sichern. Strategisches Vorbild war für ihn nach eigenem Bekunden der neue britische Premier *Tony Blair,* dem es gelungen war, die sozialistische Labour Party zu entideologisieren und für Wähler im Mittelfeld des politischen Parteienspektrums attraktiv zu machen. Mit großer Mehrheit im Unterhaus und überwältigender Zustimmung in der Bevölkerung ausgestattet führte *Blair* als Regierungschef eine Vielzahl von Reformen durch, durch die wohlfahrtsstaatlicher Wildwuchs energisch beschnitten und Eigeninitiative belohnt wurde. Der neue Kurs führte rasch zu beachtlichen Erfolgen wie zum Beispiel der Halbierung der Arbeitslosenzahlen.

Trotz der Beschwörung gemeinsamer politischer Überzeugungen und Ziele war *Schröders* Ausgangsposition nicht mit der seines Kollegen jenseits des Kanals vergleichbar, denn *Schröder* war nicht – wie *Blair* – Vorsitzender seiner Partei. Im Gegenteil: In der SPD hatte er es, wie sich schnell zeigen sollte, mit einem machtbewussten Vorsitzenden zu tun, der die zerstrittene Partei zusammengeführt und wahlkampftauglich gemacht hatte. Er erhob unmissverständlich und von *Schröder* zunächst unangefochten den Anspruch, den politischen und insbesondere den wirtschaftspolitischen Kurs der Partei zu bestimmen. Dieser Vorsitzende, *Oskar Lafontaine,* stand in der ungebrochenen sozialistischen Tradition des mächtigen linken Flügels der SPD. Hier trafen wirtschaftspolitische Konsolidierungskonzepte und Modernisierungsvorhaben, wie sie *Schröder* vorschwebten, auf offene Ablehnung. In zum Teil krassen Formulierungen wurden Forderungen nach stärkerer Kontrolle und Regulierung nationaler wie auch internationaler Wirtschaftsprozesse erhoben. In Deutschland sollten die anhaltende Wachstumsschwäche und vor allem die hohe Arbeitslosigkeit – wie zu Zeiten der sozialliberalen Koalition – durch eine nachfrageorientierte Politik bekämpft werden; eine Stärkung der Angebotsseite, wie sie vor allem *Schröder* propagierte, war für *Oskar Lafontaine* und seine Anhängerschaft aus ideologischen Gründen eindeutig die falsche Therapie.

Die sich bereits im Wahlkampf abzeichnenden Spannungen zwischen Revisionisten und Erneuerern in der SPD verschärften sich, als *Oskar Lafontaine* nach dem Wahlsieg Ansprüche auf das Amt des Finanzministers und auf wichtige Kompetenzen des Wirtschaftsministeriums geltend machte. In beiden Punkten konnte er sich zunächst durchsetzen. Was folgte, war der Versuch, die Wirtschaftspolitik dem Motto „Mehr soziale Gerechtigkeit!" zu unterwerfen und die drückenden ökonomischen Probleme Deutschlands durch eine Stärkung der Nachfrageseite in den Griff zu bekommen. Der neue Kurs brachte *Lafontaine* nicht nur die Kritik fast aller Wirtschaftswissenschaftler ein, er geriet auch in offenen Konflikt mit der Europäischen Zentralbank, die sich kategorisch alle Einmischungen verbat. Die Unternehmen, die zunächst auf *Schröders* Zusage einer kräftigen Entlastung bei Steuern und Abgaben vertraut hatten, sahen sich ebenfalls getäuscht und gingen auf Distanz. Ein Beispiel für die ideologisch motivierte Überbetonung des Sozialen liefert die Aussetzung des Rentenreformgesetzes von 1999. Hiermit wurde der Eindruck erweckt, die bereits beschlossenen Einschnitte seien unnötig und daher unsozial, die Rentenversicherung könne auch ohne sie problemlos finanziert werden. Statt der Öffentlichkeit klar zu machen, dass die Gesetzliche Rentenversicherung unter den neu entstandenen demographischen Bedingungen in Deutschland keine Vollabsicherung mehr leisten kann, dass es vielmehr einer ergänzenden privaten und betrieblichen Altersvorsorge bedarf und dass auch Leistungskürzungen unvermeidlich sind, wurde tiefverwurzeltes Anspruchsdenken bedient und der Unantastbarkeit der sozialen Sicherung das Wort geredet.

Der zunehmende Druck von außen und die Unvereinbarkeit der wirtschaftspolitischen Positionen von Kanzler und Finanzminister führten in den ersten Monaten nach dem Regierungswechsel zu Verwirrung und Lähmung der Politik. Trotz beruhigender Aussagen beider Politiker ließen sich die Differenzen immer weniger vertuschen. Die unbefriedigende Situation der

Grundsatzdebatten endete erst mit dem überraschenden Rücktritt *Oskar Lafontaines* von allen Regierungs- und Parteiämtern und der Übernahme des Finanzministeriums durch *Hans Eichel,* der auf der wirtschaftspolitischen Linie *Schröders* lag.

Wie weit die Grundpositionen der beiden SPD-Spitzenpolitiker und der sie stützenden Parteiflügel auseinander lagen, machte das sogenannte „*Schröder-Blair*-Papier", das erst nach der Demission des Finanzministers publiziert wurde, deutlich. In dieser Schrift, die sich in erster Linie an die Mitglieder der SPD richtete, wurden ein energischer Modernisierungskurs und harte Konsolidierungsmaßnahmen hinsichtlich des Bundesbudgets angekündigt. Gleichzeitig erteilten die Verfasser alten sozialistischen Forderungen nach Umverteilung und Vorzugsbehandlung sozialer Belange eine harsche Absage – die Handschrift des britischen Premiers war nicht zu übersehen.

Der Beifall zu diesem ehrgeizigen Programm blieb nicht aus, doch kam er vom politischen Gegner und von der Unternehmerseite; Gewerkschafter und Traditionalisten in der SPD liefen dagegen Sturm und sprachen offen von Verrat an linken Werten und sozialdemokratischen Überzeugungen. Auch nach dem Rücktritt *Lafontaines* und der Übernahme des Parteivorsitzes durch *Gerhard Schröder* kam es nicht zum propagierten Durchbruch, die Modernisierung der wirtschaftspolitischen Rahmenbedingungen blieb weitgehend aus. Durch den innerparteilichen Richtungsstreit hatten sich „die Unsicherheiten über die wirtschaftlichen und wirtschaftspolitischen Perspektiven im Inland verstärkt". (Deutsche Bundesbank, Monatsbericht Februar 2000), was zu Unmut, unternehmerischer Zurückhaltung und warnender Kritik führte.

3.2 Ökologie im Wandel? Die rot-grüne Umweltpolitik

Besonders im Hinblick auf den Umweltschutz hatten sowohl Sozialdemokraten als auch Bündnis 90/Die Grünen grundlegende Änderungen angekündigt. Wenn auch die Umweltschutzpolitik der rot-grünen Regierung in manchen Punkten an die Vorarbeiten der Regierung *Kohl* anknüpfte, so unterschied sie sich doch in zwei Punkten fundamental von ihrer Vorgängerin: Zum einen sollte die Energieversorgung der Bundesrepublik Deutschland langfristig ohne den bisherigen Bestandteil an Kernenergie sichergestellt werden, zum anderen wollte die Regierung *Schröder* eine ökologische Steuerreform im nationalen Alleingang, das heißt ohne einen energiepolitischen Konsens in der Europäischen Union abzuwarten, durchsetzen. Mit ihrem ersten Schritt, der Aufkündigung des Atomkonsenses, drohte die Bundesregierung mit den Grundsätzen der Sozialen Marktwirtschaft, vor allem mit dem Eigentumsschutz und dem Wettbewerbsprinzip, offen in Konflikt zu geraten.

In der Koalitionsvereinbarung von SPD und Grünen hieß es wörtlich: „Der Ausstieg aus der Nutzung der Kernenergie wird innerhalb dieser Legislaturperiode umfassend und unumkehrbar geregelt." Um das Risiko kostspieliger Schadensersatzklagen möglichst gering zu halten, setzte Bundeskanzler *Schröder* auf Konsensgespräche mit den Betreibern von Kernkraftwerken. Die Gespräche gestalteten sich äußerst schwierig und wurden von gegenseitigen Drohungen begleitet. Erst die vierte Gesprächsrunde brachte eine Annäherung, die fünfte schließlich ein Kompromissergebnis.

In der Einleitung der Vereinbarung zwischen der Bundesregierung und den Energieversorgungsunternehmen (EVU) vom 14. Juni 2000 heißt es: „Der Streit um die Verantwortbarkeit der Kernenergie hat in unserem Land über Jahrzehnte hinweg zu heftigen Diskussionen geführt. Unbeschadet der nach wie vor unterschiedlichen Haltungen zur Nutzung der Kernenergie respektieren die EVU die Entscheidung der Bundesregierung, die Stromerzeugung aus Kernenergie geordnet zu beenden.

Vor diesem Hintergrund verständigen sich Bundesregierung und Versorgungsunternehmen darauf, die künftige Nutzung der vorhandenen Kernkraftwerke zu befristen. Andererseits soll unter Beibehaltung eines hohen Sicherheitsniveaus und unter Einhaltung der atomrechtlichen Anforderungen für die verbleibende Nutzungsdauer der ungestörte Betrieb der Kernkraftwerke wie auch deren Entsorgung gewährleistet werden."

Bei einer genaueren Betrachtung der Vereinbarung wird klar, warum Wissenschaftler und Opposition, aber auch ein großer Teil der Mitglieder und Anhänger von Bündnis 90/Die Grünen von einem „Show-Effekt" sprachen. Obwohl der Betrieb der 19 deutschen Atomstromanlagen begrenzt sein soll, wurde ein absolutes Enddatum, zu dem das letzte AKW abzuschalten ist, nicht festgelegt. Auch die rechnerische Restlaufzeit von 32 Jahren ist nicht zum Nennwert zu nehmen: Bei der Berechnung der Strommengen wurde bewusst eine hohe Auslastung der Anlagen von 90 Prozent angesetzt, zu der es in der Vergangenheit jedoch nie gekommen war. Bei einer realistischen Auslastung von durchschnittlich nur 87 Prozent (oder weniger), wie es sie in den letzten Jahren vor der Vereinbarung gab, beträgt die Laufzeit volle 34 Jahre. Anders gewendet könnte sich die Laufzeit von 32 Jahren nur dann ergeben, wenn die AKWs ihre Stromproduktion auf über 90 Prozent steigerten, ein Vorhaben, das aufgrund der bereits existierenden Überkapazitäten auf dem europäischen Strommarkt unrealistisch ist. Da die ursprünglichen Wunschvorgaben der Stromerzeuger von 35 Jahren Restlaufzeit damit nur knapp verfehlt wurden und die meisten AKWs nach einer so langen Restlaufzeit ohnehin abgeschaltet worden wären, stieß die Vereinbarung in der Partei Bündnis 90/Die Grünen auf erbitterten Widerstand. Hier wurde nicht nur von „Etikettenschwindel" gesprochen und der Bruch der Koalition offen diskutiert, die Partei geriet auch zunehmend in Rechtfertigungsnöte, da es der Wählerschaft kaum zu vermitteln war, warum die Bundesregierung der angeblich so gefährlichen Kernkrafttechnologie noch eine so lange Lebensdauer gewährte.

Mit ihrer Umweltpolitik, die stark von ideologischem Denken geprägt ist, hat die rot-grüne Regierung die Grundlagen der Sozialen Marktwirtschaft verlassen. Die politische Ausklammerung der Atomstromkomponente aus dem Energieversorgungsmix ist der Verzicht auf eine unter Emissionsgesichtspunkten saubere und preiswerte Energiekomponente, die bisher ein relativ hohes Maß an nationaler Unabhängigkeit bei der Energieversorgung gewährleistet hat. Die Grundsatzentscheidung der rot-grünen Regierungskoalition katapultiert die hochindustrialisierte Bundesrepublik in einem High-Tech-Bereich aus dem internationalen Wettbewerb mit Folgen, die weder im ökologischen noch im ökonomischen Interesse sein können. So wird sich die Aufgabe der sicherheitstechnischen Führungsrolle Deutschlands auf internationaler Ebene als kontraproduktiv erweisen, denn stets waren es die Deutschen, die sowohl in internationalen Gremien als auch bei bilateralen Vereinbarungen – so zum Beispiel beim deutsch-französischen Gemeinschaftsprojekt des Europäischen Druckwasserreaktors EPR – auf erhöhte Sicherheitsstandards drängten und diese zum Teil auch durchsetzten.

Dass ferner ein überzeugendes Konzept zur Deckung der „Atomlücke" fehlt, wird in der Zukunft weitere Probleme mit sich bringen. Bisher deckte Atomstrom ca. 31 Prozent des deutschen Energiebedarfs. Diese Lücke ist durch die Subventionierung erneuerbarer Energien wie Wasser, Wind, Sonne, Biomasse und Müll, die zur Zeit mit einer Milliarde DM pro Jahr bezuschusst werden, auf lange Zeit nicht zu schließen. Die Lösung kann folglich nur darin bestehen, Atomkraft durch Kohle zu ersetzen oder Strom aus dem Ausland zu importieren. Im ersten Fall wird die Bundesregierung große Schwierigkeiten haben, die internationalen Klimaschutzabkommen (Kyoto-Protokoll) zu erfüllen, im zweiten Fall würden Energieimporte aus benachbarten Ländern wie Frankreich oder gar den Staaten Mittelosteuropas, die ihren Strom aus weitaus weniger sicheren AKWs gewinnen, die gesamte Initiative zur Abschaffung der Kernenergie in Deutschland ad absurdum führen. Mit dem Wandel Deutschlands vom Know-how-Exporteur auf dem Feld der Energietechnik zum Know-how-Importeur ist also weder national noch international ein Fortschritt verbunden. Der Forschungs- und Entwicklungsstandort Deutschland wird hingegen durch den Verzicht auf eine Spitzentechnologie bleibenden Schaden nehmen.

Ökosteuer

Mit der Einführung einer Ökosteuer wollte die Bundesregierung weniger den globalen Klimaschutz verstärken, als vielmehr positive Effekte am Arbeitsmarkt erzielen, d. h. in erster Linie die Arbeitslosigkeit reduzieren. Umweltminister *Jürgen Trittin* brachte die Umweltpolitik der rot-grünen Koalition auf den einfachen Nenner: „Wir wollen den Energieverbrauch verteuern, um den Faktor Arbeit billiger machen zu können." Es war geplant, die Einnahmen aus der Ökosteuer zur Finanzierung der Sozialversicherung heranzuziehen, um die im internationalen Vergleich sehr hohen deutschen Lohnnebenkosten zu senken und dadurch die Beschäftigung zu erhöhen.

Schon kurz nach Bekanntwerden der Pläne entzündete sich heftige Kritik an der kombinierten steuer- und arbeitsmarktpolitischen Strategie der Bundesregierung. So wurde ein Zielkonflikt zwischen umweltpolitischer Schutzabsicht und steuerpolitischer Einnahmeerhöhung befürchtet: Je geringer die umweltpolitischen Wirkungen der Ökosteuer seien, desto höher würden die Steuereinnahmen ausfallen. Umgekehrt würde mit der Zunahme der positiven Umwelteffekte die Steuerbasis – und damit der Spielraum für eine spürbare Senkung der Lohnnebenkosten – kleiner werden.

Eine positive Wirkung des neuen Steuerinstruments auf die Beschäftigung ist also keineswegs automatisch vorgegeben, sondern hängt in hohem Maß von der konkreten Ausgestaltung der Steuer und der Entwicklung ihrer Anreizwirkung ab. In diesem Zusammenhang kommt auch dem – von der Regierung nicht zu beeinflussenden – Verhalten der Tarifvertragsparteien entscheidende Bedeutung zu: Verstehen die Gewerkschaften die durch den Staat finanzierte Absenkung der Arbeitskosten als Einladung zu Lohnerhöhungen, wird eine nachhaltigen Entlastung des Faktors Arbeit ausbleiben. Die Nachfrage nach Arbeitskräften würde sich in diesem Fall nicht beleben, so dass die Übernahme eines Teils der Lohnnebenkosten durch die öffentliche Hand im Endergebnis ohne jede Wirkung bliebe.

Manche Kritiker, darunter auch der Sachverständigenrat, verweisen bei ihrer skeptischen Beurteilung des Ökosteuerkonzepts auch auf gesamtwirtschaftliche Zusammenhänge. Nach ihrer Auffassung kann die Verringerung der Arbeitskosten erst dann die gewünschte Wirkung entfalten, wenn sie drastisch ausfällt. Um nachhaltig positive Beschäftigungseffekte auszulösen, müssten die Arbeitskosten so weit gesenkt werden, dass sie die negativen Effekte der Energieverteuerung durch die Ökosteuer auf Produktion und Nachfrage nach Arbeitskräften überkompensieren.

Mit der Idee, die Sozialversicherung von den Einnahmen aus Ökosteuern abhängig zu machen, gingen viele Experten ebenfalls hart ins Gericht. Der Sachverständigenrat fasste die Kritikpunkte in seinem Jahresgutachten von 1998/99 zusammen: „Die Finanzierung der Sozialversicherung an die Einnahmen aus Ökosteuern zu koppeln, ist aus einer Reihe von Gründen verfehlt. Zum einen geht eine Finanzierung der Lohnnebenkosten durch Ökosteuern nicht an den Kern der notwendigen Reform der sozialen Sicherungssysteme heran. Bei dieser Reform kommt es darauf an, für die Sozialversicherung einen fairen Weg zu finden, dass die Gesellschaft dem Einzelnen bei der Absicherung großer Risiken hilft, die er selbst nicht schultern kann, dass aber der Einzelne die kleineren Risiken selbst trägt. Dadurch lassen sich die Finanzierungskosten der Systeme der sozialen Sicherung senken. Eröffnet man für die soziale Sicherung dagegen neue Finanzierungsmöglichkeiten durch eine Ökosteuer, so ist damit zu rechnen, dass die dringend gebotene Reform ausbleibt; völlig verfehlt wäre es, wenn es zu einer Eigendynamik käme, bei der die Einnahmen aus der Ökosteuer zu einer Ausdehnung der Systeme sozialer Sicherung eingesetzt würden. Zum anderen würde ein Anstieg der Kosten der sozialen Sicherung, der beispielsweise bei sich ändernder Altersstruktur der Bevölkerung zwangsläufig einsetzt, wenn grundlegende Reformen ausbleiben, einen Druck mit sich bringen, aus der fiskalischen Not des Staates die Ökosteuern anzuheben, obwohl dies umweltpolitisch nicht geboten ist. Eine solche Eigendynamik beim Anstieg der sozialen Sicherung wirkt wie eine eingebaute Bremse für die wirtschaftliche Entwicklung."

Bei der Ökosteuer ergeben sich aber nicht nur strukturelle Fehler, die den Eintritt der gewünschten positiven Effekte auf Umweltverbrauch und Beschäftigung zweifelhaft erscheinen lassen. Auch das Vorpreschen im europäischen Rahmen ist bedenklich, da es emissionsintensive Unternehmen dazu veranlassen könnte, den deutschen Standort aufzugeben und ins benachbarte europäische Ausland auszuweichen, um dort mit ungebremster Emissionsintensität weiter zu produzieren. Da eine solche Entwicklung zu keiner nennenswerten Reduzierung der globalen Umweltbelastungen führt, drohen die nationalen Anstrengungen mit ihren hohen Kosten für Wirtschaft und Bürger damit wirkungslos zu verpuffen.

3.3 Fazit

Das Urteil über zwei Jahre rot-grüner Wirtschaftspolitik fällt nicht günstig aus. Die Kämpfe der Koalitionspartner um Grundsatzpositionen und Richtungsentscheidungen, aber auch „handwerkliche" Fehler im Gesetzgebungsverfahren haben zum schwachen wirtschaftspolitischen Leistungsprofil der Regierung *Schröder* beigetragen. Die großen Aufgaben wie die langfristige Sicherung der Renten, die Fortsetzung der Gesundheitsreform, die Senkung der Arbeitslosigkeit oder die Reform des Systems der Steuern wurden entweder gar nicht oder nur bruchstückhaft und zaghaft angegangen. Oft kam man über das Stadium der Diskussion nicht hinaus, da auf zu viele Interessen und Besitzstände Rücksicht genommen wurde: „Im Vorfeld der Verabschiedung einer Unternehmenssteuerreform hat die Bundesregierung einen Weg eingeschlagen, der ordnungspolitisch problematisch ist. Konkrete Vorhaben wie die Verringerung der Körperschaftsteuer oder die Abschaffung von Steuervergünstigungen oder Subventionen können nicht Gegenstand von Verhandlungen mit den ‚betroffenen' Unternehmen sein. Auch wenn ein Austausch von Informationen immer sinnvoll ist, einen Verhandlungsprozess darf es nicht geben. Die Steuerreform und der Abbau von Subventionen sollten vielmehr nach gesamtwirtschaftlichen Gesichtspunkten entworfen werden, wobei Effizienzgesichtspunkte im Vordergrund stehen müssen." (HWWA-Report Nr. 190).

Wurde noch im *Schröder-Blair*-Papier ein rigoroser Reformkurs angekündigt mit dem Ziel, Deutschland für die Globalisierung fit zu machen, so entpuppte sich manche konkrete Maßnahme als das genaue Gegenteil der ursprünglichen Absicht: So wurde – wider bessere Einsicht, allerdings in Einklang mit Wahlkampfversprechungen – ein Teil der zuletzt von der Regierung *Kohl* durchgeführten Reformen im Gesundheitswesen zurückgenommen, wobei eine stärkere Belastung der gesetzlichen Krankenkassen durch Einschränkung der Selbstbeteiligung bewusst in Kauf genommen wurde. Die Rücknahme bzw. Aussetzung der Rentenreformmaßnahmen folgte dem gleichen Muster. Auch das staatlich finanzierte „Sofortprogramm gegen Jugendarbeitslosigkeit", die Besteuerung der bis dahin für Arbeitnehmer steuer- und abgabenfreien 630-Mark-Jobs und das populistisch motivierte persönliche Eingreifen des Bundeskanzlers in die Holzmann-Krise beweisen: Die rot-grüne Bundesregierung hat neokeynesianischer Politik staatlicher Regulierung und diskretionärer Interventionen keineswegs abgeschworen. Mit den erwähnten Maßnahmen und Aktionen, deren Ineffizienz mittlerweile offenkundig ist, behindert sie sich selbst auf dem Weg zu einer Modernisierung von Wirtschaft und Gesellschaft. Eine nachhaltige Verbesserung und zielorientierte Ausrichtung der politischen Rahmenbedingungen auf die Anforderungen einer immer mehr auf Wettbewerb beruhenden Weltwirtschaft ist in den ersten beiden Regierungsjahren weitgehend unterblieben. Gemessen an den liberal geprägten Ankündigungen wundert es nicht, dass die rot-grüne Regierungskoalition an Glaubwürdigkeit verloren hat – im Gegensatz zu ihrer Vorgängerregierung hat sie dieses Problem aber nicht am Ende der vierten Legislaturperiode, sondern bereits nach der Hälfte der ersten.

Vor diesem Hintergrund, insbesondere vor dem nicht gehaltenen Versprechen, die Arbeitslosigkeit drastisch zu senken, fällt es schwer, in *Schröder* den geeigneten Nachfolger *Ludwig Erhards* zu sehen, als den er sich selbst gern ausgibt. Der erste

Wirtschaftsminister der Bundesrepublik Deutschland stand 1949 vor einer schwierigeren Situation als *Schröder* heute. *Erhard* gelang es, zunächst seine eigene Partei und dann die überwältigende Mehrheit der deutschen Bevölkerung von seinem Konzept einer auf Eigeninitiative und sozialer Verantwortung beruhenden Marktwirtschaft zu überzeugen. Er setzte es mit Mut und Augenmaß gegen viele Widerstände durch und blieb dabei glaubwürdig. Den Beweis für einen solchen politischen Gestaltungswillen und eine auf fachlichem Können beruhende Gestaltungskraft ist *Schröder* bis heute schuldig geblieben.

4. Schlussbetrachtung

Blickt man am Anfang des neuen Jahrhunderts auf die 50 Jahre zurück, in denen die Soziale Marktwirtschaft – zumindest nach offiziellem Verständnis – zunächst in Westdeutschland, später auch im östlichen Teil Deutschlands als von nahezu allen gesellschaftlichen Kräften akzeptierte Wirtschaftsordnung galt, so bietet sich ein Bild mit Licht und Schatten. Die ersten Schatten treten in den sechziger Jahren auf, vergrößern und verdichten sich während der sozialliberalen Koalition und wurden auch in der Ära der christdemokraitsch-liberalen Regierung nur teilweise beseitigt; insbesondere die anhaltend hohe Arbeitslosigkeit in den neunziger Jahren und die Oberflächlichkeit mancher Reformprojekte tragen zu einer bis heute andauernden Verdüsterung bei. Auch wer seine Hoffnungen auf eine Erneuerung durch die rot-grüne Wirtschaftspolitik gesetzt hatte, kann nicht zufrieden sein: Die rot-grüne Regierungskoalition verfügt nicht über die Durchsetzungskraft, die eine Regierung in einer pluralistischen Gesellschaft benötigt, um den Primat der Politik gegenüber Interessengruppen und den von ihnen hartnäckig verteidigten Besitzständen durchzusetzen.

In der Rückschau ist festzustellen, dass ein durchschlagender und vor allem nachhaltiger Erfolg auf dem Gebiet der

Wirtschaftspolitik nur der ursprünglichen, von *Erhard* entwickelten und durchgesetzten Konzeption vorbehalten war. Wenn es nach seinem Rückzug aus der aktiven Politik zu Krisen und Rückschlägen kam, dann im Wesentlichen deshalb, weil *Erhards* Erfolgskonzept als antiquiert galt und anderen Vorstellungen von einer Wirtschaftsordnung weichen musste.

Die Folgen dieser mehr oder weniger tiefen „Stilbrüche" sind hinlänglich bekannt: hohe Schuldenstände der öffentlichen Hände, Lähmungserscheinungen bei Unternehmen und privaten Haushalten durch überhöhte Steuern und Abgaben, Zurückhaltung bei Investoren, abnehmende Wettbewerbsfähigkeit im internationalen Feld, hartnäckig hohe Arbeitslosigkeit. Das Fatale dabei ist, dass nahezu alle negativen Auswirkungen nicht in den fortgesetzten Verstößen gegen die Soziale Marktwirtschaft gesehen werden, sondern dass man sie der Konzeption selbst anlastet, weil der Begriff der Sozialen Marktwirtschaft seit *Erhards* Rücktritt immer unklarer und zugleich schillernder wurde. An dieser Entwicklung hat vor allem der wachsende Einfluss politischer und wirtschaftlicher Interessengruppen Anteil, die versuchen, sich mit dem Nimbus des *Erhardschen* Erfolgsmodells zu schmücken, um daraus fachliche Autorität für sich und die eigenen Zwecke abzuleiten.

Was ist zu tun? Angesichts des Umfangs und der Dringlichkeit der erwähnten Probleme gibt es zahlreiche Analysen, Verbesserungsvorschläge und Reformpläne. Doch werden alle – noch so gut gemeinten – Maßnahmen kaum etwas ausrichten, wenn sie nur situationsbedingt oder mit Blick auf die Wählergunst erfolgen, sich aber nicht in die schlüssige und bewährte Konzeption der Sozialen Marktwirtschaft einpassen. Die Rückkehr zu den Prinzipien von *Erhards* Erfolgsmodell darf dabei aber nicht nur in der Beseitigung der krassesten Verstöße bestehen oder sich in angebotsorientierter Politik erschöpfen. So wichtig mehr Transparenz in Wirtschaft und Wirtschaftspolitik ist, so erforderlich Maßnahmen der Deregulierung, Liberalisierung und Privatisierung in einer zusammenwachsenden Welt sind, ohne einen von der Politik eingeleiteten und begleiteten mentalen Wandel in jenem Bereich, der „jenseits von Angebot und Nachfrage" *(Röpke)* liegt, werden Reformen keine nachhaltigen Erfolge erzielen können.

Was also ist nötig? Außer den strukturellen Veränderungen, die zur Zeit die öffentliche Diskussion beherrschen, so zum Beispiel eine größere Flexibilität des deutschen Arbeitsrechts, bedarf es doch auch einer verstärkten, in Einzelfällen sogar einer völlig neuen Sozialorientierung des Einzelnen. Um aktuelle Probleme zu lösen und neue Herausforderungen zu meistern, ist eine politische Programmatik vonnöten, die Eigenverantwortung und vor allem Eigeninitiative fördert und dem Prinzip der Subsidiarität wieder mehr Geltung verschafft. Hierzu gehört auch, unsoziales Verhalten, das individuelle Verantwortung auf die Gemeinschaft abwälzt, konsequent zu ahnden.

Kurzgefasst ist heute die Neugewichtung privater und öffentlicher Verantwortung das eigentliche Kernstück einer Reform der Sozialen Marktwirtschaft. Dies wiederum setzt ein tiefgreifendes Umdenken bei allen Akteuren voraus. Für die Bürger bedeutet das konkret, überzogenes Fürsorgedenken und wohlfahrtstaatliches Verhalten durch mehr Eigenverantwortung und individuelle Einsatzbereitschaft zu ersetzen. Mentaler Wandel darf sich aber nicht nur auf die Bürger beschränken, auch Staat und Wirtschaft müssen ihre traditionellen Rollen und bisherigen Verhaltensmuster korrigieren: Für die staatliche Seite kann dies nur in einer deutlichen Reduzierung der bisherigen Aufgabenfülle bestehen, die durch die Gewährung größerer Entscheidungsfreiräume für Bürger und Unternehmen relativ leicht zu erreichen ist. Die Wirtschaft, also die „Angebotsseite", wird nicht umhin kommen, ihre bisherige Praxis politischer Einflussnahme qualitativ zu verändern, so zum Beispiel staatliche Schutzmaßnahmen nur in Fällen echter Diskriminierung zu verlangen und – in logischer Konsequenz – auf leistungsunabhängige Privilegierung, wie sie Subventionen und Marktzugangsbeschränkungen darstellen, zu verzichten. Gelingt ein solcher mentaler Richtungswechsel, hat die Soziale Marktwirtschaft eine echte Chance, ihre auf Glaubwürdigkeit und Erfolg gegründete Attraktivität zu bewahren und im Wettbewerb der Wirtschaftsordnungen zu bestehen.

„Natürlich erfordern die veränderten weltwirtschaftlichen, wissenschaftlich-technischen und demographischen Bedingungen um die Jahrhundertwende im Vergleich zur Nachkriegszeit neue Antworten. Aber in dem Konzept einer Verbindung von Freiheit und Verantwortung, Individualität und sozialen Bindungen, Wettbewerb und einem staatlichen Ordnungsrahmen privater Vorsorge und sozialer Sicherung für jene, die nicht am Leistungswettbewerb teilnehmen können, bleibt die Soziale Marktwirtschaft in ihren moralischen und ökonomischen Grundlagen hochaktuell." *(Gerhard Stoltenberg)*

5. Literatur

Nils C. Bandelow/Klaus Schubert, Wechselnde Strategien und kontinuierlicher Abbau solidarischen Ausgleichs. Eine gesundheitspolitische Bilanz der Ära Kohl, in: *Göttrik Wewer* (Hrsg.), Bilanz der Ära Kohl. Christlich-liberale Politik in Deutschland 1982–1998, Opladen 1998.

Doris Cornelsen, Wirtschaft in den neuen Bundesländern, in: Handbuch zur deutschen Einheit, Frankfurt/New York 1996.

Jürgen Gabriel, Das eingeschränkte Wirtschaftswunder. Zur Erklärung der wirtschaftlichen Entwicklung der Bundesrepublik in den achtziger Jahren, in: *Werner Süß* (Hrsg.), Die Bundesrepublik in den achtziger Jahren. Innenpolitik, Politische Kultur, Außenpolitik, Opladen 1991.

Manfred Görtemaker, Geschichte der Bundesrepublik Deutschland, 3. Auflage, München 2000.

Dieter Grosser, Das Wagnis der Wirtschafts-, Währungs- und Sozialunion. Politische Zwänge im Konflikt mit ökonomischen Regeln (= Geschichte der deutschen Einheit Band 2), Stuttgart 1998.

Hannelore Hamel, Soziale Marktwirtschaft: Anspruch und Realität eines ordnungspolitischen Konzepts, in: *Werner Klein/Spiridon Paraskewopoulos/Helmut Winter* (Hrsg.), Soziale Marktwirtschaft. Ein Modell für Europa, Berlin 1994.

Walter Heering, Acht Jahre deutsche Währungsunion. Ein Beitrag wider die Legendenbildung im Vereinigungsprozeß, in: Aus Politik und Zeitgeschichte. Beilage zur Wochenzeitung Das Parlament, Juni 1998.

Wolfgang Jäger, Die Überwindung der Teilung. Der innerdeutsche Prozess der Vereinigung 1989/90 (= Geschichte der deutschen Einheit Band 3), Stuttgart 1998.

Helmut Kohl, Koalition der Mitte: für eine Politik der Erneuerung. Regierungserklärung vor dem Deutschen Bundestag am 13. Oktober 1982.

Helmut Kohl, Programm der Erneuerung. Freiheit, Mitmenschlichkeit, Verantwortung. Regierungserklärung vor dem Deutschen Bundestag am 4. Mai 1983.

Helmut Kohl, Die Schöpfung bewahren – die Zukunft gewinnen. Regierungserklärung vor dem Deutschen Bundestag am 18. März 1987.

Helmut Kohl, Arbeitsprogramm der Bundesregierung. Perspektiven für die neunziger Jahre. Regierungserklärung vom 27. April 1989.

Helmut Kohl, Deutschlands Einheit vollenden. Die Einheit Europas gestalten. Dem Frieden dienen. Regierungserklärung vor dem Deutschen Bundestag am 30. Januar 1991.

Helmut Kohl, Zukunftssicherung des Standortes Deutschland. Regierungserklärung vom 21. Oktober 1993.

Helmut Kohl, Aufbruch in die Zukunft: Deutschland gemeinsam erneuern. Regierungserklärung vor dem Deutschen Bundestag am 23. November 1994.

Helmut Kohl, Programm der Bundesregierung für mehr Wachstum und Beschäftigung. Regierungserklärung 1996.

Karl-Rudolf Korte, Die Chance genutzt? Die Politik zur Einheit Deutschlands, Frankfurt/New York 1994.

Thomas Lillig, Finanzierung der deutschen Einheit, in: Handbuch zur deutschen Einheit, Frankfurt/New York 1996.

Ludwig-Erhard-Stiftung e. V. (Hrsg.), Ordnungspolitischer Bericht 1999 des Vorstands der Ludwig-Erhard-Stiftung, Bonn 2000.

Friedrun Quaas, Soziale Marktwirtschaft, Bern/Stuttgart/Wien 2000.

Rat von Sachverständigen für Umweltfragen, Umweltgutachten 1987, Umweltgutachten 1994 Für eine dauerhaft-umweltgerechte Entwicklung, 1996 Zur Umsetzung einer dauerhaft-umweltgerechten Entwicklung, 1998 Umweltschutz: Erreichtes sichern – Neue Wege gehen, 2000 Schritte ins nächste Jahrtausend.

Friedbert W. Rüb/Frank Nullmeier, Die Flexibilisierung der Arbeitsgesellschaft. Auf dem Weg in eine Gesellschaft flexibler Sozialstrukturen?, in: *Werner Süß* (Hrsg.), Die Bundesrepublik in den achtziger Jahren. Innenpolitik, Politische Kultur, Außenpolitik, Opladen 1991.

Hans Karl Rupp, Politische Geschichte der Bundesrepublik Deutschland, 3. Auflage, München/Wien 2000.

Sachverständigenrat zur Begutachtung der gesamtwirtschaftlichen Entwicklung, Gutachten 1982/83, 1983/84, 1984/85, 1985/86, 1987/88, 1988/89, 1989/90, 1990/91, 1991/92, 1992/93, 1993/94, 1994/95, 1995/96, 1996/97, 1997/98 1998/99, 1999/2000.

Otto Schlecht, Wohlstand für ganz Europa, Bonn 1995.

Gerhard Schröder, Weil wir Deutschlands Kraft vertrauen ... Regierungserklärung vor den Deutschen Bundestag vom 10. November 1998.

Alfred Schüller, Soziale Marktwirtschaft – Niedergang im Umverteilungschaos oder Gesundung durch Ordnung in Freiheit, in: *Friedrun Quaas/Thomas Straubhaar* (Hrsg.), Perspektiven der Sozialen Marktwirtschaft, Bern/Stuttgart/Wien 1995.

Alfred Schüller, Soziale Marktwirtschaft und Dritte Wege, in: Ordo 51 (2000).

Gerhard Stoltenberg, Wendepunkte. Stationen deutscher Politik 1947 bis 1990, Berlin 1997.

Dietrich Thränhardt, Geschichte der Bundesrepublik Deutschland, 2. (erweiterte) Auflage, Frankfurt a.M. 1996.

Egon Tuchtfeldt, Soziale Marktwirtschaft als ordnungspolitisches Konzept, in: *Friedrun Quaas/Thomas Straubhaar* (Hrsg.), Perspektiven der Sozialen Marktwirtschaft, Bern/Stuttgart/Wien 1995.

Douglas Webber, Das Reformpaket: Anspruch und Wirklichkeit der christlich-liberalen ,Wende', in: *Werner Süß* (Hrsg.), Die Bundesrepublik in den achtziger Jahren. Innenpolitik, Politische Kultur, Außenpolitik, Opladen 1991.

Wolfram Weimer, Deutsche Wirtschaftsgeschichte. Von der Währungsreform bis zum Euro, Hamburg 1998.

Die Zukunft der Sozialen Marktwirtschaft

André Habisch

1. Die Tradition der Sozialen Marktwirtschaft

1.1 Die Herausforderungen des beschleunigten sozialen Wandels

„Vieles muss sich ändern, damit alles beim Alten bleiben kann"
– dieses viel zitierte Diktum hat in Bezug auf die Frage nach
der Zukunft der Sozialen Marktwirtschaft besondere Aktualität. Die Soziale Marktwirtschaft ist in ihren wichtigsten Hin-
tergrundvorstellungen ein Produkt des 20. Jahrhunderts und damit einer Zeit, die definitiv hinter uns liegt. Sie bezieht sich auf
einen bestimmten politisch-institutionellen Kontext – nämlich
das Nachkriegsdeutschland –, ein bestimmtes Verhältnis von
Staat und Gesellschaft und auf eine nationale Volkswirtschaft,
die sich durch nationalstaatliche Instanzen relativ zuverlässig
regulieren lässt. Diese tragenden Hintergrundelemente sind in
Bewegung geraten. Globalisierung und technische Revolutionen
haben das wirtschaftliche und gesellschaftliche Umfeld
Deutschlands verändert und verändern es weiter. Der Kontext
für die Soziale Marktwirtschaft ist ein anderer geworden.

Meine These im Folgenden wird sein: In gewisser Weise sind
es gerade die stürmischen Veränderungen der Gegenwart, die
das Konzept der Sozialen Marktwirtschaft auch heute noch interessant erscheinen lassen. Denn ähnlich wie in der Gegenwart war auch die erste Hälfte des 20. Jahrhunderts, in der die
Väter der Sozialen Marktwirtschaft geprägt wurden, eine Zeit
stürmischer Veränderungen. Die Industrialisierung und die damit verbundene Umstellung des wirtschaftlichen und gesellschaftlichen Lebens haben innerhalb weniger Jahre die ge-

wohnten Lebensräume für Millionen von Menschen zerstört. Verstädterung, technische Erfindungen wie Elektrizität oder Eisenbahn und die industrielle Produktion haben die Koordinaten des Lebens radikal verändert. Aus überschaubaren ländlichen Lebensräumen siedelten Tausende in anonyme Arbeitervorstädte um und suchten dort eine neue Heimat.

Ähnliches gilt für die Zeit nach dem Zweiten Weltkrieg. Auch sie hat – diesmal in Folge eines politischen und wirtschaftlichen Zusammenbruchs – tiefe Einschnitte und elementare Verunsicherung mit sich gebracht. Heute wird häufig vergessen, dass keineswegs Anlass bestand, zuversichtlich in die Zukunft zu blicken. Vielmehr waren die Herausforderungen, vor denen die junge Bundesrepublik stand, unvorstellbar groß. Die Notwendigkeit, Millionen von Flüchtlingen zu versorgen, gravierende soziale Probleme infolge von Krieg und Gefangenschaft aufzufangen und zugleich Investitionen zum Wiederaufbau des zerstörten Landes bereitzustellen, schien für eine Befreiung der Marktkräfte keinen Spielraum zu lassen.

1.2 Der „Ruf nach dem Staat" als Phänomen von Verunsicherung

Kennzeichnend für die erste Jahrhunderthälfte waren ein rasanter Anstieg der Staatstätigkeit und der staatlichen Kontrolle des Wirtschaftslebens. Während der Staatsanteil am Bruttosozialprodukt bis zum Ersten Weltkrieg noch unter 20 Prozent lag, stieg er – beschleunigt durch die Kriegswirtschaft, aber auch durch die wirtschaftliche Unsicherheit in der Weimarer Republik – in den folgenden Jahrzehnten schnell an und erreichte in der zweiten Jahrhunderthälfte ein Niveau, das um die 50 Prozent schwankt[1]. Die politischen Instanzen sollten eine mög-

---

[1] Darin drücken sich verschiedene Entwicklungen aus. Zum Teil machte die wirtschaftliche Entwicklung die Bereitstellung „öffentlicher Güter" wie Verkehrsinfrastruktur notwendig. Zu nennen sind aber auch die sozialen Sicherungsaufgaben, die dem Staat in dieser Zeit in zunehmendem Maße zuwuchsen; vgl. zu dieser Thematik *Kaufhold* (1982) bzw. die Beiträge in: *Aretz* u.a. (Hg.) (1973ff.).

lichst umfassende Kontrolle der Entwicklungen in Wirtschaft und Gesellschaft gewährleisten. Sie sollten im Kontext der anonymen Marktgesetze eine Art persönlicher Verantwortung für beklagenswerte Entwicklungen übernehmen. Gerade in Deutschland fühlten sich die Menschen bedroht von den scheinbar unbeherrschbaren und unberechenbaren Kräften des Marktes, von denen sie abhängig geworden waren, ohne sie zu verstehen. Die deutsche Geistesgeschichte der ersten Hälfte des 20. Jahrhunderts ist durch die reflexartige Abwehrbewegung gegen die moderne Arbeits- und Wirtschaftspraxis mit ihren „vermassenden" Tendenzen, ihrer „Ellenbogenmentalität" und ihrer Zerstörung der „natürlichen" Lebensräume geprägt. Die äußeren Lebensumstände hatten sich sehr viel schneller und radikaler verändert als die moralischen Maßstäbe der Menschen, in denen sich noch die jahrhundertealte Logik einer vormodernen Umwelt kleiner und relativ geschlossener Lebensräume ausdrückte.

Die Ablehnung von Marktwirtschaft und Wettbewerb ist in den ersten Dokumenten des Sozialdenkens nach dem Zweiten Weltkrieg ebenso mit Händen zu greifen wie in den Debatten der Weimarer Zeit, in denen sie den Weg zum Untergang der demokratischen Ordnung mit bereitete. Nur auf diesem geistigen Hintergrund ist die Leistung der Väter der Sozialen Marktwirtschaft zu verstehen. Denn sie boten nicht nur einen „technokratischen" Reformvorschlag, der sich ausschließlich auf die Wirtschaft bezog; sie boten vielmehr die Vision einer „ausbalancierten" Gesellschaft. Nur dadurch waren sie in der Lage, die Vorbehalte gegen das Wettbewerbsprinzip aufzunehmen und zu transformieren. Ihre Botschaft war im Kern: Nicht Totalablehnung oder Restauration („Sozialromantik") sind die angemessenen Reaktionsweisen auf die Herausforderung der neu entstandenen Wirtschaftsstrukturen, sondern „Sozialreform", mithin die Ausgestaltung der Wettbewerbswirtschaft durch rechtliche Rahmenbedingungen und sozialpolitische Institutionen. Diese erlauben es tendenziell, die Vorteile einer Wettbewerbswirtschaft zu nutzen und zugleich ihre Nachteile abzufedern. Was das Konzept „Soziale Marktwirtschaft" mithin anbietet, ist sozusagen die Integration des Wettbewerbsprinzips in ein umfassendes Gesellschaftsmodell.

Die Väter der Sozialen Marktwirtschaft – allen voran der populäre Wirtschaftsminister *Ludwig Erhard* – machten deutlich, dass die Marktwirtschaft keine Kraft ist, die Menschen an sich reißt und überwältigt. Sie machten deutlich, dass die Marktwirtschaft als tendenziell gestalt- und beeinflussbar begriffen werden muss. Durch die Integration der Marktwirtschaft in ein umfassendes Gesellschaftsmodell wird das Wettbewerbsprinzip entdämonisiert; es verliert seine bedrohliche Gewalt. Das Motiv von der „Ordnungspolitik", die den institutionellen Rahmen für das Wirtschaftsgeschehen absteckt, macht zwar scheinbar Zugeständnisse an die deutsche Tradition des „Denkens aus dem Staat heraus" *(Hans Maier)*. Es gestaltet dieses aber unter der Hand zugleich neu. Denn als einer von mehreren „ordnungspolitischen Akteuren" ist der Staat gerade nicht der „Leviathan", der alles beherrscht und kontrolliert, vielmehr beschränkt er sich auf eine moderierende und flankierende Rolle.

Mit dieser Neubestimmung der Rolle des Staates als Ordnungsinstrument der Gesellschaft ist eine Leistung benannt, die auch für die gegenwärtige Situation schneller Veränderungen ihre Bedeutung hat. Auch heute steht die wirtschaftliche und soziale Umwelt in vielfältiger Weise zur Disposition. Jahrzehntelang selbstverständliche Lebens- und Arbeitsweisen werden grundlegend in Frage gestellt. Auch heute besteht die Reaktion auf diese Verunsicherungen in einer pauschalen Ablehnung von Wettbewerb. Diese Parallelen machen die Soziale Marktwirtschaft für das 21. Jahrhundert in überraschender Weise aktuell.

2. Soziale Marktwirtschaft im Angesicht der Globalisierung

2.1 Die Finanzmärkte als Motor der Globalisierung

Die Globalisierung, also das weltweite Zusammenwachsen von Volkswirtschaften, wird in Deutschland meist als zentrale Herausforderung für die Zukunftsfähigkeit der Sozialen Marktwirtschaft thematisiert. Durch die Vergrößerung des Wirtschaftsraumes – tendenziell auf den globalen Maßstab – hat sich der Wettbewerbsdruck auf die Volkswirtschaft bedeutend erhöht.

Den „Vorreiter" der Globalisierung bilden die internationalen Finanzmärkte. Vor allem aufgrund der institutionellen Struktur der Finanzmärkte in Deutschland (wenig Aktienbesitz in privater Hand, viele Verflechtungen von Unternehmen bzw. Aktienbesitz in Bankenhand, relativ geringe Alterssicherungsfonds aufgrund des umlagefinanzierten Alterssicherungssystems) haben sich jahrzehntelang relativ niedrige Eigenkapitalrenditen der Unternehmen durchsetzen lassen. Geradezu sprichwörtlich ist der Kleinaktionär, der sich auf der jährlich stattfindenden Hauptversammlung über ein gutes Mittagessen freut, aber die Geschäftspolitik der Unternehmen kaum beeinflussen kann. Vielfältig ist dagegen die Macht der Banken.

Das primäre Interesse der Banken richtet sich auf die Absicherung ihrer Kredite an die Unternehmen, wobei das „Hausbanksystem", das heißt die nahezu ausschließliche Zusammenarbeit eines Unternehmens mit einer Bank, in Deutschland weiter verbreitet ist als im internationalen Raum. Zugleich verfügen insbesondere die Großbanken über umfangreichen Aktienbesitz, sie sind also meist auch Eigenkapitalgeber ihrer Kunden aus dem Unternehmenssektor. Bankenmanager sitzen – als Vertreter der von ihrem Haus gehaltenen Anteile – also auch im Aufsichtsrat von vielen deutschen Unternehmen. Auf Hauptversammlungen üben sie oft „kommissarisch" das Stimmrecht „ihrer" Depotkunden aus. Sie halten damit einen zusätzlichen Hebel zur Beeinflussung der Geschäftspolitik der Unternehmen in der Hand.

Das dominante Geschäftsinteresse von Banken richtet sich auf die Absicherung ihrer Kredite. Sie werden also tendenziell eher Investitionsprojekte der von ihnen „betreuten" Firmen unterstützen, bei denen das Verlustrisiko minimal und damit auch die Gewinnchance relativ beschränkt ist. Diese institutionelle Überlagerung von Eigenkapitalinteressen (hohe Gewinnausschüttung, mithin hohe Unternehmenserträge) durch Fremdkapitalinteressen (Absicherung der Kreditrückzahlungskapazität des Unternehmens) stellt einen wichtigen Grund für die traditionell konservative Unternehmenskultur in vielen deutschen Unternehmen dar. Sie ist mitverantwortlich dafür, dass es innovative Produkte in Deutschland lange Zeit schwer hatten: So ist bekanntlich das Fax-Gerät eine deutsche Erfindung, fand aber in Deutschland keinen Produzenten, so dass die japanische Industrie den Vorteil aus dieser Innovation ziehen konnte.

Eine weitere Folge ist das fast vollständige Fehlen „feindlicher" Übernahmen in der deutschen Industrie, die unter Umständen ein wirksames Mittel zur Sanktion eines „trägen" Managements sind und damit zur Leistungssteigerung des Unternehmens beitragen können. In der deutschen Wirtschaft, die durch vielfältige Querverbindungen und Verflechtungen zwischen wichtigen Unternehmen gekennzeichnet ist, kontrollieren sich Manager als Aufsichtsratsmitglieder oft gegenseitig. So besteht die Gefahr, dass es zu Kungeleien kommt, deren Kosten letztlich Aktionäre, Gläubiger oder andere beteiligte Gruppen tragen. In geschlossenen Zirkeln haben Insider immer höhere Freiheitsspielräume als auf funktionsfähigen Übernahmemärkten.

Die genannten institutionellen Faktoren an den deutschen Kredit- und Finanzmärkten sowie im Bereich der Unternehmenskontrolle stellen mithin eine Wettbewerbsbeschränkung dar. Aus ihr resultiert eine Verminderung des Innovationsdrucks, der letztlich Kunden schädigt und die Sicherheit der Arbeitsplätze gefährdet. In der Logik der Sozialen Marktwirtschaft ist dies als „Ordnungsdefizit" zu charakterisieren, das sich allerdings mit dem klassischen nationalen Ordnungsrecht nur schwer in den Griff bekommen lässt.

Hinzu treten weitere Besonderheiten des deutschen Wirtschaftsstandortes, wie die traditionell starke Position der Arbeitnehmerschaft, die nach dem deutschen Mitbestimmungsgesetz im Aufsichtsrat großer Unternehmen vertreten ist. Auch Arbeitnehmervertreter tendieren von ihren Interessenlagen her zu einer „konservativen" Geschäftspolitik, die auf die Sicherung bestehender Arbeitsplätze und relativ hoher inländischer Lohnniveaus abzielt. Hinzu kommt, dass gewerbliche „Leichtlohngruppen" einen hohen gewerkschaftlichen Organisationsgrad aufweisen. Die Gewerkschaften setzen sich also stärker für deren Rechte und Ansprüche ein. Eine Folge dieser Verhältnisse ist eine niedrige Streikanfälligkeit der deutschen Wirtschaft, aber vergleichsweise hohe Löhne für wenig qualifizierte Arbeit, die sich auch auf internationalem Druck hin kaum nach unten bewegen. Dies hat in Deutschland zu relativ hoher Arbeitslosigkeit im Bereich niedrig qualifizierter Arbeit geführt. Denn Arbeitgeber stellen keine Mitarbeiter ein, die in der Regel mehr kosten, als sie einbringen.

Infolge der Globalisierung der Finanzmärkte verändern sich nun diese Bedingungen grundlegend. Insbesondere in den USA stellen institutionelle Anleger einen bedeutenden Machtfaktor dar. Hier sind vor allem die riesigen Pensionsfonds zu nennen, die das Kapital von Millionen Rentnern verwalten. Den Unternehmen als Kapitalnachfrager stehen also auf der Anbieterseite nicht mehr machtlose Kleinaktionäre gegenüber, sondern gut organisierte Institutionen, die ständig Anlagemöglichkeiten auf ihre Validität hin überprüfen und weltweit nach Alternativen suchen. Unternehmen, die sich traditionell mit einer „Mindestrendite" zufrieden geben, müssen sich umorientieren, wenn sie Zugang zu internationalen Kapitalmärkten erhalten wollen.

2.2 Die Öffnung Osteuropas

Ein wichtiger Impuls für die gegenwärtig ablaufenden Veränderungen war der Zusammenbruch der sozialistischen Systeme in Mittel- und Osteuropa, der die deutsche Einigung sowie die Transformation der ehemals staatssozialistischen Volkswirtschaften in demokratisch verfasste Marktwirtschaften gebracht hat. Diese von politischer Seite begrüßte Entwicklung wird von vielen als gefährliche Bedrohung der Sozialen Marktwirtschaft angesehen, weil in der global entfesselten Ökonomie die Unternehmen ihre Produktion dorthin verlagern, wo Arbeit billig ist.

Zwar hat es auch in den 70er und 80er Jahren in Westdeutschland Betriebsverlagerungen gegeben. Doch die Produzenten kehrten meist nach kurzer Zeit wieder heim: Hohe Transportkosten, Logistikprobleme, rechtliche Hindernisse und Mentalitätsunterschiede ließen den Transfer nur für Großunternehmen interessant erscheinen. An der innerdeutschen Grenze war die Welt ohnehin zu Ende. Es gab kaum wirtschaftliche Verflechtungen mit RGW-Ländern.

Die Öffnung hat Osteuropa als Produktionsstandort bis tief in den Mittelstand hinein attraktiv gemacht. Parallel dazu hat die technische Revolution Produktionsauslagerungen auch im Hochtechnologie-Bereich ermöglicht. Inder programmieren heute für deutsche Unternehmen für einen Bruchteil des Lohnes eines deutschen Kollegen. Programmierzyklen werden weltweit ausgedehnt. Die moderne Elektronik und die Kommunikationstechnologie haben die Welt verändert und zusammenrücken lassen.

2.3 Globalisierung als Ende demokratischer Selbststeuerung?

Die Globalisierung wird aber nicht nur als Bedrohung von Sozialstaat und Arbeitsplätzen, sondern auch als Bedrohung der Demokratie wahrgenommen. Viele meinen, nach der Destruktion des Sozialismus drohe nun auch das Ende der demokratisch legitimierten Systeme. Das Konzept der Sozialen Marktwirtschaft sei überholt, weil eine effektive politische Gestaltung der Rahmenbedingungen wirtschaftlichen Handelns angesichts des globalen Standortwettbewerbs nicht mehr möglich sei. Das Machtgleichgewicht habe sich endgültig von nationalen Regierungen zu den internationalen Konzernen verschoben.

Angesichts dieser verbreiteten Feststellung gilt es festzuhalten: Die ökonomische Globalisierung ist keine unvermittelt aufgetretene tödliche Gefahr, sondern Folge von Politik[2]. Sie wäre nicht möglich gewesen ohne komplizierte Weichenstellungen auf internationaler politischer Ebene (GATT, WTO), die Jahrzehnte hindurch von allen Parteien mitgetragen wurden. Diese Weichenstellungen waren kein Irrtum, denn die Liberalisierung des Welthandels, die in der zweiten Hälfte des 20. Jahrhunderts erreicht wurde, stellt lediglich eine Rücknahme von politisch bedingten, durch nationalistische und ideologische Verirrungen eingetretenen Veränderungen dar. Dieser Sachverhalt ist eindeutig: Erst in den 70er Jahren des 20. Jahrhunderts hat der Welthandel wieder den Umfang erreicht, den er bereits 1914 angenommen hatte.

Derartige historische Reflexionen zeigen: Wirtschaftliche Verflechtungen sind und bleiben abhängig von Politik, von der Gestaltung institutioneller Rahmenbedingungen im politischen Raum. Sie müssen stets gegen politische Interessengegensätze aufrechterhalten und vertieft werden. Dies bleibt auch im 21. Jahrhundert gültig. Sobald die politischen Interessengegensätze – heute zwischen den großen Welthandelsblöcken USA, Europa und Ostasien – gegenüber den gemeinsamen Interessen an einer weiteren Beseitigung der Handelsschranken überhand nehmen, droht ein Stocken, ja eine Umkehrung des Prozesses globaler wirtschaftlicher Verflechtung. Es ist nicht unmöglich, dass der wachsende öffentliche Widerstand gegen die Globalisierung, wie er sich etwa in den Protesten gegen eine neue Liberalisierungsrunde bei der Tagung der Welthandelsorganisation Ende 1999 in Seattle gezeigt hat, ein erstes Signal in diese Richtung ist. Auch im 21. Jahrhundert bleibt die Globalisierung ein politisch voraussetzungsreicher und dadurch immer auch politisch bedrohter Prozess.

Wirtschaftlicher Austausch ist – national wie international – kein Nullsummenspiel, bei dem der eine nur gewinnen kann, was der andere verliert. Handel ist vielmehr ein Positivsum-

---

2 Vgl. dazu und zum folgenden *Pies* (2000).

menspiel, bei dem alle Beteiligten gewinnen oder doch zumindest gewinnen können. Auch Deutschland wird als eine der größten Exportnationen der Welt durch die Globalisierung insgesamt gesehen nicht ärmer, sondern reicher. Das gilt bereits auf der Ebene des einzelnen Produzenten. Längst betreibt jeder Haushalt als Konsument „global sourcing": Möbel aus Ungarn, Gläser aus Tschechien, Autos aus Südkorea, Textilien aus China, Kiwis aus Neuseeland, Rindfleisch aus Argentinien. Seit langem sind in Deutschland Schuhe aus Italien, Käse und Wein aus Frankreich, Urlaub in Spanien, Tee aus Indien, Kameras aus Japan und Kinofilme aus Hollywood beliebt. Kaum jemand würde auf diese Errungenschaften verzichten, einen höheren Preis bezahlen oder schlechtere Produktqualität akzeptieren, nur um einen heimischen Produzenten zu unterstützen.

Chancen bestehen aber vor allen Dingen auch für jene Länder, die jahrzehntelang von wirtschaftlicher und gesellschaftlicher Entwicklung ausgeschlossen waren. Die Ausgangslage der Nachkriegszeit war hier ein stabiles Ungleichgewicht zwischen reichen und armen Regionen europa- und weltweit. Doch wo Grenzen geöffnet werden und Wirtschaftsräume zusammenwachsen, da folgen auch politische und kulturelle Integration auf dem Fuße. Bei entsprechenden wirtschaftspolitischen Rahmenbedingungen kommt es zur schrittweisen Angleichung der Lebensverhältnisse.

Eine derartige Dynamik entsteht im Zuge der Globalisierung nicht nur in wirtschaftlicher, sondern – bedingt durch eine „Konkurrenz der Ordnungen" – auch in politischer Hinsicht. Wenn die Bürger erleben, dass wirtschaftliche oder gesellschaftliche Probleme anderswo erfolgreicher angegangen werden, dann setzen sie ihre Regierungen unter Rechtfertigungs- bzw. Reformdruck. Der US-amerikanische Wirtschaftshistoriker *Eric Jones* schreibt solchen kontinuierlichen Wettbewerbsbeziehungen zwischen benachbarten, aber politisch unabhängigen Gebietskörperschaften den Erfolg des „Wunders Europa" zu.

Andere Folgen wirtschaftlichen Austausches kommen hinzu: So bewirken Direktinvestitionen den Aufbau von Qualifikationen im Gastland sowie – insbesondere bei großen multinationalen Konzernen – eine Diffusion von Werten. Wanderarbeiter verstärken diesen Prozess. Durch die wachsende internationale Verflechtung steigt die wechselseitige Abhängigkeit und in deren Folge auch das Interesse füreinander – für die Kultur ebenso wie für die wirtschaftliche Situation. Wirtschaftliche Verflechtungen und wechselseitige Abhängigkeiten bringen auch gewachsene Sensibilität in Menschenrechtsfragen: Damit bildet sich so etwas wie ein transnationales Humanitätsbewusstsein aus. Eine globale Weltgesellschaft beginnt sich zu konstituieren.

Die Überwindung der Jahrhunderte lang dauernden deutsch-französischen „Erbfeindschaft" in nur einer Generation ist nicht nur entsprechenden kulturellen und pädagogischen Bemühungen, sondern auch der zunehmenden ökonomischen Verflechtung der beiden Länder zu verdanken. Durch sie steigt die wechselseitige Abhängigkeit, die „Regelungsbedarf" erzeugt und die gestaltet werden muss. Um Vorteile wechselseitigen Austausches auf Dauer zu sichern, bedarf es einer „Verfassung" – im weitesten Sinne –, also gemeinsamer Regeln, die die Ansprüche an den Partner ausformulieren und Verhaltenserwartungen stabilisieren. Die Geschichte der Europäischen Union, die als Wirtschaftsgemeinschaft begann, zeigt, dass sich entgegen einem statischen Souveränitätsdenken auch rechtliche Beziehungen und neue Institutionen schrittweise entwickeln und dadurch die internationalen Beziehungen auf eine neue Grundlage stellen. Wenn am Ende des 20. Jahrhunderts sogar die Schaffung eines internationalen Strafgerichtshof beschlossen werden konnte, so stellt dies einen weiteren Schritt auf dem Weg zu einer „internationalen Rahmenordnung" dar. Diese wird nicht auf einen „Weltstaat" hinauslaufen, sondern auf ein breit gefächertes und tief gestaffeltes System von Institutionen auf internationaler, nationaler und regionaler Ebene.

Die Globalisierung nur als Beschränkung der Handlungsmöglichkeiten von Politik zu sehen, greift also zu kurz, wenn man unter Politik nicht nur nationale Innen- und Sozialpolitik versteht. Die Globalisierung eröffnet vielmehr politischem

Handeln neue Chancen, stellt es aber zugleich auch vor neue Herausforderungen.

2.4 Die Zukunft der Sozialen Marktwirtschaft als Politik für die Globalisierung

Die Wahrnehmung der Globalisierung als Gefahr für die Soziale Marktwirtschaft stellt die wirklichen Zusammenhänge auf den Kopf. Wirtschaftliche Verflechtung ist kein Selbstläufer, sondern hängt von der Schaffung entsprechender Rahmenbedingungen ab. Die als „Globalisierung" bezeichneten wirtschaftlichen Entwicklungen sind Folge einer aktiven Liberalisierungspolitik und des Abbaus protektionistischer Handelsbeschränkungen. Die Wirtschaft ist dazu nicht in der Lage, solange nicht im politischen Raum Rahmenbedingungen verändert werden. Wirtschaftliche Verflechtung findet nicht statt, wo sie politisch nicht gewollt ist, wo nicht mehr oder weniger bewusst auf sie hin gearbeitet wird.

Dies bedeutet nun aber auch, dass sich die Politik zu der prinzipiell erwünschten Entwicklung der Globalisierung bekennen und diese in ihren vielfältigen positiven Wirkungen erläutern muss. Nur durch Aufklärung über ökonomische Zusammenhänge kann die demokratische Öffentlichkeit die ablaufenden Veränderungen als Teil einer Gesamtentwicklung deuten, die insgesamt eher Vorteile bringt. Gerade hier aber versagt die Politik häufig. Statt offensiv Aufklärung zu leisten erliegt sie der naheliegenden Versuchung, sich für nicht zuständig zu erklären und den schwarzen Peter für unbequeme Entscheidungen an die anonyme Marktdynamik weiterzugeben. Die Politik kann ihre Verantwortung nicht an anonyme Mächte delegieren, sondern ist für den Prozess der Globalisierung auch weiterhin gefordert.

Das gilt zunächst natürlich auf internationaler Ebene, wo die strukturellen Voraussetzungen für die weitere Vertiefung der Globalisierung zu schaffen sind. Das Scheitern der WTO-Tagung in Seattle im Winter 1999 hat gezeigt, wie brüchig nach wie vor das Eis einer weiteren Liberalisierung der globalen Märkte ist. Partielle Interessengegensätze (etwa zwischen der Europäischen Union und den USA) werden unüberwindbar, wenn gemeinsame Schritte nicht diplomatisch sorgsam vorbereitet und politisch wirklich gewollt sind.

Scheitern wird die weitere wirtschaftliche Zusammenarbeit im globalen Rahmen aber auch dann, wenn sie sich keine breitere Legitimationsbasis in der Bevölkerung zu verschaffen vermag. Die Väter der Sozialen Marktwirtschaft konnten die Schaffung von Wettbewerbsmärkten in der Öffentlichkeit der jungen Bundesrepublik Deutschland politisch nur durchsetzen, weil sie sich in ihrem Denken nicht nur auf rein ökonomische Faktoren beschränkt haben. Gerade weil sie nicht nur ein wirtschaftliches Reformprojekt, sondern ein umfassendes Gesellschaftsmodell entwickelt haben, das auch die brennenden sozialen Fragen mit umfasste, konnten sie die positive Funktion von Wettbewerbsmärkten im Zusammenwirken mit anderen institutionellen Maßnahmen plausibilisieren. Aus solcher Sicht ergibt sich, dass die Politik bei der Umstellung auf „globalisierungsfähige Arrangements" auch eine bildungspolitische Aufgabe zu erfüllen hat.

2.5 Reform des Bildungssystems

Der internationale Wettbewerb trifft – wie bereits erwähnt – besonders die Arbeitsmarktsituation niedrig qualifizierter Arbeitnehmer. Sie bekommen als erste die Konkurrenz durch weit schlechter bezahlte Mitarbeiter an Standorten etwa in Tschechien oder Polen zu spüren. Denn die Vergrößerung der Märkte durch den Abbau protektionistischer Handelsschranken macht jetzt eine tiefere Arbeitsteilung und die Zerlegung von Produktionsprozessen in kleinschrittigere, hochspezialisierte Abläufe lohnend: Die Wertschöpfungskette wird verlängert. Dieser Prozess tieferer Spezialisierung macht eine „Verteilung" der einzelnen Produktionsschritte auf jeweils dafür besonders geeignete Standorte, und damit die Auslagerung arbeitsintensiver Tätigkeiten an Standorte in Niedriglohnländern lohnend.

Zugleich wachsen aber auch an Hochlohnstandorten die Qualifizierungsanforderungen an die beschäftigten Kräfte durch beschleunigten Strukturwandel in Produktion und Verwaltung schnell an. Vor allem in Ostdeutschland resultiert bereits heute eine Situation, die auch in den westlichen Bundesländern an Brisanz zunehmen wird: das immer drängendere Fehlen qualifizierter Arbeitskräfte bei gleichzeitiger konstanter Massenarbeitslosigkeit von 15 bis 20 Prozent. Es klingt eigenartig, dass gerade in diesen Regionen Kapazitätsausweitungen der Produktion unmöglich sind, weil für viele Aufgaben keine geeigneten Mitarbeiter gefunden werden können.

Hier zeigt sich, dass viele Diskussionen der Arbeitslosigkeitsproblematik vordergründig sind. So wird häufig die Hoffnung geäußert, durch den Geburtenrückgang erledige sich dieses Problem mittelfristig von selbst, da mit der Zahl der arbeitsfähigen Menschen auch das Überangebot am Arbeitsmarkt zurückgehe. In Ostdeutschland ist gegenwärtig das Gegenteil festzustellen: Das zahlenmäßige Schrumpfen der arbeitsfähigen Jahrgänge bringt eine Problemverschärfung statt einer Entlastung mit sich. Menschen sind nicht wie Glasperlen einfach austauschbar. Was auf den Arbeitsmärkten immer drängender fehlt, sind jene Qualifikationen, über die Arbeitslose in der Regel nicht verfügen. Aus den gleichen Gründen ist auch eine massenhafte Frühverrentung, auf die insbesondere die Gewerkschaften zur Entlastung des Arbeitsmarktes hoffen, in der Regel kein problemadäquates Instrument.

Dieser Befund ist vor allem als Herausforderung an die nationalen und regionalen Aus- und Weiterbildungssysteme zu bewerten. Hier machen die im internationalen Wettbewerb steigenden Leistungsanforderungen zusätzliche Anstrengungen notwendig. Das deutsche Ausbildungssystem ist noch überwiegend auf die klassische „Berufsausbildung" ausgerichtet: In der Jugend wird eine Tätigkeit erlernt, ein Bildungsgang eingeschlagen, der dann die lebenslange berufliche Tätigkeit bestimmt. Diese Berufsausbildung erfolgt in einem fast ausschließlich staatlich organisierten System, das durch beamtete Lehrkräfte in Schulen, Fachhochschulen und Universitäten administriert und betrieben wird. Voraussetzung eines solchen Systems war jahrzehntelang ein Arbeitsmarkt, in dem mittelmäßig erfolgreiche Absolventen – von einigen besonders begehrten Problembereichen abgesehen – eventuell nach einer längeren Wartezeit eine Position einnehmen und dann von ihrem während der Ausbildungsphase erworbenen Wissen zehren konnten.

Weiterbildungs- und Umschulungsprogramme waren darauf abgestellt, niedriger qualifizierten Kräften – etwa aus den strukturell schrumpfenden Sektoren Landwirtschaft, Bergbau oder Textilwirtschaft – einen Wechsel in höher qualifizierte und besser bezahlte Bereiche zu ermöglichen. Die Motivation dazu ergab sich schon aus der erhofften – und meist nach erfolgreichem Durchlaufen der Weiterbildung auch realisierten – attraktiveren Tätigkeit.

Ein solcher Kontext gehört definitiv der Vergangenheit an. Zunächst gliedert sich der Arbeitsmarkt in immer vielgestaltigere Tätigkeiten auf. Denn auf tendenziell globalen Märkten und bei exponentiell anwachsendem verfügbarem Wissen ist eine immer tiefere Arbeitsteilung und Spezialisierung möglich und vorteilhaft. Das klassische, in „Berufe" aufgeteilte Bildungssystem kann nur mehr notwendiges, aber nicht hinreichendes Basiswissen vermitteln. Mehr denn je wird dann das eigentlich relevante Praxiswissen „on the job" vermittelt.[3]

Dagegen gewinnen Beweglichkeit und die Fähigkeit, sich schnell neues Wissen anzueignen, an Bedeutung. Notwendige Ziele schulischer Ausbildung sind damit – hier durchaus im Sinne des klassischen *Humboldt*schen Bildungsideals – die Vermittlung einer grundlegenden Selbstbindungsfähigkeit und die Entfaltung menschlicher Reife und Fähigkeiten. Führungsfunktionen sind im Zeitalter „flacher Hierarchien" und teilautonomer Arbeitsgruppen sowie marktvermittelter Beziehungen mehr denn je auf eine hohe „soziale Kompetenz" bzw. „emotionale Intelligenz" angewiesen. Dies stellt neue Anforderungen an eine Berufsbiographie und legt die Frage nach der Ver-

---

[3] *Pies* (2000).

einbarkeit von Familie und Beruf auch von dieser Seite her nahe.

Als weitere Konsequenz zunehmender Spezialisierung und schnellerer Veränderung der Berufsbilder ergibt sich eine steigende Bedeutung berufsbegleitender Weiterbildung. Für das 21. Jahrhundert gehen Bildungsforscher davon aus, dass der durchschnittliche Arbeitnehmer im Verlaufe einer „normalen" Erwerbsbiographie immer wieder neue „Berufe" erlernen muss – von deren Existenz womöglich zur Zeit der ursprünglichen Ausbildung noch überhaupt nichts bekannt war. Erschwerend kommt hinzu, dass die Abfolge dieser Berufe in Bezug auf Einkommen und Verantwortlichkeit nicht zwangsläufig einen Aufstieg bedeuten muss. Es ist vielmehr möglich, dass – etwa beim Übergang aus dem industriellen in den Dienstleistungssektor – Verdienst und Ansehen einer neuen Tätigkeit niedriger liegen als bei der alten.

Flexibilität und soziale Mobilität stellen wachsende Anforderungen sowohl an die Bildungsinstitutionen selbst als auch an das flankierende Sozialsystem, das „Investitionen in Menschen"[4] ermöglichen soll. Eine Lohnersatzregelung in der Arbeitslosenversicherung etwa, die sich ausschließlich an der Höhe des letzten Bruttoeinkommens orientiert, kann in eine Arbeitslosigkeitsfalle führen, weil sie Anreize dazu gibt, eher vor den Toren der Industrie auszuharren, als auf einen schlechter bezahlten, aber zukunftsfähigen Arbeitsplatz im Dienstleistungssektor zu wechseln. Die Qualität eines Fortbildungssystems bemisst sich danach, ob es dazu befähigt, die notwendigen Anpassungsleistungen zu erbringen. Maßnahmen, die lediglich für neue Arbeitslosigkeit qualifizieren – wie etwa breite Teile der staatlich aufgelegten Arbeitsbeschaffungsprogramme ABM – verfehlen ihre Funktion. Sie entmutigen die Teilnehmer eher durch das Gefühl der Nutzlosigkeit und Vergeblichkeit aller Bemühungen, die eigene Situation zu verbessern.

---

[4] Dazu ausführlich *Habisch* (2000 a).

Für die Organisation der beruflichen Fort- und Weiterbildung ist aus den genannten Gründen eine engere Verzahnung mit der gewerblichen Wirtschaft unerlässlich. Dieses Prinzip liegt bereits dem „dualen System" der Berufsausbildung in Deutschland zugrunde. Doch dieses System ist in den letzten Jahren zunehmender Kritik ausgesetzt: Die Ausbildung wird als zu kostenträchtig und theorielastig kritisiert. Der Anteil der Wirtschaft bei Gestaltung und Durchführung der gewerblichen Aus- und Weiterbildung ist deshalb zu steigern. Zugleich ist der hohen Kostenbelastung, die insbesondere für Klein- und Mittelbetriebe mit der Schaffung von Ausbildungsplätzen verbunden ist, steuerlich und abgabentechnisch in geeigneter Weise Rechnung zu tragen. Durch die wachsende Spezialisierung ist eine berufliche Ausbildung heute stärker auf den ausbildenden Betrieb bezogen und weniger als früher übertragbar. Mehr als früher wird „betriebsspezifisches" Humankapital erworben. Das bedeutet, dass auch der ausbildende Betrieb stärker in die Mitverantwortung einbezogen wird – zugleich aber auch sein finanzieller Beitrag zum steuerfinanzierten System sinken muss. In manchen Branchen kann durch Vernetzung kleiner und mittlerer Unternehmen eine Übernahmegarantie für Auszubildende auch dann ausgesprochen werden, wenn der einzelne Betrieb dazu zeitweise nicht über Kapazitäten verfügt. Ein weiteres Postulat ist die Einrichtung neuer Berufsbilder insbesondere im niedrig qualifizierten Bereich („kleiner Gesellenbrief") sowie die Deregulierung der Niederlassungsfreiheit. Letzteres ist insbesondere aus sozialpolitischer Sicht bedeutsam, um mehr niedrig qualifizierten Anbietern den Eintritt in die schnell wachsenden Dienstleistungssektoren zu erleichtern.

Die Quote von Selbständigen ist in Deutschland im internationalen Vergleich noch immer sehr gering. Bei Befragungen äußern Schulabgänger noch immer überwiegend einen Berufswunsch im öffentlichen Dienst, während nur relativ wenige Jugendliche in die gewerbliche Wirtschaft streben. Dies ist nicht nur entsprechenden „Werten" oder „Mentalitäten" zuzurechnen. Vielmehr spiegeln solche Zielvorstellungen auch den sozialen und gesellschaftlichen Kontext wieder, der in der Bundesrepublik über Jahrzehnte hinweg entstanden ist. Es ist das politische und wirtschaftliche Umfeld, das entsprechende „Anreizsignale" auf die Jugendlichen ausübt. Dieser Befund muss kritische Fragen in Richtung Politik, Wirtschafts- und Arbeitsrecht sowie Tarifpartner provozieren. Welche rechtlichen, steuerlichen und kulturellen Hürden müssen in Deutschland beseitigt werden, damit mehr Jugendliche den Weg in die Selbständigkeit einschlagen und als Selbständige Arbeitsplätze für andere schaffen? Welche flankierenden Hilfen können gegeben werden, um Arbeitslosen und gering Qualifizierten zu einer Tätigkeit als selbständige Anbieter zu verhelfen?

Für gründungswillige Jungunternehmer hat es in den letzten Jahren eine ganze Reihe von Hilfen gegeben – von verbilligten Krediten bis hin zu „business angels", also Helfern, die bei den vielfältigen Fragestellungen, mit denen ein Neugründer konfrontiert ist, mit Rat und Tat zur Seite stehen. Für den niedrig qualifizierten Bereich einfacher Dienstleistungen fehlen dagegen meist solche Hilfen. Dabei zeigen empirische Untersuchungen, dass ein Großteil der nach wie vor vielen Konkurse auf leicht vermeidbare Management-Fehler zurückzuführen ist. Die Einbeziehung der wachsenden Zahl von Frühpensionären in begleitende Beratungsaktivitäten für Jungunternehmer würde langfristig eine Entlastung der öffentlichen Haushalte insbesondere im Bereich der Arbeitsverwaltung bringen.

Derartige Politikmaßnahmen, die auf die Mobilisierung der schlummernden Potentiale der Bevölkerung abzielen – mithin „in Menschen investieren" –, schieben sich gerade angesichts der Herausforderungen der Globalisierung zunehmend in den Vordergrund. Allerdings wird sich die Finanzierung solcher Maßnahmen zunehmend als gravierendes Problem darstellen. Die häufig praktizierte Vollfinanzierung ohne Selbstanteil senkt die Motivation der Teilnehmer. Andererseits ist eine Ausweitung der Programme notwendig, um die dringend notwendige Senkung der Lohnnebenkosten voranzubringen, damit die Herausforderungen der Globalisierung bewältigt werden können.

Auch im Bereich der Hochschulfinanzierung sind im Schatten der Globalisierung Anpassungen und Umstrukturierungen notwendig. In den meisten Staaten Europas wurden Schul- und Hochschulbesuch in der Nachkriegszeit fast völlig von finanziellen Gegenleistungen freigestellt. Hochschulabsolventen konnten mit einem höheren Einkommen rechnen, und aufgrund der Progression im Einkommenssteuertarif konnte der Staat damit rechnen, dass der Aufwand getilgt wird. Einnahmen und Ausgaben hielten sich somit zumindest theoretisch die Waage. Durch die Globalisierung und den damit verbundenen zunehmenden internationalen Austausch wird dieser Zusammenhang gesprengt. Gerade hoch- und höchstqualifizierte Kräfte neigen dazu, zu besseren Verdienst- und Entfaltungsmöglichkeiten abzuwandern und sich damit der „Rückzahlung" ihrer Ausbildungskosten im Inland zu entziehen.

Die mit der zunehmenden internationalen Verflechtung verbundenen Herausforderungen erfordern flankierendes politisch-institutionelles Handeln auf allen Ebenen – regional, national und übernational. Auf allen Ebenen müssen Strukturen geschaffen werden, die fairen wirtschaftlichen Wettbewerb möglich machen und die Aufrechterhaltung seiner sozialen Funktion sicherstellen. Insbesondere wettbewerbsfeindliche Verzerrungen zwischen konkurrierenden Anbietern sind zu vermeiden. Zugleich müssen grundlegende soziale Sicherungsfunktionen, die bisher ausschließlich an (national-)staatliche Institutionen gebunden sind, auf verschiedene Art und Weise auch durch grenzüberschreitende Regelungen sichergestellt werden.

Hier zeichnet sich eine Perspektive Sozialer Marktwirtschaft für den neuen globalisierten Kontext des 21. Jahrhunderts ab. Soziale Marktwirtschaft ist dann nicht mehr ein „nationales Biotop", das durch den Prozess der Globalisierung auf vielfältige Weise bedroht erscheint. Soziale Marktwirtschaft und Globalisierung sind keine Gegensätze, sondern stehen komplementär zueinander. Auf der Grundlage der Erfahrung der Sozialen Marktwirtschaft im nationalen Kontext können Ordnungsstrukturen für die größer werdenden Wirtschaftsräume des 21. Jahrhunderts konzipiert und geschaffen werden. Gefordert ist mithin eine Ordnungspolitik nicht gegen, sondern für die Globalisierung.

3. Zukunftsfähige soziale Sicherung

Eine der großen Zukunftsaufgaben der deutschen und europäischen Politik des 21. Jahrhunderts ist eine grundlegende Reform der sozialen Sicherungssysteme. Die Politik zeigt sich weitgehend überfordert. Unter dem enormen Problemdruck und angesichts entsprechender Erwartungshaltungen der Öffentlichkeit sucht sie kurzatmig nach pragmatischen Problemlösungen zur finanziellen Entlastung der bedrängten Sozialsysteme. Nolens volens arbeitet sie sich damit an einer bloßen Fortschreibung des Bestehenden ab, statt nach grundlegenden Alternativen zu suchen, die sich angesichts mittelfristig absehbarer Entwicklungen als „nachhaltig" erweisen könnten.

Es geht um grundlegende Fragen: Bedarf es unter den völlig veränderten Bedingungen des 21. Jahrhunderts noch sozialer Sicherung? Und wie kann diese angesichts der zu erwartenden Bevölkerungsentwicklung einerseits und der oben bereits diskutierten Entwicklungen auf dem Arbeitsmarkt andererseits (überhaupt noch) organisiert werden? Die einschlägigen Reformdiskussionen sind zwar durch zahlreiche moralische Versatzstücke dominiert („mehr Eigenverantwortung" versus „Verteidigung der Solidarität"), die aber eine anspruchsvolle moralische Leitvision nicht ersetzen. In welcher Gesellschaft wollen wir im Jahr 2030 leben? Wird sie lediglich eine „verminderte Version" der Gesellschaft von 1999 sein oder wird sie über ganz neue, bislang noch kaum entwickelte Solidaritätspotentiale verfügen? Wo könnten diese Potentiale liegen?

Diese Fragen müssen beantwortet werden, wenn die Imaginationskraft der Bürger und ihre Bereitschaft zum Engagement geweckt werden sollen. Beharrungsvermögen und ein weit verbreitetes juridisches Anspruchsdenken sind dagegen auch als Zeichen einer grundlegenden Zukunftsangst zu werten. Bei vielen Gruppen dominiert das Misstrauen, von einer konzeptlos sparenden Politik mehr oder weniger willkürlich mit Kosten belastet zu werden, während andere Gruppen ungeschoren davonkommen. Nur wenn ein Gesamtkonzept ausgewiesen werden kann, das angibt, in welche Richtung die Reise gehen soll, können einzelnen Gruppen Vorleistungen abverlangt werden. Das kurzatmige Auflegen von milliardenschweren Subventionsprogrammen oder technokratischen Finanzumschichtungen kann diese Arbeit nicht ersetzen.

3.1 Das alte Denkschema: Marktwirtschaft kontra soziale Sicherung

Die Notwendigkeit staatlich organisierter sozialer Sicherungssysteme kann nicht einfach nur aus dem Vorhandensein armer und benachteiligter Personen und Gruppen heraus begründet werden. Sozialpolitik wird heute ganz überwiegend unter moralischen Vorzeichen verhandelt. Als ethisches Leitziel wird dabei die Herstellung von sozialer Gerechtigkeit als Verteilungsgerechtigkeit bestimmt. Der Markt sei aus sich selbst heraus dazu nicht in der Lage, er tendiere lediglich zu effizienten Lösungen. Daher müsse er von der Politik „domestiziert" (*Homann*), mithin an übergeordneten Wertvorstellungen orientiert werden. Dies wird meist mit Hinweis auf die Demokratie begründet: Die Bürger einer demokratischen Gesellschaft haben das Recht, die Einkommensverteilung gemäß ihren gemeinsamen Wertvorstellungen umzugestalten und dabei zugunsten der sozialen Gerechtigkeit auch bewusst auf Effizienzsteigerung zu verzichten. Moralisch aufgeladen ist eine solche Denkweise insofern, als hier die Sozialpolitik unmittelbar zum Exekutor ethischer Ziele bestimmt wird. Diese folgt dabei scheinbar einer „anderen Logik" als die Wirtschaftspolitik: Sie wird ethisch und nicht ökonomisch begründet. Sozialpolitik erscheint dann geradezu als Inbegriff des Vorrangs der Demokratie vor der Marktwirtschaft, der Orientierung an Wertvorstellungen vor dem „bloßen" Rationalitäts- und Effizienzdenken[5].

Eine solche Denkweise reißt den Zusammenhang auseinander, den die Väter der Sozialen Marktwirtschaft zwischen Wirtschaft und Gesellschaft, zwischen Marktwirtschaft und Demokratie hergestellt haben. Die Welt des moralisch anspruchsvollen solidarischen Ausgleichs einerseits (Politik, Sozialverwaltung, Wohlfahrtssystem) und die egoistische Welt des Marktes andererseits fallen konzeptionell auseinander.

Die wirtschaftliche Globalisierung stellt die Möglichkeit der umfassenden Durchsetzung sozialrechtlicher Ansprüche in Frage, weil sich relevante Gruppen ihren Beitragsverpflichtungen entziehen können. Dies ist im Kontext vernetzter und international durchlässiger Wirtschaftsstrukturen immer stärker der Fall. Internationale Unternehmen sind durch zwischenstaatliche Grenzen ebenso wenig gebunden wie Wanderarbeiter auf liberalisierten Arbeitsmärkten.

Im Zuge der Globalisierung verschwimmt auch der normative Bezugspunkt: Denn was über bedeutende nationale Niveauunterschiede hinweg als „sozial gerecht" gelten kann, darüber besteht im internationalen Kontext kein auch nur annähernder Konsens. Welches Einkommensniveau ist das gesellschaftlich erwünschte und mit den Mitteln der Sozialpolitik anzustrebende? Gesellschaftlich akzeptierte Mindesteinkommen schwanken mit dem Sozialprodukt bzw. dem Wohlstand einer Nation. Wie wenig Gemeinsamkeiten hier über Ländergrenzen hinweg bestehen, zeigt sich etwa an der Diskussion über „Sozialdumping", das in anderen Ländern als legitimer Wettbewerbsvorteil interpretiert wird. Sprachliche und kulturelle Barrieren trennen die politische Öffentlichkeit der verschiedenen europäischen Länder und begründen unterschiedliche Verhältnisbestimmungen von Staat, Wirtschaft und Zivilgesellschaft. Der Eintritt der osteuropäischen Länder in die Europäische Union wird diese Unterschiede noch verschärfen. Alles dies macht eine auch nur europaweite Sozialpolitik,

---

[5] Zur Kritik dieser Denkstruktur grundlegend *Homann/Pies* (1996).

die ähnlich funktionieren würde wie die nationale, unmöglich. Vielmehr prallen unterschiedliche nationale Interessen unvermittelt aufeinander.

Die Globalisierung stellt mithin das dominante Verständnis von Sozialpolitik auf doppelte Weise in Frage. Zwar haben Bemühungen der EU-Kommission zur Unterzeichnung einer gemeinsamen Sozialcharta der Mitgliedsländer geführt, in denen bestimmte Mindeststandards formuliert sind. Die Kohäsionsfonds der Gemeinschaft subventionieren zudem Infrastrukturmaßnahmen, die auf die Angleichung der Lebensverhältnisse in den Staaten der Europäischen Union abzielen. Doch der Ausbau derartiger Ansätze zu einer kohärenten Sozialpolitik auf europäischer Ebene ist unwahrscheinlich. Die Dauerkrise der europäischen Agrarpolitik mit ihrer ausufernden Bürokratie ist hier ein warnendes Beispiel. Nationale Eigeninteressen verhinderten über Jahre eine Reform der offensichtlich mit Fehlanreizen behafteten Regelungen. Die deutsche Wiedervereinigung zeigt zudem, dass eine sozialrechtliche Angleichung unterschiedlicher Wirtschaftsräume nur unter hohen Subventionszahlungen möglich ist. Diese wären bereits im Rahmen der heutigen EU-Länder nicht finanzierbar, erst recht aber nicht nach einer Osterweiterung: „Eine Harmonisierung der sozialen Sicherung in der EU wird mit der Aufnahme der osteuropäischen Erweiterungskandidaten auch finanziell unmöglich. Die von den jetzigen Mitgliedsländern der EU für einen unbestimmbaren Zeitraum zu leistenden Transferzahlungen an die Beitrittsländer zum Aufbau einer nur annähend so ausgebauten sozialen Sicherung, wie sie in (West-) Europa existiert, sind unbezahlbar".[6]

Das vorherrschende normative Paradigma von Sozialpolitik erweist sich also als nicht globalisierungsfähig. Nicht nur das nationalstaatliche Erzwingungsinstrumentarium versagt angesichts der gewachsenen Mobilität, auch die demokratisch-politische Legitimation für „marktdomestizierende" Eingriffe sind auf absehbare Zeit im internationalen Raum nicht herzustellen.

---

6 *Henke/ Schaub* (1998), 177.

Von diesem Ergebnis her liegt die Frage nahe, ob das eingangs skizzierte normative Paradigma von Sozialpolitik wirklich das einzig mögliche ist. Dieses geht ja implizit davon aus, dass sich Sozialpolitik ausschließlich als Wettbewerbsnachteil darstellt. Denn nur wenn es sich bei Sozialtransfers ökonomisch gesehen um rein konsumtive Ausgaben handelt, denen kein angemessener Gegenwert gegenübersteht, ist mit einem „negativen Standort- und Steuerwettbewerb" bzw. einer „Abwärtsspirale" zu rechnen. Schon ein oberflächlicher Blick zeigt aber, dass dies keineswegs der Fall ist. So weisen *Henke* und *Schaub* darauf hin, dass für die Standortwahl eines Unternehmens nicht nur die Kostenseite, sondern das Kosten-Nutzen-Verhältnis die entscheidende Rolle spielt: „Dieser Zusammenhang bedingt auf lange Sicht die mangelnde Attraktivität eines Niedrigsteuerlandes, das im Gegenzug keine Infrastruktur, keine Rechtssicherheit und keinen Eigentumsschutz bietet, genau wie die mögliche Vorteilhaftigkeit eines Hochsteuerlandes mit exzellenten infrastrukturellen Ausgangsbedingungen und rechtlichen Rahmenbedingungen für Unternehmen und Investoren."[7]

Statt wie häufig lediglich einen Gegensatz zwischen wirtschaftlicher Dynamik der Globalisierung einerseits und Sozialpolitik andererseits zu behaupten, wäre also nach der positiven Bedeutung sozialpolitischer Regelungen für die wichtigen Produktivitäts- und Standortfaktoren einer Volkswirtschaft zu fragen. Nur ein selbstvergewissernder Blick auf den „wirtschaftlichen Wert der Sozialpolitik"[8] auch und gerade angesichts der laufenden Prozesse globaler internationaler Verflechtung kann vor Scheinwidersprüchen bewahren und Orientierungshilfen für die zu leistenden Anpassungen geben.

---

[7] *Henke/Schaub* (1998), 178.

[8] Die dazu im folgenden vorgetragenen Überlegungen erheben selbstverständlich nicht den Anspruch, als solche innovativ zu sein. Vgl. dazu etwa schon die Beiträge *E. Boettcher, W. Schreiber* u. a. in: *Boettcher* (Hg.) (1957).

3.2 Soziale Sicherung als Investition in „Humankapital"

Armut und Perspektivlosigkeit in einem reichen Land sind zwar per se ein moralischer Skandal, der zum Handeln drängt. Doch mit dieser Feststellung ist noch keine Aussage über die geeigneten Mittel getroffen. Zudem dient das in der Bundesrepublik Deutschland bestehende System sozialer Sicherung nur zum geringeren Teil dem Ziel, „soziale Gerechtigkeit" herzustellen. Sowohl in historischer als auch in systematischer Perspektive ist es vielmehr zunächst die Absicherung gegen existentielle Lebensrisiken, auf die hin der größte Teil der gegenwärtig im Einsatz befindlichen sozialpolitischen Instrumente eingesetzt ist. Worin liegen der Sinn und die Bedeutung, eine solche Absicherung staatlicherseits zu garantieren?

Eine moderne Volkswirtschaft lebt von den Qualifikationen ihrer Menschen. Diese fallen nicht vom Himmel, sondern sind das Ergebnis von Bildungs- und Ausbildungsentscheidungen, von Investitionen in menschliches Kapital, in „Humankapital". Ob Menschen derartige Investitionen in ihr Humankapital tätigen können, hängt erheblich von der institutionellen Gestalt ihrer Umwelt und von der Qualität ihrer Lebens- und Arbeitsbedingungen ab. Volkswirtschaften, die elementaren Schutz vor den wichtigsten Lebensrisiken gewähren und damit gute „Investitionsbedingungen" in Humankapital bieten, ziehen daraus handfeste Vorteile. Was *Wilhelm von Humboldt* in seinen „Ideen zu einem Versuch, die Gränzen der Wirksamkeit des Staates zu bestimmen" in Bezug auf die äußere Sicherheit sagt, das gilt im Kontext der Lebensbedingungen moderner Industriegesellschaften auch für die soziale Sicherheit: „Ohne Sicherheit vermag der Mensch weder seine Kräfte auszubilden noch die Früchte derselben zu genießen; denn ohne Sicherheit ist keine Freiheit." Hier zeigt sich der wirtschaftliche Wert der Sozialpolitik als elementare Absicherung nach einem Krisenereignis, die wiederum zu neuer beruflicher Orientierung verhelfen soll.

Wie genau aber beeinflusst die Existenz einer Sozialversicherung das Verhalten am Arbeitsmarkt? Verliert ein sozialpoli-

217

tisch ungesicherter Arbeitnehmer seinen Arbeitsplatz, so ist er zur Bestreitung seines Lebensunterhaltes gezwungen, sofort nach einer neuen Beschäftigung zu suchen. Sind seine erlernten Fähigkeiten – zum Beispiel aufgrund technischer Innovationen am Arbeitsmarkt – nicht mehr gefragt, dann wird er eine neue Beschäftigung nur im Bereich ungelernter Arbeit finden. Der Arbeitsplatzverlust ist also in der Regel mit einem volkswirtschaftlichen Verlust von Qualifikation bzw. einem Einkommensverlust des Arbeitnehmers verbunden. Erst wenn eine temporär eintretende Arbeitslosenversicherung den Lebensunterhalt so lange absichert, bis eine neue und stärker nachgefragte Qualifikation erlernt wurde, wird der Wiedereinstieg ins Berufsleben auf gleichem oder höherem Niveau möglich.

Rückwirkungen sozialer Sicherung gibt es aber auch in anderer Hinsicht. Eine berufliche Qualifikation zu erwerben, bedeutet immer auch, das Risiko auf sich zu nehmen, dass der erlernte Beruf irgendwann nicht mehr gebraucht wird. Die persönliche „Investition" kann durch technischen Fortschritt oder die allgemeine wirtschaftliche Entwicklung entwertet werden. Drucker, Bergleute und viele Textilingenieure haben diese in einer Marktwirtschaft allgegenwärtige Möglichkeit ganz konkret erfahren müssen – viele von ihnen wurden arbeitslos, obwohl sie womöglich in ihrem Metier fleißig und engagiert gearbeitet hatten. In Zukunft wird die IT-Revolution diesen Umstrukturierungsprozess eher noch beschleunigen: Auch Sekretariatskräfte, Schalterpersonal etc. werden sich umorientieren müssen.

Wird also „Spezialisierung" für den Einzelnen bei schnellem technischen Wandel immer riskanter, so ist eine Marktwirtschaft doch zu ihrem Funktionieren darauf angewiesen, dass die Menschen dieses Risiko auch weiterhin und sogar in wachsendem Ausmaß auf sich nehmen. Um aber die Risikoübernahme nicht zu entmutigen, um sicherzustellen, dass jahrelange Investitionen in eine qualifizierte Ausbildung auch wirklich getragen werden, ist es notwendig, den Investor im negativen Falle nicht ins Bodenlose fallen zu lassen. Sozialpolitik ist dann eine Art „Netz unter dem Hochseil" – also eine Absicherung, deren Sinn nicht darin besteht, dass sie gebraucht wird, sondern darin, dass sie Risikoübernahme ermöglicht. Die Bremse am Pkw ist nicht nur dazu da, die Fahrt zu verlangsamen – ein funktionierendes Bremssystem macht es möglich, dass das Risiko einer höheren Geschwindigkeit überhaupt übernommen werden kann.

Eine solche Perspektive erhöhter globaler Wettbewerbsfähigkeit durch die Schaffung sozialpolitischer Institutionen stellt das oben beschriebene Gegensatzdenken in Frage. Sie hat auch unter den Bedingungen der Globalisierung nichts von ihrer Relevanz verloren. Ökonomisches wie gesellschaftspolitisches Leitziel bleibt vielmehr die möglichst weit gehende Entfaltung der Produktivkräfte einer Volkswirtschaft. Die Anforderungen bezüglich einer möglichst guten Ausbildung sind sogar heute noch deutlich gestiegen: Sie sind als zentraler Erfolgsfaktor wirtschaftlicher Entwicklung erkannt.

Wo sie ihre volkswirtschaftliche Funktion erfüllt, ist Sozialpolitik mithin kein Wettbewerbsnachteil, sondern gerade ein wichtiger Standortvorteil im globalen Wettbewerb. Länder, die sich durch das nahezu vollständige Fehlen sozialpolitischer Institutionen auszeichnen (wie etwa die Entwicklungs- und auch viele Schwellenländer), sind als Standorte für ausländische Direktinvestitionen uninteressant, weil sie nur schlecht ausgebildete Arbeitskräfte bieten können. Es stellt also eine Kernaufgabe der Sozialpolitik dar, Investitionen in Menschen institutionell zu unterstützen bzw. gesellschaftliche Rahmenbedingungen herzustellen, unter denen diese ablaufen können. Sozialpolitische Maßnahmen stehen dann nicht mehr im Widerspruch zur ökonomischen Logik, sie müssen vielmehr daran anschlussfähig sein.

Wie verhält sich eine solche Bestimmung zur anderen Funktion der Sozialpolitik im Sinne von Armenhilfe oder Versorgung derjenigen, die – etwa aufgrund von Krankheit, Alter oder anderen persönlichen Lebensbedingungen – kaum mehr Hoffnung haben können, erneut Zugang zum Arbeitsmarkt zu finden? In der Tradition der Sozialen Marktwirtschaft wird man auch diese Dimension sozialpolitischen Handelns nicht mehr einfach als einseitige Leistung im Sinne der „Caritas" qualifizieren können. Markt und Sozialpolitik bleiben vielmehr dauerhaft aufeinander bezogen. Funktionierende Wettbewerbsmärkte haben eine sozialpolitische Wirkung, indem sie die Versorgung gerade auch armer Bevölkerungsschichten mit preiswerten Gütern und Dienstleistungen sicherstellen. Zugleich ist die Sozialpolitik aber auf das Funktionieren des Marktsektors bezogen. Denn sie schafft gesellschaftliche Rahmenbedingungen, ohne die die Märkte ihre Gemeinwohl förderliche Funktion nicht erfüllen könnten. Insbesondere wird Randgruppen eine menschenwürdige Existenz innerhalb der Legalität ermöglicht und damit in gesellschaftliche Sicherheit investiert. Im Gegensatz dazu bezahlen etwa die USA – darauf haben Sozialwissenschaftler wie *Richard Freeman* hingewiesen – ihre niedrigen Sozialleistungen mit hohen Delinquentenzahlen. Anfang 2000 waren in den USA rund zwei Millionen Menschen inhaftiert, das ist ungefähr ein Viertel der weltweit inhaftierten Personen. Die Kosten für dieses System übertreffen in manchen US-Bundesstaaten sogar die öffentlichen Ausgaben für die Bildungspolitik. Hinzu kommt, dass weite Teile amerikanischer Großstädte ein sozial vollkommen desintegriertes Umfeld bilden, in das selbst Polizeikräfte sich nicht mehr ohne besondere Vorkehrungen hineinwagen. Die Eskalation von Minderheitenproblemen zum buchstäblichen Zerfall einer Gesellschaft ist auch als Folge des weitgehenden Fehlens von „Investitionen" in die Marktfähigkeit dieser Menschen zu verstehen[9]. Sozialleistungen werden dann als Investitionen in die Funktionsfähigkeit marktwirtschaftlicher Gesellschaften verstehbar, deren „Nutzen" oft erst angesichts der relevanten Alternativen deutlich werden.

---

[9] Damit soll allerdings nicht behauptet werden, dass sozialpolitische Umverteilungsprogramme die dadurch mittlerweile entstandene Situation wirksam entschärfen würden. Bloße Transfers stabilisieren vielmehr – das ist die Erfahrung der vergangenen Dekaden – die Isolation dieser Gruppen.

3.3 Reform von Arbeitsmarkt und Grundsicherung

Was bedeutet ein derartiger Ansatz für die Reform des deutschen Sozialsystems angesichts der Globalisierung? Dies soll abschließend an einigen wenigen Punkten beispielhaft erläutert werden.

Sozialpolitische Maßnahmen sollen – so hatten wir gesagt – „Investitionen in Menschen" ermöglichen. Dies gilt ganz deutlich für die Arbeitslosenversicherung. Entstanden ist sie in der Phase des Überganges von agrarischer zu industrieller Produktion. Damals war der Wechsel in den „moderneren" und attraktiveren Sektor Industrie automatisch mit höheren Lohnzahlungen verbunden. Zusätzliche Anreize zum Erwerb der neuen Qualifikationen als „Eintrittskarte" in die Industrie brauchten nicht gegeben zu werden: Der arbeitslose Landarbeiter strebte von selbst in die Fabrik. Die heutige Situation stellt sich dagegen grundlegend anders dar. Die neuen Beschäftigungsmöglichkeiten der heutigen „postindustriellen" Ära liegen im Dienstleistungsbereich. Sie vermögen – zumal in einer so stark „industriegesellschaftlich" geprägten Arbeitskultur wie in der Bundesrepublik – keine Faszination mehr auf arbeitslose Industriearbeiter auszuüben. Das Design der Arbeitslosenversicherung verstärkt dieses Problem. Hohe soziale Sicherungsniveaus eröffnen eine Alternative zur beruflichen Umorientierung bzw. der damit verbundenen Fort- und Weiterbildung. Zudem ist die Informationslage über gewandelte berufliche Möglichkeiten uneinheitlich. In einer solchen Situation müssen in das System der sozialen Sicherung selbst „Anreizsignale" in Richtung auf die erwünschten Aus- und Weiterbildungsschritte eingebaut werden. In diesem Sinne wird etwa gegenwärtig ein Prämiensystem der Arbeitslosenversicherung diskutiert, das – ähnlich wie in der Kfz- oder Feuerversicherung – die Beitragshöhe an ein bestimmtes Schadensvermeidungsverhalten wie etwa den Erwerb von Zusatzqualifikationen knüpft[10]. Leistungsseitig sind derartige Anreizwirkungen bereits heute vor-

---

[10] So der Vorschlag von *Prewo* (1997).

gesehen, wenn etwa eine Weiterbildungsmaßnahme seitens des Arbeitsamtes verpflichtend gemacht oder Zumutbarkeitskriterien einer neuen Tätigkeit gesenkt werden können. Solche Elemente müssten allerdings noch wesentlich konsequenter durchgeführt und auch institutionell stärker mit dem praktischen Alltag in der neuen Tätigkeit verbunden werden.

Das ordnungsethische Leitbild der „Investition in Menschen" ist hier besser als das eingangs skizzierte normative Paradigma geeignet, die notwendigen Veränderungsprozesse für eine zukunftsfähige soziale Sicherung anzuzeigen. Sozialpolitische Maßnahmen sollen dem Einzelnen auch weiterhin glaubhaft eine grundlegende Erwartungssicherheit bezüglich seiner Umwelt garantieren und ihm dadurch die möglichst weitgehende Entwicklung seiner Fähigkeiten erlauben. Zugleich muss es wirtschaftliche Anreize geben, gegebene Chancen zu nutzen.

Auch die Suche nach einer tragfähigen sozialen Grundsicherung erfährt von der vorgeschlagenen Leitperspektive her neue Aspekte. Zunächst bleibt darauf hinzuweisen, dass auch im 21. Jahrhundert das Ziel „nachhaltiger" Sozialpolitik weiterhin die (Re-)Integration in den (ersten) Arbeitsmarkt bleiben muss. Dies mag für Krisenregionen in Ostdeutschland oder strukturschwache Regionen utopisch bleiben, wo Arbeitslosenquoten von 25 Prozent auf absehbare Zeit kaum abbaubar erscheinen. Doch auch hier muss sich die Arbeitsmarktpolitik fragen lassen, ob ihre Maßnahmen wenigstens prinzipiell zum Aufbau von „Humanvermögen" bzw. zur Erhöhung der Chance auf eine erneute Berufstätigkeit beitragen. Untersuchungen bei Langzeitarbeitslosen belegen, dass diese oft nach monatelanger erfolgloser Arbeitssuche ihre Situation „akzeptieren" und ihren Lebenssinn in privatem Engagement suchen, dabei allerdings oft den Kontakt zu ihrer sozialen Umwelt verlieren. Kontakte zu Arbeitskollegen stellen eine wichtige Verbindung zur sozialen Welt dar, ohne die gerade in vorgerücktem Lebensalter die Vereinsamungsgefahr wesentlich größer wird. Wachsen Kinder in Arbeitslosenhaushalten heran – was insbesondere bei allein erziehenden Müttern häufig der Fall ist –, so droht ein Kontakt zum Erwerbsleben in deren Erlebenswelt vollständig verloren zu gehen. Es hat sich gezeigt, dass es solche Kinder in ihrem eigenen Berufsleben später wesentlich schwerer haben, Anschluss an die Arbeitswelt und ihre Herausforderungen zu finden. Die Arbeitslosenversicherung, die ursprünglich zur Überbrückung befristeter Übergangsphasen konzipiert worden ist, wird für eine beachtliche Zahl schwer vermittelbarer Langzeitarbeitsloser zur primären Einkommensquelle. Dabei entstehen mitunter Anreize, die in der Literatur als „Arbeitslosenfalle" bezeichnet worden sind: Ein anfänglich vielleicht noch zu überbrückender Abstand zur Arbeitswelt vergrößert sich ständig und wird schließlich unüberwindbar. Denn nicht nur fachliche Kenntnisse, sondern auch die grundlegende Fähigkeit zur Selbstdisziplinierung und zur immer wieder neuen Suche gehen im Laufe der Zeit verloren. Arbeitslosigkeit ist mithin nicht nur ein finanzielles, sondern auch ein soziales Problem, das den gesamten Menschen erfasst und ihn aus gesellschaftlichen Bezügen herauszudrängen vermag. Nicht zufällig geht langanhaltende Arbeitslosigkeit häufig mit Subkulturbildung und Kriminalität einher.

Entsprechende Programme dürften dann nicht nur finanzielle Transfers leisten, sondern müssen auf eine verbesserte Integration der wichtigsten Problemgruppen abzielen. Dazu sollten sowohl individuelle als auch soziale Voraussetzungen erfüllt werden. Sozialprogramme, wie sie etwa im US-Bundesstaat Wisconsin realisiert worden sind und als „workfare" ähnlich auch in England greifen, binden Unterstützungszahlungen an die Teilnahme an Sozialisationsmaßnahmen oder Gemeinschaftsaufgaben. Dabei werden die Teilnehmer bei Bedarf auch in begleitenden Sozialisationsmaßnahmen betreut. Diese sollen gezielt und schrittweise die Voraussetzungen für die (Wieder-)Gewinnung wirtschaftlicher und menschlicher Eigenständigkeit darstellen. Zudem wird das Knüpfen persönlicher Kontakte in die Arbeitswelt erleichtert. Die empirische Forschung hat die Bedeutung solcher Sozialkontakte auch für eine erfolgreiche Vermittlung in die Arbeitswelt betont. Der Zugang zu Netzwerken stellt für die Betroffenen ein soziales Kapital dar, das zudem eine wichtige Funktion für die Erfüllung der alltäglichen Lebensaufgaben und die Sicherstellung individueller Lebenszufriedenheit hat. Eine Gesellschaftspolitik, die nicht nur auf Finanztransfers, sondern auch auf Vernetzung der Betroffenen abzielt, legt die notwendigen Grundlagen für „Investitionen in Menschen".

3.4 Reform der Alterssicherung

Der Sozialstaat nimmt dem Bürger bestimmte Risiken ab, er schafft aber auch neue, nämlich „politische Risiken". Diese betreffen die Vorausschaubarkeit der Finanzierungsregeln sozialer Sicherungssysteme. Nirgendwo wird das so deutlich wie bei der Rentenversicherung. Zwar ist immer wieder versucht worden, den Zugriff der Politik auf Renten- und Sozialversicherungsgelder rechtlich einzuschränken[11]. Doch die Erfahrung zeigt, dass Politiker aller Couleur immer wieder der Versuchung erliegen, bei guter Kassenlage Ansprüche zu gewähren und sie bei schlechterer Finanzsituation wieder einzuschränken. Auch werden Versichertengelder direkt oder indirekt zur Finanzierung versicherungsfremder Leistungen herangezogen. Großzügigkeiten heute führen zu Anpassungsnotwendigkeiten morgen. Es droht eine „Absicherung nach Kassenlage". Instabilität im Sozialversicherungsbereich ist aber mit besonderen Gefahren für die Betroffenen verbunden. Denn langfristige Erwartungssicherheit stellt hier ein besonderes Desiderat dar. Ein 55-Jähriger, der an der Glaubwürdigkeit seines gesetzlichen Versicherungsanspruchs zu zweifeln beginnt, hat keine Chance, sein Leben nochmals zu leben und private Absicherung zu betreiben.

Unsicherheiten entstehen auch zwischen den Generationen. Denn durch das in den meisten westeuropäischen Ländern

---

[11] In diesem Kontext ist der Versuch des BVerfG zu deuten, erworbene Rentenansprüche verfassungsrechtlich mit Hilfe des Eigentumsschutzes nach Art. 14 GG dem willkürlichen Zugriff des Gesetzgebers zu entziehen.

praktizierte Umlageverfahren wird meist die erste Generation massiv bevorzugt. Dies schafft Verteilungskonflikte, die dazu führen können, dass großzügig gewährte Ansprüche unter Umständen nicht anerkannt bzw. eingelöst werden. Gerade das Umlageverfahren als „Zwangssolidarität" zwischen den Generationen ist aber extrem anspruchsvoll in Bezug auf Fragen der Verteilungsgerechtigkeit.

Angesichts der absehbaren Herausforderungen für die Stabilität der deutschen Rentenversicherung sind dringend Reformen zu leisten, die die geweckten berechtigten Hoffnungen auch mittel- und langfristig sicherzustellen vermögen. Diese Herausforderungen hängen insbesondere mit der demographischen Entwicklung zusammen. So ist die individuelle Lebenserwartung in den letzten Jahren stetig gestiegen und wird nach Annahme von Wissenschaftlern in den nächsten Jahrzehnten noch weiter um sechs bis sieben Jahre steigen. Dadurch wird sich die Zahl der Anspruchsberechtigten im Rentenversicherungssystem kontinuierlich erhöhen, während gleichzeitig durch die seit Jahren anhaltenden niedrigen Geburtenraten die potentiellen Beitragszahler weniger werden. Um die Mitte des 21. Jahrhunderts wird das Verhältnis zwischen den 20- bis 60-jährigen Erwerbstätigen und den über 60 Jahre alten Rentnern annähernd 1:1 sein – mehr als das Doppelte des heutigen Altersquotienten. Weitreichende Reformen im Sinne des Aufbaus umlagebegleitender Kapitalstocks sind daher unabwendbar. Trotz hoher finanzieller Belastungen wird eine gesellschaftspolitisch verantwortete Rentenpolitik nicht auf eine schnelle Rückführung wohlerworbener Ansprüche hoffen können. Ziel muss vielmehr eine mittel- und langfristige finanzielle Konsolidierung sein. Der Wohlfahrtsstaat wird alle ihm noch verbliebenen Ressourcen benötigen, um die in der Vergangenheit geweckten Erwartungen wenigstens annähernd zu befriedigen.

Im Blick auf die Zukunft ist es darüber hinaus aber auch notwenig, neue Solidarpotentiale zu erschließen und für die gesellschaftliche Risikovorsorge dienstbar zu machen. Denn nur ein Teil der Bürger wird finanziell in der Lage sein, die ge-

nannten Risiken durch private Vorsorge weitgehend abzufedern. Die Einführung von Komponenten des Kapitaldeckungs-
verfahrens muss daher durch eine umfassende gesellschaftspolitische Mobilisierung von Solidarpotentialen flankiert werden.[12]

4. Schluss

Ein auch nur kursorischer Durchgang durch verschiedene Poli-
tikfelder zeigt: Der prinzipielle Denkansatz der Sozialen
Marktwirtschaft ist auch angesichts der gegenwärtig anlaufen-
den stürmischen Veränderungen unserer sozialen und wirtschaftlichen Umwelt noch immer hochaktuell. Der primäre Bezug der Politik auf die Gestaltung institutioneller Rahmenbedingungen („Ordnungspolitik") hat auch dann noch seine
Gültigkeit, wenn dieser Rahmen nicht mehr – wie noch in der
Nachkriegszeit selbstverständlich – ein nationaler sein wird,
sondern sich als breit gefächertes und tief gestaffeltes Gefüge
staatlicher und bürgergesellschaftlicher Ordnungsmuster darstellt. Drängende Herausforderungen wie etwa die Sicherung
der natürlichen Lebensgrundlagen des Menschen und die
Schaffung sozialer Sicherung sind unter den Bedingungen
einer globalisierten Wirtschaft überhaupt nur mit Hilfe „ordnungspolitischer" Instrumente mit Aussicht auf Erfolg anzuge-
hen. Dazu muss allerdings der Anwendungsbereich über rein
wirtschaftliche Fragen hinaus erweitert und an den ursprünglichen Anspruch der Konzeption „Soziale Marktwirtschaft" an-
geknüpft werden, umfassende Gesellschaftstheorie zu sein
(„Gesellschafts-Ordnungspolitik"). Anders gesagt: Nur wenn
sich moderne Gesellschaften auch in anderen Politikbereichen
in einem sorgfältig ausgestalteten Rahmen die Potentiale des
Wettbewerbs zunutze machen, werden sie sich der Lösung mit
Aussicht auf jenen Erfolg annähern, der die Geschichte der
Sozialen Marktwirtschaft in Deutschland bestimmt hat.

---

[12] Vgl. weiterführend *Habisch* (2000 b).

5. Literatur

Jürgen Aretz/Rudolf Morsey/Anton Rauscher (Hrsg.) (1973 ff.), Zeitgeschichte in Lebensbildern. Aus dem Katholizismus des 19. und 20. Jahrhunderts, Mainz 1973.

Eric Böttcher (Hrsg.) (1957), Sozialpolitik und Sozialreform, Tübingen 1957.

Walter Eucken (1965), Grundsätze der Wirtschaftspolitik, 7. Aufl. Tübingen 1965.

André Habisch (1997), Sozialpolitik als Sozialvermögenspolitik. Perspektiven nach dem Ende des Wohlfahrtsstaates, in: Jahrbuch für Christliche Sozialwissenschaften 38 (1997).

André Habisch (2000 a), „In Menschen investieren" als Leitbild globalisierungsfähiger Sozialpolitik, in: *Detlef Aufderheide/Martin Dabrowski* (Hrsg.), Internationaler Wettbewerb – nationale Sozialpolitik? Wirtschaftsethische und moralökonomische Perspektiven der Globalisierung, Berlin 2000.

André Habisch (2000 b), Gesellschafts-Ordnungspolitik. Institutionelle Arrangements für die Bürgergesellschaft des 21. Jahrhunderts, in: *André Habisch/Bernhard Jans/Erich Stutzer* (Hrsg.), Familienwissenschaftliche und familienpolitische Signale, Festschrift für Max Wingen, Grafschaft 2000.

Klaus-Dirk Henke/Sabine Schaub (1998), Reformen im Gesundheitssystem, in: *Frankfurter Institut* (Hrsg.), Tragfähige Soziale Sicherheit, München 1998.

Karl Homann/Ingo Pies (1996), Sozialpolitik für den Markt: Theoretische Perspektiven konstitutioneller Ökonomik, in: *Ingo Pies / Martin Leschke* (Hrsg.), James Buchanans Konstitutionelle Ökonomik, Tübingen 1996.

Karl Heinrich Kaufhold (1982), Wirtschaft und Gesellschaft in Deutschland seit der Industrialisierung, in: *Anton Rauscher* (Hrsg.), Der politische und soziale Katholizismus. Entwicklungslinien in Deutschland 1805–1963, Bd. II, München/Wien 1982.

Wolfgang Mückl (Hrsg.) (1998), Subsidiarität. Gestaltungsprinzip für eine freiheitliche Ordnung in Staat, Wirtschaft und Gesellschaft. Schriften der wirtschafts- und sozialwissenschaftlichen Sektion der Görres-Gesellschaft, Paderborn 1998.

Ingo Pies (1998), Theoretische Grundlagen einer Konzeption der Sozialen Marktwirtschaft: Normative Institutionenökonomik als Renaissance der klassischen Ordnungstheorie, in: *Dieter Cassel*

(Hrsg.), 50 Jahre Soziale Marktwirtschaft. Schriften zu Ordnungsfragen der Wirtschaft 57, Stuttgart 1998.

Ingo Pies (2000), Globalisierung und Demokratie: Chancen und Risiken aus ökonomischer Sicht, in: *Hanke Brunkhorst/Matthias Kettner* (Hrsg.), Globalisierung und Demokratie. Wirtschaft, Recht, Medien, Frankfurt am Main 2000.

Wilfried Prewo (1997): From Welfare State to Social State: Individual Responsibility and Compassion, in: *Herbert Giersch* (Hrsg.): Reforming the Welfare State, Berlin/Heidelberg 1997.

Max Weber (1990), Wirtschaft und Gesellschaft. Grundriß der verstehenden Soziologie, Nachdruck der 5. Aufl., Tübingen 1990.

Sachregister

Personenregister

Schriftenregister

Die Autoren

Prof. Dr. André Habisch, Inhaber des Lehrstuhls für Christliche Gesellschaftslehre an der Katholischen Universität Eichstätt

Dr. Bernd Hübinger, Leiter des Teams Soziale Marktwirtschaft der Konrad-Adenauer-Stiftung e. V.

Prof. Dr. Rainer Klump, Inhaber des Lehrstuhls für Wirtschaftliche Entwicklung und Integration an der Johann-Wolfgang-Goethe-Universität Frankfurt am Main

Dr. Horst Friedrich Wünsche, Geschäftsführer der Ludwig-Erhard-Stiftung e. V.